跨文化沟通心理学

Psychology of Cross-Cultural Communication

彭凯平　王伊兰／著

北京师范大学出版集团
BEIJING NORMAL UNIVERSITY PUBLISHING GROUP
北京师范大学出版社

图书在版编目(CIP)数据

跨文化沟通心理学/彭凯平，王伊兰著.—北京：北京师范大学出版社，2009.9 (2019.3 重印)
ISBN 978-7-303-09981-8

Ⅰ.跨… Ⅱ.彭… Ⅲ.文化交流-心理学 Ⅳ.G05

中国版本图书馆 CIP 数据核字(2009)第 067772 号

营销中心电话 010-58802181 58805532
北师大出版社高等教育分社网 http://gaojiao.bnup.com
电子信箱 gaojiao@bnupg.com

出版发行：北京师范大学出版社 www.bnup.com
北京新街口外大街19号
邮政编码：100875
印 刷：北京溢漾印刷有限公司
经 销：全国新华书店
开 本：730 mm × 980 mm 1/16
印 张：16.5
字 数：263千字
版 次：2009年9月第1版
印 次：2019年3月第10次印刷
定 价：28.00元

策划编辑：周雪梅 责任编辑：周雪梅
美术编辑：高 霞 装帧设计：高 霞
责任校对：李 菡 责任印制：马 洁

序

每年，我都会把我在伯克利加州大学的美国研究生派到中国来，每次当他们在中国待了几个星期后回到美国时，他们都会很高兴的来找我，并且兴奋地告诉我，他们的确很惊诧，之前他们对中国有着太多的误解，他们说“我们所知道的很多关于中国的事情都是错误的”。

为什么他们对中国的印象和实际的经历会有如此大的差别呢？这是否是由他们的政治偏见所导致的呢？我们能否将这些差异完全归结于西方媒体对中国的妖魔化呢？事实永远比简单的推测复杂得多。我相信我的学生应该是比较具有独立思维和批判精神的，相对于一般美国民众来讲，他们对西方媒体是抱着怀疑态度的。事实上，他们应该是对中国相当友好的人士，要不然也不会跟随我这样一个美籍华人心理学家从事跨文化心理学研究。为了从事这方面的工作，我也经常鼓励和要求他们去搜寻和阅读反映中国社会、文化和历史变化的文献和文章。他们也经常从我所订阅的中国书刊及从中国大使馆所给予的材料中了解许多有关中国的现状。但是，这些宣传材料并没有发挥它们应该发挥的作用。我的这些学生甚至直截了当地对我说：“好像中国人不太关心或者是根本不知道如何与外国人进行交流与沟通。”

当然这一结论是不全面的，甚至有可能是错误的，中国政府和普通民众实际上非常关注外国人对中国的印象。为什么我们的努力和工作没有达到我们所期望的沟通效果？这就是这本书所要解决的问题。

毫无疑问，我们的宣传方式在过去的几十年里已经从极左式的、一厢情愿的灌输和傲慢的、仇视性的沟通方式，变成相对轻松、公平和理性的沟通方式。但是我们认为这样的沟通还存在很多问题，尤其是对外国人的文化心理和他们的沟通风格缺乏足够的了解。从中国社会发展的要求来看，我们跨文化沟通的能力、知识和技巧从总体上还是不能令人满意的，还不能够与中国的大国地位相对应。

我的研究生们的经历反映出一些中国人到国外进行文化交流和沟通所经常遇到的令他们困惑的问题。首先，那些承担着宣传中国文化重任的官员、学者和使者，他们自己本身对中国文化可能还缺乏足够的了解和相应的知识。我们似乎除了京剧、长城、功夫、熊猫、中医、风筝、灯笼等中国文化元素之外，就不知道还有什么让人感兴趣和着迷的文化元素了。其次，他们几乎完全忽视当前的国际审美潮流，将所有其他国家的观众和听众当成是“爱国的海外老华侨”。因此，很难与国外主流社会找到沟通的接口。最后，我们很多对外宣传和交流的工作都是由政府行政部门来负责的，由于害怕出错，对外宣传方式就特别容易变得僵化和平庸。当小心谨慎、不犯错误成为行动的目标和准则之后，任何有新意的创造性解决问题的方式，都会举步维艰。某些对外宣传人员甚至还以民族主义和斗争的态度来进行跨文化沟通，这种方式彻底地丧失了中国传统文化所推崇的仁爱、礼貌、包容、智慧和诚恳的精神。

作为心理学家，我们认为跨文化沟通的效果，很大程度上依赖于对方文化的主流社会，是否能够从我们的文化中找到某种心灵的感应、生活的乐趣和思维的快乐。也就是说如何让对方动心、动情和动脑，是跨文化沟通所必须解决的首要问题，只有在这些问题考虑清楚之后，才能够向对方宣传我们的理念、观点和信息。大众的心理决定了跨文化沟通的效果。因此学习跨文化沟通的技巧，首先要学习的就是跨文化沟通心理学。

中国作为一个正在崛起的政治、经济和军事大国，不可避免地会与其他的文化有着更多的接触和沟通，这就使得跨文化的沟通不再局限于政府和政府之间的对话，而是延伸到了民众之间的沟通。也就是说，每一个普通的中国人都有可能承担跨文化沟通的义务，因此，我们每一个人都有责任学习跨文化沟通心理学，因为我们每一个人都是我们文化的载体。心理学将会帮助我们成为一个有影响、有意义、有贡献的文化使者。

彭凯平

2009 年 8 月 8 日于清华新斋

目 录

第一部分　挑战篇

第一章　什么是跨文化沟通

越来越多的中国人有了跨国访问、学习或工作的经历。想一想那些在国外的日子里，最让我们感到意外的不一定是国外的物质生活水平，或是异国的自然风光，而很可能是外国人在日常生活中的行为方式。特别是在与外国人打交道的过程中，价值观的不同、角色期望的差异以及沟通的困难，这些经常让我们感到十分困惑。

我自己的**文化震撼**（Culture Shock）发生在到达美国的第一天。那是1989年1月20日，我乘中国国际航空公司985次航班第一次到美国，由于碰巧有中央领导同机访问美国，所以飞机并没有飞往旧金山，而是改飞洛杉矶，这使我错过了飞往底特律的航班。原定接机的中国同学没有来，来的反而是他的导师——美国密歇根大学著名心理学家斯蒂文森（Harold Stevenson）教授。我又惊又喜，因为斯蒂文森教授是我非常敬仰的学者，在中国心理学界享有很高的威望，每次他到中国来，都是中国的领导人和大学者陪伴，而我当时只是北京大学的一名普通讲师，根本无缘与他面对面交谈。没想到在美国的第一天，居然是他第一个一大早来接我。我不好意思地问"您的学生为什么没来?"他说："他今天上午有课，而我刚好有时间，所以我来接你。"这是我在中国二十年生活中难以想通的事情，教授和学生的角色，在美国和在中国竟是如此的不一样。

到达密西根大学心理系办公室时，我再次感受到了另一种**文化差异**（Cultural Difference）的冲击。一直跟我保持通讯联系的心理系秘书沃克（Dorothy Walker），是位身材高大的女士，见到我之后，她非常激动地跑过来拥抱我，说“我们真为你担心，不知道出了什么事!”我当时非常尴尬，因为在此之前，还没有被比我身材更高的女性拥抱过，而这种陌生异性之间的身体接触，直到现在还让我感到不自在。但是在美国，这是一种很自然、很普遍的问候方式。

我的这些经历肯定不是独一无二的，很多在国外访问、学习和工作的人都会有这种经历，而且大家都会从这些经历中学习到如何与外国人打交道，如何进行跨文化的沟通和交流。很多作家、学者、商务人员及外交工作者都写过自己跨文化沟通和学习的经历、体会，这些游记、自传和观察对我们了解跨文化沟通的方式和意义都有很好的借鉴作用。但是，我们还没有发现一本从心理学角度来探索跨文化沟通的著作，这就是我们创作这本书的初衷。

从某种意义上来讲，个人的文化震撼所产生的影响并没有那么深远，而文化之间观念差异所造成的沟通障碍（Communication Obstacles），会对不同文化之间的沟通和了解产生更为深远的影响。在1964年，美国和中国分别发生了一场具有历史性意义的社会运动。这两场运动之间的价值差异，直到现在都影响着两国人民的心理和行为。

1964年12月2日，在伯克利加州大学发生了一场大规模的学生抗议活动，这是美国20世纪60年代以来，学生与美国政府最直接的一次对抗，也是以伯克利加州大学为开端的“言论自由运动”的高潮。在这次静坐中，来自伯克利加州大学哲学系的学生马里奥·萨维奥（Mario Savio）发表了著名的“斯波尔广场演讲”（The Sproull Plaza Speech，《机器的运转》），下面是他的原话：

> 当个人和国家机器之间的关系，变得如此的乏味，如此的令人厌倦，以至于使你无法全神贯注，甚至连被动的接受都不能的时候，你就应该停下来躺在这个机器的螺丝钉上、轮子上、杠杆上或者任何一个部件上。

这篇演讲激起了美国民众的共鸣，“不甘心做一个国家机器上的螺丝钉、轮子、杠杆或者任何一个部件”成为20世纪60年代美国各种群众运动的精神信念，对美国的社会变迁和发展产生了巨大的影响。在马里奥·萨维奥当年发表演讲的伯克利加州大学的斯波尔广场上，一个以他名字命名的咖啡店继续以其朴实无华的面貌迎接熙熙攘攘的学生。

演讲中的马里奥·萨维奥

斯波尔广场上激情澎湃的听众

而在太平洋另一边的中国，一场向雷锋同志学习的运动逐渐地从宣传“为人民服务”的精神，转变成了强调“为革命贡献自我”的思想改造运动。“做一个革命的螺丝钉”成为中国在1964年最为鲜明和时尚的口号，它几乎代表了所有中国文化所敬奉的道德价值：“默默无闻”“无私奉献”“为国为民”“超凡脱俗”等具有传统文化特色同时又带有现代包装的、奇妙的精神信念。很有意思的是，当我向美国人讲述雷锋精神的时候，美国人也很崇尚雷锋做好事的态度和行为，因为他们认为这与美国基督教童子军所提倡的精神没有什么两样。但他们不能够理解的是雷锋的螺丝钉精神，因为这与美国人所崇尚的个人主义价值观念大相径庭。我还不知道中国的民众会对马里奥·萨维奥的演讲如何反应，但从东方文化所崇尚的集体主义价值观念来看，这样的演讲肯定不会得到中国民众和社会的理解和支持，而这正是文化价值观差异所造成的沟通困难。

1964年“向雷锋同志学习”的运动达到了顶峰，逐渐超越了原先“为人民服务”的含义。

从心理学的角度讲，跨文化沟通就是在跨文化交流过程中，沟通双方传递和共享意义、信息、感情的过程。到底跨文化沟通与其他的沟通有什么不一样的地方？它具有什么样的特点？受到什么样社会因素的影响？又是如何影响到我们生活和工作的质量？这些都是本书要涉及的问题。

第一节　跨文化沟通的界定

沟通是指人与人之间信息、情感、思想的传递。跨文化沟通与一般的沟通有所不同，其关键就是沟通的对象拥有不同的文化背景，这种不同文化背景的差异会导致沟通方式、过程、结果的差异。因此，误解、猜忌、迷惑甚至敌意等一系列问题在跨文化沟通过程中经常出现。一个成功的跨文化沟通者，不仅要对人与人之间的沟通拥有足够的知识和技巧，更重要的是要对不同文化背景下人的心理有全面的了解。

沟通有两种方式，即言语的沟通和非言语的沟通。在日常生活中，思想、情感和信息的沟通大多都是通过非言语的方式沟通。根据心理学家的研究，一个信息对信息接受者的影响，其中7%是由双方使用的词汇决定的；38%是由言语线索来决定的，包括说话的语调、音量、语速以及其他语言的相关特性；其他55%的作用来源于非言语的线索，包括面部表情、手势、身体的姿态等。可以这样说，决定沟通质量的因素不是由我们送出的信息决定，而是由我们输送的方式及在对方头脑里所产生的效果决定的。

中国传统文化中就有很多非言语沟通的例子，吴承恩在《西游记》中就把这种非言语沟通描绘得惟妙惟肖。其中有一段非常精彩：孙悟空在花果山生活多年之后，决定离开水帘洞去拜师学艺，于是他漂洋过海，遍访名山，最后终于寻到了灵台方寸山斜月三星洞的菩提祖师那里，并被祖师纳为徒弟。一日，菩提祖师登坛传道，悟空听到尽兴之处禁不住手舞足蹈，眉开眼笑。于是菩提便用戒尺打了悟空三下，然后撇下众门徒倒背着手独自从中门走了。聪明绝顶的孙悟空，很快便领悟到了菩提祖师的意思：师傅打他三下，是叫他三更前去；倒背着手走入中门将门关上，是叫他从后门进去，以便在密室单独传授他法术武艺。悟空自是万分欢喜，好不容易盼到三更时分，他蹑手蹑脚地来到师傅的榻前，求师傅传授他长生之妙道。菩提见悟空心灵佛道，便将种种法术一一传授。悟空认真倾听，勤奋操练，几年之后便学会了七十二变，成了神通广大的“齐天大圣”。这就是一次非常成功的非言语沟通，说明很多信息都可以通过动作、姿势、表情来传达。“此时无声胜有声”，关键在于听话人。《西游记》中唐僧的形象可能是反映沟通技能最差的，他木讷、寡言，还不懂他人的心思。如果不是唐僧有意而为之的话，他不解风情，活生生就是个不懂沟通的反面典型。

孙悟空真的是个Q版的沟通的大师吗？唐僧难道真的是缺乏沟通的技能吗？

“一个巴掌拍不响”，同样的道理，沟通的效果来自双方的努力。因此，任何期待自己的外语达到足够好的水平后才考虑跨文化沟通的人，实际上已经错过了很多跨文化沟通的机会。从某种意义上讲，只要你对对方的思维方式、生活方式和价值观念有足够的了解，任何人都能进行跨文化沟通。

在跨文化沟通中所涉及的人有不同的文化背景，因此沟通效果必然会受到一些明显的文化差异的影响。

1. 不同的价值观念对跨文化沟通的影响

不同的价值观念会导致不同的行为方式。比如，中国人看重的是家、国、友，等等，对国家有很强烈的认同感；西方人认为个人更重要，个人的自由、独立和权利是他们尊崇的价值观念。美国伊利诺大学的心理学家（Harry Triandis）曾经做过这样的一个研究，即调查全世界不同国家公民对自己国家形象的关注程度，结果发现中国人和其他亚洲国家有95%的公民对自己国家的形象“关心”或“非常关心”；美国只有大概30%的民众对此问题的回答是“关心”或“非常关心”。这并不是说美国人不爱自己的国家，只是美国的爱国主义教育强调的是美国文化所尊崇的价值观念——自由、民主和个人的权利，在他们看来这些价值观超越了抽象的国家形象。

我国传统价值观念中有一条是尊老爱幼，乐于助人。然而，美国人价值观念中个人的独立性却十分重要，往往只有弱者才需要被人照顾，只要自己能够完成的事情，他们一般都不愿意让别人帮助。因此，在美国向别人提供帮助或表示关心等的方式和程度是根据对方所愿意接受的方式和程度来决定的，这与我们中国人的理解正好是相反的。比如，在美国我们想主动为老人或是向背着沉甸甸背包的小朋友提供帮助时，经常会遭到拒绝，因为这会让他们感到难堪。此外，在面对身体不舒服时，中国人会接受朋友的建议马上去看医生，因为朋友是在表示关心。而把同样的建议提给美国人时，他们对此并不接受，因为他们认为自己的病没有那么严重。因此，当一个美国朋友说他不舒服的时候，你只需回答："I' m sorry to hear that." 这样就足够了。

2. 不同的思维方式对跨文化沟通的影响

文化背景的不同，人的思维方式也会因此存在一定的差异，这对跨文化沟通的影响很重要。比如，中国文化的思维方式强调中庸，传统思维还强调全面、整体，中医就是这种思维方式的很好体现；西方文化则不太强调整体思维（holistic thinking），而是强调具体和个别的分析思维（analytic thinking）。因此，西医是头痛医头，脚痛医脚；而中医是

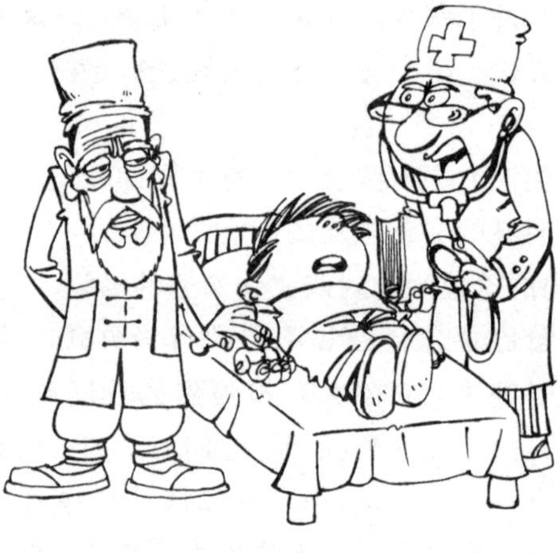

中西医的治病方式最能反映中西方的整体思维和分析思维差异。

内外交融，系统调节。我们通常所提到的辩证法，在中西方文化中的深层含义也是不同的，黑格尔和马克思的辩证法不同于中国文化传统意义上的辩证法。马克思的辩证法强调矛盾的冲突，它有立论、有反论，是种永远处在争斗旋涡中的斗争哲学思维；中国文化传统意义上的辩证法则强调互相依赖，强调矛盾共存，有矛就有盾。

聚焦：心理学研究

最近香港科技大学的两位心理学家，做过一项有趣的市场消费心理研究。他们要求被试在两个选项中做出选择，一是质量很好价格很贵的商品；二是质量不好但价格很便宜的商品。心理学家发现参加实验的美国人几乎立刻做出了选择，但参加实验的中国人则在选择时犹豫不决，他们希望有更多的妥协方案。于是，这两个心理学家就让所有参加实验的人再做一次选择，要求他们在质量好价格贵，质量不好价格便宜，质量居中价格居中的三种商品中做出选择，结果发现大多数的中国人都选择了第三种，相对而言，选择第三种商品的美国人就要少得多。

3. 不同的沟通风格对跨文化沟通的影响

不同文化背景下人们的沟通风格对跨文化沟通的效果也有影响。以讲话风格为例，中国人习惯先讲大的事情，再讲小的事情；而西方人则习惯从小往大讲。这从中西方媒体报道的差异中可窥一斑：中国的媒体报道先讲大的背景，再讲小的案例，最后再回到大的意义上；西方的报道往往是从一个具体的案例、一个具体的个人谈起，再引申到大的背景和意义，最后回到具体的案例和个人上。这种沟通风格上的差异会引起读者**心理预期**（Psychological Expectation）上的差异，从而影响沟通的过程和效果。

例如，在有关2008年北京奥运会开幕式的报道中，新华社和人民日报的报道就与纽约时报和美联社的报道有很大的不同，这种不同不光体现在意识形态的差异上，还体现在它们的报道风格上。中国的报道从历史意义写起，以全球意义结束，着重报道的是开幕式的表演过程及参加开幕式的世界各国领导人；而美国的报道，则从具体的事件开始，以一个普通中国人的评论结束。美国报道采用了几个普通中国人的发言，反映了老百姓的骄傲及对北京奥运会的支持；而新华社和人民日报的新闻报道中，没有一个具体的普通中国人的相关描述，都是以全国人民的反应来表达中国人民的自豪和对奥运的支持。

4. 不同的角色期望对跨文化沟通的影响

由于不同的文化背景所产生的角色期望的差异，也会影响跨文化沟通的过程和效果。中美跨文化沟通中存在一个巨大的文化差异（cultural difference)，就是两国对官员的角色期望有根本差别。中国的有些领导一向被众星捧月，从上到下的地位差别对他们而言很重要，自己的地位永远是第一个，一般都是第一个讲话最后一个表态。与此不同的是西方的很多官员在很大的程度上就是一个普通的公民，他们的在职是由普通民众来决定的，民众既可以选举他上台，也可以让他下台。因此，西方人对官员的态度相对而言是比较随便的。这种角色期望的差异在跨文化沟通中容易产生很大的误解，因为在所有文化中，人们对长辈及自己所敬重的人在表达方式上往往采用敬辞以表达尊重，而对其他人说话，则往往会比较随意和谦和，用词不当往往会产生礼仪判断的错误。而对官员角色期望的差异，往往就会因为用词的不同而产生理解上的差异，从而影响沟通的效果。

中国人对长者的期待不同于西方人，中国人尊重老人，同时也希望得到老人的支持、鼓励。因此，即使是陌生的长者，我们也常常以亲属关系来称呼他们，比如大爷、大娘、大叔、大婶等。这样的称呼显然是西方人所不能了解和接受的，即使我们中国人最常用的老王、老李、老张等带“老”的称呼，也可能会引起西方人的反感。我曾经开玩笑地告诉一位从事语言学研究的美国同事，为了表示亲切我们应该叫他老单(Old Dan)。但是，他非常生气地说：“我不老，别叫我老单。”同时，中国人对于自己所敬重的人，往往很少直接称呼对方的名字，除非双方有着非常深厚亲密的关系。我们还习惯根据职务、身份来称呼对方，比如，某某主任，某某局长，某某老师等。在中国，我不止一次地看到父母教导自己的孩子不能够直呼长辈名字。但是在西方，如果在相似的人群之间不直呼其名的话，那么就意味着你可能不愿意与他们交朋友，从而会使对方大失所望且很不高兴。在美国，即使对自己最尊敬的教授，学生们也喜欢直呼他的名字。他们认为只有这样，才能表达对老师的敬爱，而这正好与我们中国人的期望相反。

第二节　跨文化沟通的特点

从 1998 年起，我开始渐渐应邀参与一些国际学术组织和商业组织的跨文化交流活动，很有意思的是，我发现自己正逐渐成为活动中双方沟通的纽带。我也经常问他们：你们都能够用流利的英语与对方进行交谈，有些外国人也能说很流畅的中文，为什么你们双方不能够直接进行对话，而需要我去转达你们的意见、看法和建议呢？一个普遍的回答就是：好像只有跟你才能讲明白。

为什么跨文化沟通会存在困难呢？跨文化沟通与文化内部成员之间

的沟通又有哪些不一样？跨文化心理学认为跨文化沟通具有以下四个特点。

1. 寻求共同点（grounding）

沟通的一个重要基础，就是要求双方具有比较一致的经历和共同的语言，最好是有很多共同享有的知识和信息，这包括了共同的知识背景、共同的信念体系和共同的假定。而跨文化沟通最大的障碍，往往就是双方之间的共同点非常少，我们不知道对方是否也了解我们文化中习以为常的知识、信念和假定。比如说，经历了文化大革命的人，可能都有观看革命样板戏的经历。因此国内四十几岁的人，听到有人说“我家的表叔数不清”时，就会知道“表叔”的含义是什么，而没有这种经历的人，即便是中国人也不会了解“表叔”的含义。可以想象，跨文化沟通时双方的共同点更少，因此不断地寻找双方之间的共同点，是跨文化沟通的第一大特色。

《红灯记》：都有一颗红亮的心
我家的表叔数不清，
没有大事不登门。
虽说是，虽说是亲眷又不相认，
可他比亲眷还要亲。
爹爹和奶奶齐声唤亲人，
这里的奥妙我也能猜出几分。
他们和爹爹都一样，
都有一颗红亮的心。

由于生活在不同的文化背景中，人们在意识形态、生活经历上都有着很大的差别，在很多话题上可能都会有不同的看法。跨文化沟通过程中，我们应该回避那些令人不愉快的话题，因为这些话题的出现，可能会引起对方的反感。在某种程度上，沟通的双方应该积极地去寻求共同点。从心理学的角度讲，人与人之间一旦产生某种认同（identity），相互之间就会在心理上产生“自己人”的效应，这种“自己人”的效应就容易消除沟通中的隔阂。具体地来讲，这种寻求共同点的方向有三种：

第一，寻求过去经历中的共同点。比如说共同的学习经历，来自相同的地区，去过相同的地方，共同的业余爱好、兴趣，共同的审美观点等。回忆和寻求双方以往经历中的共同点，可以增进彼此的亲近感，从而淡化文化上的陌生感。

第二，寻求现实交往中的共同点。比如说共同的现实利益、共同的责任和目标等等。在寻求到这些共同点之后，双方就会自然而然地产生一种顾全大局的心态，也就是一种求同存异的心理需求。在这种感觉和要求的作用下，双方的冲突意识就会淡化，沟通的愿望也因此增强。

第三，寻求未来关系中的共同点。比如说未来共同的命运、共同的合作关系、共同的前途等，这些更容易使沟通双方产生一种宽广的胸怀和视野，从而主动寻找消除双方差异和歧义的动机及愿望。

中华人民共和国前总理周恩来是世界各国公认的外交大家，他对外沟通的一个基点就是善于与对方寻找共同点。他经常能够在复杂的条件下通过与各方的互相沟通，然后在求同存异的条件下将沟通继续下去，最后达到问题的完美解决。1936 年，他通过与张学良、蒋介石、国民党内部、苏联及共产国际等方面的有效沟通，找到各方都能接受的妥协方案，最终促成“西安事变”的和平解决。1955 年 4 月，他在亚非会议上发表了“求同而存异”的著名演讲，提出了享誉世界的“和平共处五项原则”，为不同社会制度、不同意识形态、不同宗教信仰的国家找到了互相合作的共同出发点。1972 年，在中美的谈判中，他又提出来中美双方尽管在社会制度上有着根本的不同，中美两国政府在很多问题

中国前总理周恩来同志就是跨文化沟通的高手，他善于寻求沟通双方的共同点。

1955 年 4 月，周恩来总理在亚非会议上发表了“求同而存异”的著名演讲，提出了享誉世界的“和平共处五项原则”。

1972 年，中美谈判为历史打开了新局面。

上有着巨大的差异，但是双方的共同点是中美双方互相尊重对方的主权和领土完整、互不侵犯、互不干涉内政、平等互利、和平共处。这就是

他善于在不同的对手身上发现双方共同点的典型例子。

2. 强烈的投入感（high involvement）

跨文化沟通的效果依赖于双方之间的互动程度，即沟通双方对彼此的思想、感情和行为的敏感程度，这是一个高智商、高投入、高情感的智力过程，因此它对双方的心理素质、智力素质和感情素质的要求都会很高。这种强烈的投入感往往会使得那些经历过跨文化沟通的人感到某种程度的疲惫。而同一文化背景下的人际沟通，特别是朋友间的沟通中，往往不太需要强烈的投入感。我个人常常谈到华人在国外缺少一种国内人常常享受的快乐，那就是“侃大山”或者说“闲聊”的快乐。跨文化沟通很少能达到闲聊的程度，因为它更像一个工作过程，而不是一个享受过程。

我曾经在文化心理学的课堂上，给中国学生和美国学生分别讲了同样的故事，但是最后得到的效果却完全不同。

一个牧师询问一个不爱去教堂的人：“你为什么不到教堂来?”这人回答说：“我告诉你我为什么不去，我第一次去教堂，他们就往我脸上泼水；第二次去教堂，他们就把我和一个女人绑在一起再也不能脱身。”神父回答说：“对，你下一次来，他们就会把土盖在你的身上。”

对于美国学生，这个故事起到了活跃气氛的效果，而对于中国学生来说，如果他们了解美国文化就会很快理解这个故事的幽默，如果他们不了解美国文化，则很难理解。所以，他们得仔细分析故事的意义，因此把这样一个轻松的故事变成一个严肃的思维挑战。

3. 沟通中断（communication breakdown）**的顾虑**

由于缺少共同点，跨文化沟通不像拥有同样文化背景人们之间的沟通那样顺畅，跨文化沟通中人们最常有的感觉就是双方之间无话可说。而这种“无话可说”的焦虑往往反过来增加自己的心理负荷，从而影响沟通质量。我经常开玩笑地讲，跨文化沟通往往以“三板斧”开始，“三板斧”砍完后，就没有好的招数了。这常用的“三板斧”就是：你到过中国吗？你喜欢中国吗？你还来中国吗？（也可以替换为其他地方）

文化内部的沟通失败，通常是由一些外部的原因造成的，如外在的干扰、时间的紧迫等。但是，跨文化沟通的失败往往是由内在因素（internal factors）决定的，如对主体的不了解，也就是说当沟通双方不知道对方的信息以及信息所产生的效果时，他们就可能非常担心沟通的中断。这时沟通者会尽量去发现对方的理解程度或是寻找能够使沟通继续进行下去的主题，或者干脆放弃继续沟通，这些都会让他们焦虑、紧张，从而对沟通产生反感和敌意。

对沟通中断的焦虑，往往还会导致沟通双方显得过于关切和过分关心。通常表现在沟通者非常急切地提出问题，发表评论，而不管对方对此有何反应。如果沟通的双方都争着传递信息的话，双方之间的沟通就会产生重叠、重合而没有反馈的问题，这会对双方沟通的质量产生负面影响。

跨文化的沟通较正式和严肃

文化内部的沟通相对而言较为轻松随意

4. **谈判的持续性**（continue negotiation）

与文化内部的沟通不一样，跨文化的沟通是一个不断分析、判断和决策的过程。也就是说在跨文化沟通的过程中，人们实际上是要随时随地评估沟通的过程和结果，并决定所期望的和能够实现的双方关系。跨文化沟通的过程和效果决定了双方之间的关系是合作的还是竞争的，是关注问题解决还是关注双方之间的感情关系，是一种等级有序的关系还是一种平等一致的关系，是正式的还是非正式的。文化内部的沟通，双方的关系一般是早已经确定的，而跨文化的沟通，双方的关系要依赖于沟通的过程和结果。这一特点也就决定了跨文化沟通的难度。

根据谈判心理学的理论，谈判的心理和过程包括四种行为表现：第一种行为表现是提出自己的主张。在跨文化沟通中，很重要的一种行为表现，就是要维持自己的观点和利益，与对方进行争辩，同时，又要理解和回应对方的信息和意图。谈判所涉及的第二种行为表现就是暗示，包括给对方各种善意的提示，同时也要对对方的提示做出积极回应。第三种行为表现就是要有创造性的建议，也就是说要以比较肯定的语气和用词，对下一步的沟通提出建议和看法。第四种行为就是讨价还价，这是指在跨文化沟通中，要有维护自己利益的建议，同时也要对对方的立场和意图有所了解和宽容，要有做交易的愿望，但是要保证每一个让步都会附带一定的条件。

第三节　跨文化沟通的社会场景

跨文化沟通是一种社会沟通，即沟通双方之间的社会关系在某种程度上决定了双方之间沟通的方式、过程和质量。有些社会关系具有显而易见的特征，因此这些特征的差异对沟通方式、过程和结果的影响相对而言是比较明显的。沟通双方的种族差异会使得一些具有较强种族主义倾向的沟通者，采用一种傲慢的居高临下的方式与对方进行沟通。沟通双方的宗教差异对沟通的影响也是不言而喻的，特别是一些与宗教有关的信念、典故和经书会对不同宗教之间的跨文化沟通产生障碍，因为这些信念、典故和经书往往不大容易被对方所理解。比如中国人对一位西方人说，“你这个人真贾宝玉”，他可能就不知道这句话所蕴含的调侃意味。

有些社会关系是比较隐蔽的，不易被人直接观察或意识到，但它对跨文化沟通的影响却比人们所知晓和承认的作用要大得多，这就包括与社会关系相联系的社会背景因素。哪些社会背景因素会影响到跨文化沟通的过程和质量呢？

1. **地盘**（Territory）

跨文化沟通的地域在某种程度上决定了双方之间的优劣势，掌握了**主场优势**（Home Court Advantage）的沟通者，往往会在决定沟通的时间、方式、长度甚至议题上有很大的优势。就像体育比赛的主场效应一样，跨文化沟通地域的主客场差异会决定沟通的结果，这就是为什么很多重要的跨文化沟通，比如国家之间的谈判，都要选择在第三方的地盘上进行。

为什么会产生主场效应呢？心理学家认为，主场效应是由于社会助长的作用。也就是说，当与自己有关的人在场时，我们的行为就会受到这些人的影响。有许多心理学实验验证了这种社会助长作用的存在。比如，有研究发现，优秀的台球选手在没有人观看的情况下，能有71%的击中率，如果有他人观看的话，他们的击中率会提高到80%。而不那么优秀的台球选手，在没有他人观看的情况下，击中率可以达到36%，而在被别人观看时，击中率则降为25%（Michael & Others, 1982）。在体育比赛中主场优势是非常明显的。根据一项对美国、英国和加拿大八万项体育比赛赛事的研究，发现足球比赛的主场优势最高，达到了69%，也就是说有19%的比赛结果与双方的实力无关，而只与是否选择了自己的地盘来进行比赛有关。篮球比赛的主场优势为64%，冰球为61.1%，橄榄球为57.3%，棒球为54.3%（Courneya & Carron,1992）。

为什么会出现这种主场优势呢？第一个原因是本团体的期望、热情和支持会增加我们的认同感和奋斗精神。因此，我们在心理和行为上都会对所要从事的任务更为关注、更为认真。所以，我们的准备工作和责任感都会相应的增加很多。

竞技体育篮球比赛的主场优势非常明显。

我们认为造成主场优势的第二个原因来自于下意识的领土控制感。从**进化心理学**（Evolutionary Psychology）的角度看，人和动物都有先天的领土优越感。也就是说我们对自己的领土范围会感到更为熟悉、安全，同时对侵犯自己领土的他人和动物有更强烈的攻击性，以保护自己的领土完整和安全。

造成主场优势的第三个原因与生理的适应有关系。在主场你不会有旅途劳累所带来的影响，也比较容易在心理和生理两个方面调整自己的工作计划和日程，从而在身心两个方面以逸待劳，占尽先机。

2. 语言优势（speech accommodation）

跨文化沟通一般会选择一种语言作为载体进行沟通，这就让使用母语的沟通者在语言上占据优势，而对那些使用非母语的一方来讲，沟通的难度就会大很多。因此在使用英语和法语为主导语言的国际性沟通中，我们中国人有一种天然的弱势，这就要求我们对跨文化沟通的心理有更多的了解。也就是说虽然我们在语言上不占优势，但如果我们对对方的文化、心理、需要和目标有更多的了解，我们就会在非言语的沟通中知已知彼，游刃有余。

这种现象被社会语言学家称之为**“言语适用理论”**（speech accommodation theory），指的是说话者为了争取听话者的好感，而改变自己言语习惯的倾向。比如，中国人在与美国人的交往中，采用英语进行交流，或者是美国人到中国来进行文化交流时，采用中文来进行对话。这种言语适用理论的提出，主要建立在社会心理学中的相似吸引原则、社会交换原则、归因理论原则的基础之上。

相似吸引原则（similarity principle）是指在沟通过程中，说话人和听话人之间的话语越相似，对听话人就越具有吸引力，越容易理解。这种心理现象产生的原因，实际上还是潜意识的自我中心主义。我们喜欢与自己相似的事物，潜意识中还会把与自己相似的地方、语言、人甚至姓名等，都看做自我的延伸。我们甚至不妨现在去做一个简单的试验，看看你是不是对与自己有同样姓氏的人，有某种程度的偏爱。“天下王姓一家人”是不是也反映了天下王姓人的那种潜意识意愿呢？

社会交换原则（social exchange principle）是指说话人策略性地，做出一定的妥协，以期望听话人在其他方面做出回报。就像一般的交换关系一样，我们所付出的代价，在某种程度上应该得到一定程度的补偿。代价越大，补偿就越多。如果我们在交往中，选择使用了对方的语言，这就表明我们已经在语言上做出了牺牲，这种牺牲是应该得到某种形式的补偿。社会交换原则中，有一个很重要的概念就是信任，也就是说你相信对方能够在某种程度上领会到你的付出，从而相应地做出回报。但是，这种信任在跨文化沟通中有时比较难以做到，因为有些语言是我们所称之为“霸权主义”的语言，也就是说它已变成约定俗成的官方语言。因此弱势语言的一方所付出的代价，不一定会被强势语言的沟通者所能理解和欣赏，这就使得这种言语适用理论在现实生活中不一定能得到实现。

归因理论原则（attribution principle）是指人们有自发地分析和解释他人行为的动机与原因的倾向性。因此，在跨文化的沟通中，采用对方所熟悉的语言进行交流，很容易被解释成善意和友好的意图，从而改善跨文化沟通的气氛。同样，归因理论原则也提出另外一种可能的解释，即对方将你的善意行为解释成情境的要求。比如，规定的官方语言是对方的母语时，那么他就很可能不把你的言语适应行为解读为你的善意和良好姿态，而只是解读成你不得不做的事情。

3. 沟通的时间长度

双方之间是稳定的长期来往，或是一种短期来往，这都会影响到双方对沟通的期望以及对沟通方式的选择。长期往来需要以关系为中心的沟通方式，而短期来往则需要以解决问题为中心的沟通方式。如果你需要在国外生活、学习，或是需要在国外旅游、购物，那么你沟通的方式、过程和结果一定是会不同的。需要在国外生活和学习的人，他们的跨文化沟通可能是长久的、多样的、深入的；而仅仅在国外旅游或是购物的人，他们的沟通方式就会是短期的、单一的、浅显的。在法国的“老佛爷”买东西就是一种短期的跨文化沟通，因此人们关注的更多是所购买物品的价格、质量和服务保障，而不会关注销售人员和管理人员的个人特性和风格。但是如果是与你的合作伙伴进行跨文化沟通，你就会选择以建立关系为主的沟通方式，比较多地关注对方的背景、经历等个人特点。

双方相互的交往也给我们提供了帮助对方和获得对方回报的机会，这种互惠的关系，需要一定的时间才能建立。而互惠的原则，也是人们友谊的基础。我们一般喜欢那些经常见面的人和能够给我们提供帮助的人，因为很多的社会关系，是不能由我们自己自由选择的，因此，喜欢这些人有助于建立更良好的关系，而这种良好的关系，又能更好地为我们创造积极和快乐的生活。

聚焦：心理学研究

社会心理学家纽康姆（Newcomb，1961）很早就发现，人们**交往的频率**是他们能否成为好朋友的关键。住同一宿舍的同学，尽管个性差异很大，但他们之间成为朋友的可能性要高于同其他宿舍里的同学。某种程度上，人们之间的友谊取决于接触时间的长短。为什么会这样呢？最主要的原因就是相互之间的交往会让人们产生共同性和获得回报。当你与一个人交往的时间越长，你就可能更容易而且更多地发现对方与你在性格、经历、兴趣和爱好上的共同性，而这些共同性是我们友谊的基础。正如亚里士多德在《修辞学》中提到的，“朋友就是这样的一些人，他们与我们关于善恶的观点一致，他们与我们关于敌友的观念一致……我们喜欢那些与我们相似的人以及那些同我们有共同追求的人，而时间是积累相似性的最好媒介。”

4. 沟通卷入的方式

一般来讲，跨文化沟通的卷入方式有四种：

第一，参与型（participation）的跨文化沟通。沟通双方之间需要有种互相依赖的关系，彼此都对对方有所期望和依靠。比如，你和商务合作者之间的沟通就是典型的参与型沟通，因为这种一来一往、有来有往的过程能够保证双方的利益均衡。

第二，利用型（exploitation）的跨文化沟通。利用跨文化沟通的机会对对方提出要求和期望。比如，老板对外国员工的命令就是利用型的跨文化沟通。

第三，贡献型（contribution）的跨文化沟通。沟通者能为对方提供帮助、咨询、教育和激励。比如，教授在国外大学校园里为学生做学术报告就属于贡献型的跨文化沟通，因为他所表达出来的信息、知识和意见应该能够对拥有不同文化背景的听众有所助益。

第四，观察型（observation）的跨文化沟通。在对方的文化环境和条件下，了解、观察和分析对方的行为、心态和特性。比如，很多情况下旅游者所进行的都是观察型的沟通，提出的问题、参与的讨论，很多都是为了满足自己的需求。

5. 接触的频率

高频率的跨文化沟通，比如，工作单位之间、同事之间的沟通，相对而言就会比较亲密和深入；而低频率的跨文化沟通，就像前面提到的旅游者与当地人的沟通，相对而言就会比较正式和浅显。

社会心理学家罗伯特·扎伊翁（Robert Zajonc，1968，1970）很早就提出了**曝光效应理论**（mere exposure effect），这一理论认为重复的曝光能够增强人们喜爱的程度。在社会交往中，相互之间接触的频率越高，相互之间喜欢的程度就越高。也就是说，由接触频率引发的熟悉，增加了人们相互间喜欢的程度。让学生去看那些无意义的词汇和符号，看的次数越多，接触的频率越高，对这些无意义词汇的评价就越积极。法国学生不喜欢大写字母“W”，因为“W”是法语里最不常见的，而中国学生喜欢字母“C”，因为它是中国（China）英文单词的第一个字母。

为什么接触频率本身就能够引发人们的喜爱呢？一种解释是，可能我们的祖先在进化过程中，偏好熟悉事物并认为它具有安全的意义，而事实上不熟悉事物的危险性确实要比熟悉事物大很多。在日常生活中，关于这种因为熟悉而导致喜欢的例子非常多，如有些商品的广告没完没了地出现，实际上就是曝光效应的应用。又如美术展览的作品受人们喜爱的程度，也与人们对它的熟悉程度有关系。因此，这就形成了一个有趣的现象：我们在美术馆看到的那些自己喜欢的作品，很可能就是我们平时经常看到的一些作品。我到过巴黎很多次了，每次去都想参观卢浮宫，去看它的“镇馆三宝”，即《蒙娜丽莎》《断臂维纳斯》《胜利女神像》，而每次观看“三宝”的队伍都很拥挤。于是，我经常反问自己，为什么大家都要来到卢浮宫看这三件被反复复制的艺术珍品呢？我们真的是喜欢这些艺术珍品，还是因为我们看到它们的次数最多、对它们最熟悉？就像巴黎的埃菲尔铁塔一样，我们是真的因为它美丽而喜欢它，还是因为我们熟悉它而喜欢它？接触的频率越高，喜欢的可能性就越高，这正是跨文化沟通所需要的心理基础。

五百年来，人们一直对《蒙娜丽莎》神秘的微笑莫衷一是。不同的参观者或在不同的时间去看，感受似乎都不同。有时觉得她笑得舒畅温柔，有时又显得严肃，有时像是略含哀伤，有时甚至显出讥嘲和揶揄。

《断臂维纳斯》，也称《米洛的维纳斯》(Venus de Milo)，是一尊希腊神话中代表着爱与美的女神维纳斯的大理石雕塑，高 203 厘米，由两块大理石拼接而成，两块大理石连接处非常巧妙，在身躯裸露部分与裹巾的相邻处。可能是在公元前 130 年左右制成，1820 年米洛农民伊奥尔科斯在米洛斯岛上发现。

《胜利女神像》又名为《萨莫色雷斯尼凯像》。这座神像是古希腊时期的雕塑，约在公元前 3 世纪末至 2 世纪初完成。

6. **沟通双方的亲密性**

一般而言，双方的关系越亲密，沟通的方式就会越多样、随意和深刻。有趣的是，双方之间的亲密程度可能更多的是受到沟通者个人因素的影响，而不一定是因为沟通双方社会因素的影响。两个来自不同文化的个体，也可能会产生非常亲密的关系（如恋爱、结婚），而且这种亲密关系可能会超过两个同样文化背景下人们的亲密程度。不过，也有学者发现彼此间的亲密程度不一定就能保证双方的沟通就是深刻和持久的，最典型的例子还是来自异国恋人之间的亲密，如果双方缺少语言、经历和文化上的共同性，而只有生理和身体上的亲密性，双方之间就有可能不会有深刻、持久和多样的跨文化沟通。

是什么因素容易让沟通双方建立友谊和亲密关系？

什么样的因素决定了双方关系的亲密程度？为什么亲密的关系会对跨文化沟通有正面的作用？心理学家认为，这是因为我们有强烈的归属需要，也就是说我们希望与他人建立持续而亲密的关系。从我们祖先的进化适应来讲，只有相互依赖与支持，生存的希望才会更大。因为在狩猎或者是安居时，多数人的合作总是比一个人单干要好。为什么漂流海外的华人，都有一种怀念故土和亲人的情结呢？这也是归属需要的自然流露。

什么因素容易让沟通双方建立友谊和亲密关系呢？除了我们上面已经谈过的接触频率是一个重要的指标外，还有一个很重要的因素即距离上的接近。如果沟通的双方来自遥远的地方，一般来讲需要建立亲密关系的时间就较长。另外一种增加友谊的可能性，就是双方对未来继续交往存在相互预期。曾有心理学家以大学女生为被试，向她们提供另外两位女生的相关模糊信息，并要求她们稍晚与其中的一位女生进行亲密对话与沟通。然后测试这些大学女生对这另外两位女生的喜欢程度。结果发现，这些被试更偏好那位她们预期要见面的女生（Darley & Berscheid，1967）。这也就是说，如果你期待与你沟通的对象继续进行对话与沟通，那么你喜欢她的概率肯定就要比另一位你认为不会再见面的人要高出很多。

喜欢通常也是相互的，这是指人们喜欢一个人的程度，应该与对方喜欢自己的程度成正比。很多心理学（Euolutionary Psychology）的研究都发现，告诉一些大学生有人在暗恋他们，会很容易让这些大学生产生一种回报的情感。也就是说，在与人交往的过程中，给别人积极的评价和反馈，更容易让别人喜欢上你。古代斯多葛派的学家希卡特（Hecato）曾经说过，“如果你希望被别人爱，那么你就应该去爱别人”。美国作家爱默生（Emerson）也说过，“拥有朋友的唯一办法，就是成为别人的朋友”。

7. 沟通双方的地位和权力差异

在社会生活中，地位相对较高的人，更多地采用随和、亲密和直接的沟通方式，而地位相对较弱的沟通者，就会采用正式、疏远和间接的沟通方式。社会心理学家布朗（Brown，1965，1987）发现在人类社会中，地位和权力较高的人往往会是社会关系的主导者，他们通常会第一个开口问候对方，首先伸出手来，首先摸肩拍背，首先直接称呼对方名字；相对地位较低的人，往往是互动关系的被动反应者，他们往往更倾向于用尊称和职务去称呼别人，比如王厂长，彭经理，总统先生等。这种相对的权力和地位的差异，在跨文化沟通中也是存在的，它也决定着双方沟通的方式、过程和结果。

外国公使正在向光绪皇帝行鞠躬礼。

在跨文化沟通中，地位相对较高的人往往具有更大的影响力，人们普遍的心态就是尽量避免与地位低微的人，或是与容易受到别人嘲笑的人联系在一起，即使与他们的意见一致，都会被认为是丢脸的事情。有人研究了地位相对较高的人与地位相对较低的人对人们乱穿马路行为的影响。研究结果发现，如果衣着高雅、身份地位较高的人遵守交通规则不乱穿马路时，人们乱穿马路的比例就会下降很多；但是如果遵守交通规则的是一个衣着破烂的人，人们还是会照样乱穿马路。也就是说，一个人的身份和地位会潜在的影响其他人的行为，人们更容易向身份较高的人看齐，而不是向身份较低的人看齐（Mullen & Others，1990）。

聚焦：心理学研究

权力和地位较高的人，相对而言不太容易受他人的影响，也很少表现出服从他人的倾向。米尔格拉姆（Stanley Milgram，1965，1974）在**服从实验**中发现，生活中权力地位较低的被试，表现出服从研究者的意愿最高，而权力地位相对较高的被试，表现出的服从行为最低。因此，跨文化沟通过程中，主观地位感觉，会影响一个人的行为倾向，从而影响沟通的方式、过程和结果。

美国社会心理学家S.米尔格兰姆（1933—1984）

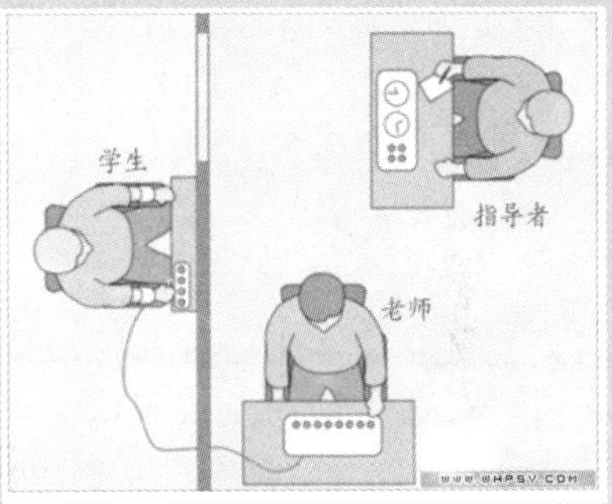

服从实验的设置

8. **沟通双方数量的对比**

古语说“人多势众”，即是说人数上的优势会决定沟通的优势，如主场优势一样，它不光在沟通的具体形式、过程和结果上产生影响，同时在人的心理和意识上产生潜在的影响。这也是为什么重要的跨文化沟通强调双方谈判人数的对等。

数量的优势主要是因为我们作为社会动物，群居是我们的属性，并且会给我们提供安全感、社会资源及信息。就像我们的先祖在极其恶劣的自然环境面前，人数众多的团体生存下来的可能性最高。并且人数越多，我们的积极性就越容易被激发，团体的交流和支持也会帮助我们把事情做得更快，心情更加愉快，而且无私奉献的想法也更加强烈。对于一些需要克服的毛病，例如，酗酒或是偷懒等，与众人一起会比独立克服的效果好。在精神交流方面也是这样，人越多各种观点和信息就会越丰富，对我们的身心健康也就更为有利。

另一方面，我们也应该防止人数众多给我们行为带来的负面影响，即我们会变得更加激进。因为在他人面前，我们可能下意识地想表现得更具控制力、影响力以显示自己的权力和地位，这反而会给平等的跨文化沟通带来负面影响。人数众多的团体也不利于创造性思维的发展，因为我们太多顾及别人的看法和意见。当我们总是去猜测别人喜欢的方式，而不是自己真实的看法，就像股市泡沫产生的机制：当我们每个人都不是从自己的判断出发，而是从猜测别人的判断出发时，我们就会偏离事物的本质。因为很多时候，事物的本质恰好就是每个人真实判断的平均数。

人类历史上，有很多的决策错误都是由于这种团体思维(Groupthink)造成的。比如美国的珍珠港事件，在事情发生几个星期之前，夏威夷的美军指挥部已经收到了一条可靠的消息，即日本计划袭击美国在太平洋的某个基地。之后，军事情报失去了对日本航空母舰的追踪，因为那时航空母舰已经关闭了所有的无线电联系，正朝着美国的夏威夷基地前进。但是，美军指挥部过分地相信自己团队的判断，对这些情报完全无动于衷，直到日军开始对毫无防备的美军基地发动攻击，使得美军在珍珠港遭受巨大损失，4 艘主力舰、3 艘巡洋舰、3 艘驱逐舰被炸沉，另有几艘军舰受损，损失飞机 188 架，海军士兵伤亡 2 450 人。只有 3 艘航空母舰因为没有停泊在珍珠港码头而幸免于难。而日军方面仅损失 29 架飞机和几艘小型潜艇。导致这场错误决策产生的原因，就是因为美军指挥团队的成员感受到了一种从众的压力，谁也不愿意成为一群人中表达不同意见的人。因为这种不同的意见，往往会使自己和别人都不舒服。由于谁也不愿意表达不同的意见，结果造成了一种大家一致同意的错觉，而这种表面上的一致性，又更加强化了群体的错误决策。

航空摄影家罗伯特·泰勒所作《劫后余波》空袭结束后珍珠港的惨状。

在第二次世界大战中，希特勒的指挥团队所犯的战略性错误，在很大程度上，也是因为没有任何人敢对希特勒的意见提出不同的看法，结果在表面上形成了大家都一致同意的错觉。人数越多，这种错觉的影响就越大。

这种团体思维的压力，还能够解释最近的伊拉克战争。无论是伊拉克总统萨达姆，还是美国总统布什，身边的人都是和他们具有相同目的

珍珠港战役中 Arizona 号的残骸

和价值观念的人，这些人有意地过滤了支持他们看法的信息，而排除了反对他们看法的证据和信息，造成他们两人对整个战争的发展做出了错误的判断。他们周围的幕僚越多，错误的印象就会越强，而错误的决定就越加致命。萨达姆的错误判断来自于他的信念：伊拉克的军队和人们一定会拼死地抵抗美国的入侵，从而使美国不敢发动对伊拉克的战争。而布什的错误判断则来自于他认为：成功地入侵伊拉克会带来长期的世界民主与和平。而这些错误已经被历史证明是何等的荒谬。

萨达姆的幻觉

伊拉克战争中布什的幻觉

因此，在跨文化沟通中，人数的多少可能会产生虚假的安全感和团体表面的一致性。但是我们也要知道人数太多，尤其是多数人具有强烈的一致性倾向时，反而不利于跨文化沟通的顺利进行。

第二章 学习跨文化沟通的必要性

跨文化沟通的必要性，与中国社会的历史发展是紧密相连的。在过去，与外国人打交道，常被理解为是种容易受到西方腐朽文化、思想侵蚀的途径，因此谨慎、小心、退避曾经是我们对待跨文化沟通的主要态度。中国改革开放三十年来最大的变化之一，就是我们越来越意识到，中国的发展与对外开放、对外沟通密不可分，我们的媒体和官员以及普通的老百姓，越来越能够以大方、从容、主动和成熟的心态与外国人打交道。但是我们也常听到不少人反问我们：我是中国人，为什么我要知道外国人如何理解我的观点？为什么他们不应该主动地了解我的看法和态度？为什么中国人非得学习如何与外国人进行沟通？我们认为，学习跨文化沟通是经济全球化（ecnomic globalization）的需要，是中国迅速崛起为世界强国所赋予我们这一代人的历史责任，同时它也能够帮助我们发现自我、超越自我。

第一节 国际化的需求

我们居住在一个互相联系、互相牵制、互相依赖的社会中，跨国性的交流访问工作和贸易逐渐成为我们生活中不可或缺的部分。可以这样说，21 世纪是一个跨文化沟通的时代，任何人都不可能逃得出这一世界性的潮流。你可以想一想，中国哪一个城市没有外资的存在？哪一个国外的消费者没有享受过中国产品所带来的便利？即使是为完全国有化的企业，都不得不面对国际化和经济全球化所带来的挑战与冲击。

我们的日常生活也越来越多地受到外来文化的冲击和影响。韩剧的流行、日本电器的风靡、美国好莱坞大片的震撼，这些都是国际化对我们的影响。越来越多的中国公民出国学习、访问，或者为外企工作；同时，也有越来越多的外国人到中国学习、访问，为中国企业工作，这都增加了跨文化沟通的重要性。

全球经济一体化的现实，使得跨文化沟通不仅是生活的需要，也成为中国社会与世界发展的需求。据 2000 年联合国贸易和发展会议的报告，全球一共有 450 000 个合资企业，全世界一百家大型企业雇用了将近6 000 000的外籍员工，全球有 2/3 的利润来自海外市场。同时根据联合国贸易和发展会议在2004年的报告，世界的国民生产总值有40兆亿，其中由跨国贸易所带来的财富占了41.5%。我们甚至可以这样说，在过去的30年内，人类社会经济增长的80%与海外市场有关系，而这一增长是人类过去1 300年经济历史增长的总和，也就是说经济全球化彻底改变了人类的生活和生产方式。①

中国经济的发展尤其依赖国际贸易，中国的对外贸易是中国经济发展中的重头戏。2005年，中国的对外贸易达到了1.3兆亿，而中国当年的国民生产总值是1.6兆亿，也就是说中国国际贸易对GDP的贡献达到了81%（中国的官方数据是63%）。相对而言，美国的国际贸易占其国民生产总值的比例是26%。②

中国经济的飞速发展得益于跨国际的贸易和交流，这就对每一个中国人和中国的企业都提出了跨文化沟通的挑战。这对我们生活的影响，特别是工作的影响也是多方面的。你的工作可能是属于中国企业或是中国单位的外事部门，你也可能是外国企业的中国员工，你可能是合资企业的工作人员或者是正在与外国企业竞争的中国企业的工作人员，也就是说我们中国人的工作在过去20年内已经与跨文化沟通密不可分。问题是，我们又有多少人意识到了跨文化沟通的问题、挑战和对策呢？我们在从事日常生活工作的时候，是否意识到我们的经验对其他人有借鉴作用？

经济发展使得中国日益成为世界经济重要的支点之一。我们的贸易顺差位居世界第一位，外汇储备位居世界第一位，手机拥有量位居世界第一，GDP位居世界第三位，这些都表明中国已经成为影响世界经济的大国。中国的经济大国地位，也就使得中国越来越成为世界经济力量角逐的战场，没有深刻的跨文化知识和对彼此政治经济文化体制的了解，中国是不可能在这场经济的“世界大战”中获胜的。

中国投资有限责任公司入股美国黑石私人股权基金公司的教训，就反映了跨文化知识对经济活动的影响。2005年中国政府决定利用自己的外汇储备建立投资国外基金的中国投资有限责任公司（以下简称为中投）。同年5月，正在筹备中的中投签下了第一单——斥资30亿美元，以每股29.605美元收购美国黑石集团1.01亿股无投票权的股份，相当于黑石总股本的约10%，投资期锁定为四年。这就是说，中投在四年

---

① L. Bryan, J. Fraser, J. oppenheim, W. Rall. Boston. *Rall for the world*, 1999

② Henry Liu. China Business. Asian Time, Apirl. 2006

之内不能对黑石集团的投资策略和决定有任何的发言权。令人意外的是，黑石集团于2007年6月22日在纽约证交所挂牌交易，每股IPO价格为31美元，而且在挂牌后的第二个交易日（6月25日），黑石的价格就一路走低。截止到2007年年底，中投公司投资于黑石的亏损已达65亿元人民币，接近30亿美元投资额的30%。这样账面价值的大幅度缩水遭受了国内舆论的尖锐批评。作为心理学家，我们无法对中投的投资策略做出经济学的评判，但我们认为从投资黑石的时机来讲，中投显然对黑石公司和美国的政治社会互动缺乏基本的常识。抛开美国股市的整体行情不谈，黑石股价下跌，实际上是可以预见到的。因为先前美国的国会已经讨论通过了大幅提高上市私人股权基金管理公司的税率，即从以前15%资本率的税，上调为35%的所得税。这样的变化，当然会引起投资人逃离私人股权基金管理公司。所有在国外生活过的人，都会知道政府的政策对市场的影响。我们感到不可理喻的是，为什么中投公司没有了解到这种政策的变化。当然，如果是对方刻意地隐瞒和忽略这种政策信息，那就另当别论。

中国的企业在过去20年里取得了突飞猛进的发展，有些企业已经不可避免地走上了国际化的道路。但是中国企业在海外的发展，面临着很多的文化挑战（cultural challenges）。可以这样讲，中国企业在国内发展过程中所积累的经验，实际上是不足以应对国外的经济文化环境，对国外民众的心理也缺乏足够的了解。

收购韩国双龙，是上汽集团国际化的第一步。

据媒体报道，在2006年长达49天的罢工时间里，韩国双龙的销量下降了14%。

2006年，韩国双龙汽车公司的工人开始了第一轮罢工，持续了6个小时，这距离上汽股份有限公司耗资5亿美元收购双龙才一年多的时间。事情的缘由是在3天前上汽向工会方面发送公文，提出裁减生产工人728人，管理层204人。这引起韩国员工的不满，他们认为上汽入主双龙，只是把双龙作为一个技术输出的平台，而不准备履行在收购之初承诺的不裁员、继续投资等条款。双龙的管理层，试图与工会负责人商议，和平解决罢工，但是遭到拒绝。8 月 11 日，双龙的罢工工人还包围了公司大楼，并打碎了大楼的玻璃。8 月 16 日，双龙工会开始实施所谓的玉碎罢工，誓将双龙彻底毁灭。直到 8 月 30 日，双龙工会才与上汽签订协议，使得管理层撤回解雇计划，保障雇用并保证每年投资逾 3000 亿韩元开发新车型等苛刻条例。49 天的罢工，使得双龙的生产线陷入瘫痪，这除了给双龙带来减产 1.6 万辆汽车，损失 3 亿美元外，还让上汽双龙本来有可能实现赢利的 2006 年陷入亏损。

首都钢铁集团在秘鲁开办的铁矿公司，也屡次受到工会罢工的影响。由于厂方解雇 3 名临时工，导致了持续多月的工人罢工浪潮，工人与警方发生冲突，导致 10 名工人及家属受伤。这些意外都是中国企业在走向海外之前，所没有料想到的事情。

当然，较为成功的跨文化合作，我们也可以找到很多案例，比如，联想集团在收购 IBM 个人电脑部门后的双方跨文化互动。在 2005 年之前，联想集团仅仅是一个在中国国内占据主导地位的计算机生产商，而在收购 IBM 个人电脑部门之后，联想蜕变成为国际个人计算机市场举足轻重的生产商。据统计，联想有 60％的销量来自美国，而且现在联想已经是位居世界第四位的计算机生产厂商，但是联想的国际化也有它的挑战和困境。

文化冲突是联想在兼并 IBM 个人电脑部门后的最大挑战。在收购 IBM 的个人电脑部门后，双方不得不进行持续的跨文化沟通，以实现联想的国际化战略目标。刚开始，双方最大的矛盾是管理层的工资差异。IBM 员工薪酬的 80％来自于个人的基本工资，只有 20％来自于与绩效有关的奖励，而联想的报酬基本上都是与工作绩效挂钩，基本工资相对而言很低。这也就是说，很多美国人拿到的工资要远远高于他们的中国同事，即使联想的大部分利润都来自中国部门的业绩，而不是来自美国部门的业绩。这种“同工不同酬”的差异，严重地伤害了中国员工的积极性。但是，在过去几年里，联想通过自己内部的努力，不断地降低中美管理人员工资的差异。其中一个办法就是将联想总部在三个地方不断地轮回，包括法国巴黎、中国北京和美国北卡罗来纳州罗利市，这样就使得中国员工也有机会享受到国外的工资标准。

IBM 的文化与联想文化的差异可以反映在广告中，IBM 的广告强调人和客户。

联想的广告强调机器和社会意义。

双方第二个文化差异就是原有的公司文化不同。按照美国人的标准，联想的公司文化是半军事化的。联想设在北京的总部座落在一个工业园区内，公司的很多政策都是通过高音喇叭宣布，迟到的员工被要求在所有公司领导的面前罚站。在收购美国公司以后，联想主动地改变了自己的公司文化，将公司的语言变成了英语。同时，老总杨元庆主动将公司总经理的职务让给了美国人，以培养国际化的公司管理文化。

联想在跨文化沟通中，也曾经有过困难的时期。在公司的会议上，经常是美国员工在滔滔不绝地长篇大论，而中国员工通常只是礼貌地倾听对方的发言；中国员工抱怨美国员工太喜欢空谈，而美国员工则抱怨中方的管理人员不愿意参与到双方的讨论中来，只是一个劲地说对而不是提出更好的办法。在两年的合作之后，联想决定将美国管理人员的发言时间规定为 5 分钟，而将中国管理人员的发言时间规定为 10 分钟，以保证双方有基本相同的发言时间。

在双方的沟通方面，还有一些细微的差别，比如，美国人喜欢用体育比赛的例子来谈公司的管理和策略。于是联想就决定在公司的电话会议中禁止使用这样的比喻，以免双方产生不必要的文化误解。还有，中国员工在不同意某个问题的时候，倾向于保持沉默，而美国员工却总是错误地将中国员工的沉默误解为同意，因此联想规定倘若员工有不同的看法，必须公开地表达出来。

在中国人的企业行为中，还包括愿意向上司报告同事和同行的问题，以避免面对面冲突时不必要的尴尬和紧张关系。而美国人通常认为这样的行为是“背后捅刀子”的恶劣表现，是不道德的。因此，联想又做出公开决定，禁止这种背后打报告的做法。同时，增加双方管理人员的互动和社交活动，以保证跨文化沟通的畅通①。

联想收购 IBM PC 事业部后，双方在跨文化沟通上做出了不懈的努力。

那么什么样的公司可以算作是国际化的公司呢？除了它的产品和服务是在海外市场以外，一个真正的国际化的公司，它也应该同时具有学生和教师的心理状态，也就是说它必须关注和加强企业跨文化沟通和管理的艺术和科学。一个国际化的中国企业，它也必须是包容性（inclusive）的，而不是排斥性（exclusive）的；它的客户、员工、股东、利益相关者、合作商、股东和他服务的社区，应该是多元文化（multi－cultural）的，而不是单一文化（mono－cultural）。一个国际化的企业，应该尊重文化差异，欣赏文化的多元性，强调跨文化沟通的效益。在某种程度上，一个真正的国际化的企业，它不应该是简单地应付文化差异，而是应该拥抱和欣赏文化差异；应该是利用差异，而不是被差异所利用。为了实现这一国际化的目标，它的领导人应该是具有全球化管理能力的人才，而它的企业文化应该是强调和欣赏跨文化沟通的能力。

国际化的经济和企业的国际化，都要求未来的企业管理者必须是一个综合素质极高的人才。中国总理温家宝曾经说过："中国需要抬头看天的人"。其实说的就是中国需要一批放眼世界的人才，他们要想大事情，做大事业，要为人民服务，要具备全球化的领导素质。

什么是全球化的领导人才（global leadership）呢？根据一项对世界 500 强企业老总的调查，他们一致认为全球性的领导人才应该具有以下 8 种跨文化沟通的能力：

他（她）应该能够说一门以上的外语；他（她）应该能够理解不同的政治经济体系；他（她）应该能够很快适应不同的社会环境；他（她）应该能够与不同文化的人有效地谈判和解决冲突；他（她）应该能够在不同的文化背景下很快地解决问题；他（她）应该能够理解不同文化背景的人和文化心理；他（她）应该能够鼓励来自不同文化背景的

① *The Wall Street Journal*. 6, Corporate News . wed, nov 5, 2008

人；他（她）应该能够具有管理文化差异的能力。

通用电气的杰克·韦尔奇（Jack Welch）曾经是全世界薪水最高的首席执行官，被誉为全球第一CEO。

通用电气公司的老总杰克·韦尔奇（Jack Welch）曾经说过一段意味深长的话，他说："未来的通用电气公司的领导，一定不是像我一样的管理者，而一定是能够与其他新兴市场打交道的人。尤其是五个金砖（BRICK）国家的人。"美国的经济发展在很大程度上确实是依赖这五个金砖国家，它们分别是巴西、俄罗斯、印度、中国和韩国。美国传统的贸易伙伴，曾经是北美自由贸易区的伙伴加拿大和墨西哥，除此之外，排列前三位的都是来自亚洲国家的贸易伙伴，中国与美国互为最大的贸易伙伴，日本是美国的第二大的贸易伙伴，韩国是美国第三大的贸易伙伴。

因此，无论是对中国人还是美国人，跨文化沟通的能力不光是我们工作和生活必不可少的基本技能之一，也是我们作为世界经济大国所必备的领袖才能之一。

第二节　自我的超越

学习跨文化沟通从某种意义上讲，是一种发现自我、超越自我的过程。罗素曾经将自我列为人类必须战胜的第一个敌人，列在他人和自然之前，说的就是我们对自己的了解受到环境的局限，我们必须要超越这种局限。学习跨文化沟通能帮助我们跳出自己的圈子，想想是否有另外一种可能性。在心理学中，我们把这种思维能力称之为**"反事实思维"**（counter－factual reasoning）。比如，我们设想自己不是中国人，我们会有什么样的经历？我们的事业、生活和理念又是什么样的呢？跨文化沟通就是利用"反事实思维"去了解自己和他人。但是由于各种原因，我们中国人一般不愿意主动做反事实思维。因此在跨文化沟通中，我们更多采用的是先入为主的思维方式，表现出来就是心理学中经常涉及的以下五种思维误区（cognitive biases）。

1. 朴素的现实主义（the naive realism）

我们经常不认为自己不知道，而认为自己知道，也就是说我们认为自己所认为的世界就是现实的世界，在哲学上这就叫做“朴素现实主义”，在心理学上这就是一种**“自我服务的偏差”**。比如，两个人相处是性格相同容易在一起呢，还是性格不同更容易在一起呢？日常生活中的认识其实并不能帮助我们做出正确的判断，因为我们既可以说“物以类聚，人以群分”，也可以说“同性相斥，异性相吸”。有趣的是，对这两种矛盾的朴素认识，我们都可以讲出自己的理由，而且还能指出许多例子来证明。

再比如说是性格内向的人说话多，还是性格外向的人说话多？根据一般的判断，性格内向的人说话少，性格外向的人说话多。根据心理学家的研究结果（Peng & Ames，2000），性格外向的人与性格内向的人说话是一样多。如果在特定的环境中，让一个性格外向的人和一个性格内向的人待在一间屋子里，两个人说的话一样多；再让两个性格外向的人与一个性格内向的人在一起，说话也是一样多；而且两个性格内向的人与一个性格外向的人在一起，那么结果就很可能是性格内向的人不说话，性格外向的人猛说。

在商场，消费者最喜欢挑选与自己视线平行的货架上的货物，问他们为什么选择这款货物时，他们找出各种各样的理由来证明他们的选择，实际上只是因为他们一般不会去蹲着或是踮着脚拿商品。有这样的一个著名研究：主试在桌上摆满各式各样的袜子，由于位置效应（Position effect）的影响，一般右利手的被试都会挑选最左边的袜子。对这一事实，每个消费者都会给出自己的理由：为什么喜欢这个袜子？比如我妈妈穿过这样的袜子，或这袜子手感很好，或质感很好，等等。他们不知道这实际上全是位置效应的结果。

零售业中的位置效应。

这种朴素现实主义也体现在跨文化沟通上，即我们很容易用自己的经历去推测他人的心理，而且相信这一推论是正确的。学习跨文化沟通心理学，能帮助我们克服这一朴素现实主义的倾向性，从实证科学（empirical science）的实验、理论和证据中得到真实的智慧和知识。

2. 认知框架（cognitive schema）的影响

我们的思维都受到固有认知框架的影响，而认知框架又与个人的经历和文化影响密不可分。例如，有一位大学教授喜欢自己洗车，邻居的孩子给他洗车的价格和市场价格是一样的，即 10 元，如果邻居出 50 元让这位教授洗车，他一定会拒绝。根据经济学的原则，他是应该洗的，因为这已经是超出市场价格 5 倍的回报。但是我们知道当自己喜欢的行为被商业化以后，人们的行为就会受到头脑里的一些社会观念的影响，这些观念可能是面子问题，也可能是人情问题。这位教授是不会为了 50 元去给邻居洗车的。那么他是不是绝对不会为了金钱去帮邻居洗车呢？答案也是否定的。在一定的条件下，他很有可能会为邻居洗车，关键是他的心理分析是如何引导他的思维方向的。当邻居所出的价钱达到一定数量的时候，比如说 5000 元，那么他很有可能就答应了。因为在这场思维博弈中，教授认为丢面子的不是自己，而是这位邻居，因为只有愚蠢、自负的人才会傻到花这么多的钱洗一辆车。

同样可以提出来供大家考虑的问题是，如果桌上有 100 万元，谁愿意脱光衣服在校园跑一圈？恐怕没有人会去这么做，因为我们的认知框架构建在道德和面子的范畴之内。但是如果假设其中有 50 万元是为了资助贫困山区的女童读书，或是帮助地震灾区的重建工作，恐怕就有人愿意脱光了衣服在校园里跑一圈了。因为这启动了人们的牺牲和奉献精神，牺牲自己奉献社会，能够帮助我们克服羞怯、畏缩的情绪，并为自己的行为提供合法化思维。人的思维太灵活，我们可以编出很多理由为自己的行为辩解，这就是心理学的秘密。

跨文化沟通的障碍很大程度上是被我们头脑中固有的认知框架所影响，这种影响是下意识的，但又是无处不在的。学习跨文化沟通心理学，能够帮助我们发现和了解人类常见的思维框架，帮助我们认识自己思维的局限性。

3. 思维捷径（heurstics）

这一原则是说我们在思维的时候，经常要利用一些容易想到的信息和知识，来帮助我们进行判断和认识。有些东西容易进入我们的头脑，也就更容易使我们犯一些不该犯的错误。比如，在超市买东西时，我们总是喜欢挑一个最短的队伍结账，但是最后总是发现自己挑的队伍变成了最慢的队伍。其实，这在很大程度上是因为我们很容易想到我们能够记得住的事情，而不容易想到我们记不住的事情。对成年人来讲，最容易记住的往往就是一些负面的事情，而正面的事情则经常记不清楚。

跨文化沟通的危险也就是因为，本文化的知识和信息容易让我们想得到，因此它的作用就容易被夸大，而其他文化的知识和信息不容易让我们接受，因此他们的作用就容易被低估甚至被忽略。因此学习跨文化沟通心理学，能够帮助我们思考在不同文化背景下的知识和信息，从而让我们变成一个相对理性和全面的思维者。

4. 有限理性（bounded rationality）

这一原则是说在正常的条件下，我们的思维习惯是非理性的，是直觉性的。2004 年诺贝尔经济学奖获得者卡尼曼（Daniel Kahneman）就证明了人的经济理性是很有限的。比如，一张电影票是 70 元，某人在走到电影院时突然发现买好的电影票丢了，他会再掏 70 元买一张票吗？一般情况下，人们是不愿意再花这 70 元的。但当一个人走到电影院要买一张 70 元的电影票时，突然发现钱包里少了 70 元，他会不会继续去买这张电影票呢？一般情况下，他会毫不犹豫地去买电影票。从经济理性的角度来讲，这两种情况的经济成本是一样的，也就是说都是花 140 元看一场电影。但是从心理学的角度看，这是两个完全不同的心理情境。前一种情境下，70 元代表的是**沉淀成本**（sunk cost），后一种情境下，70 元代表的是一种**机会成本**（opportunity cost），而人们一般会更在意沉淀成本，忽略机会成本。

在很大程度上，跨文化沟通会受到我们有限理性思维的影响，这种非理性表现在很多方面，比如过分夸大自己的贡献，过分相信自己的经验，过分强调本文化的优越感。跨文化沟通心理学能够帮我们认识到自己思维的非理性习惯，使我们在控制自己思维的倾向性上做到有的放矢。

5. 情绪原则

这一原则是说，我们的思维和判断在很大程度上都受到感情的影响，这种情绪反应（比如喜欢、不喜欢或者恐惧）通常都不需要很多的道理和分析。虽然这种反应有时候是不符合逻辑的，但它可能有一定的生存适应价值。例如，我们的祖先对森林里的某种奇怪声音会感到恐惧，可实际上里面并没有危险动物，但是这种敏感性也许使他们更有可能在危险的环境中生存下来，因此他们将这些基因遗传到了我们身上。

这一原则体现在跨文化沟通的过程中，就是我们有可能对不熟悉、不了解或者不认同的外国人产生某种直接的负面情绪反应。虽然我们可能认为这种反应从理性上来讲是没有任何道理的，但是我们的感情可能掩盖或取代理性的认识，从而影响我们跨文化沟通的愿望和效果。学习跨文化沟通心理学，能够帮助我们克服本能的、直接的、简单的情绪性反应，从而达到一种宽容、理性、和谐。

第三章 什么是文化

让我们先做一个简单的心理学实验，叫“自由联想实验”（free association），就是说当我们提供一个概念、形象和物体的时候，你首先能够联想到的概念、形象和物体。比如，当我们提供红色时，你所能够想到的概念、形象和物体是什么？（可能是血液、红旗、花）。自由联想反映的是人们对这些概念、内涵的理解和认识。当我们谈到文化这一概念时，它所产生的自由联想恐怕会是千差万别，人们可能会想到孔子、书籍、节日、宗教、校园、电影、电视、报纸、艺术、饮食、道德、价值等。显而易见，文化是无处不在的，它是所有事物的总和。而且，很有可能人的基本心理需求之外的一切事物都是文化的范畴。

第一节 文化是生活方式

文化是什么？由于其语意的丰富性，多年来文化一直是文化学者、人类学家、哲学家、社会学家、考古学家说不清道不明的一个问题。据英国文化史学者威廉斯（Raymond Williams）考证：从18世纪末开始，西方语言中“culture”一词的词义与用法就发生了重大变化。他说：“在这个时期以前，文化一词主要指‘自然成长的倾向’以及比拟而言人的培养过程。但是到了19世纪，这种文化作为培养某种事物的用法发生了变化，文化本身变成了某种事物。它首先是用来指‘心灵的某种状态或习惯’，与人类完善的思想具有密切的关系。其后又用来指‘一个社会整体中知识发展的一般状态’。再后来是表示‘各类艺术的总体’。最后到了19世纪末，文化又开始意指‘一种物质上、知识上和精神上的整体生活方式’。”（Raymond Williams，2003年）

从广义的角度讲，西方学术圈中文化指的是特定民族的生活方式（way of living）。著名人类学学者泰勒（Edward Burnett Tylor）这样给文化定义：“文化或者文明就是由作为社会成员的人所获得的，包括知识、信念、艺术、道德法则、法律、风俗以及其他能力和习惯的复杂整体。”我们将文化定义为特定生活方式的整体，它包括：观念、价值、心理和行为方式，提供道德和理智的规范。文化是建立在学习基础上的，而不是源于生物学；它为一个社会的成员所共有，而不是某个人或者某些人的独特风格；它是具有历史沉淀的产物，而不是社会时尚的风气；它是信息、知识和工具的载体，而不仅仅是点缀生活的装潢；它是人类社会生活环境的反映，而不只是社会奇才的特意创造。文化作为人类认知世界和认知自身的符号系统(symbolic system)，它给我们的生活、生存和我们的世界以意义和目的，它是人类社会实践的一切成果。

文化作为生活方式，其实只是种描述性的定义，它是对人类生活各个方面的描述和概括。美国著名文化人类学专家克罗伯（A . L. Kroeber）和克拉克洪（D. Kluckhohn）在《文化，概念和定义的批判回顾》(1963）中，列举了文化的160多种定义，其中的大部分是对欧美国家人们生活方式的阐述。心理学家伯利（John Barry）将这些描述归类为八种，包括：

第一，基本生活特性，包括该文化的生态环境、地域、历史沿革、生理特点（肤色、头发、眼睛、眼色、鼻梁大小等）。

第二，食物和衣饰，包括饮食习惯与风格、食品、进食方式、衣饰的多少（裸体或是盛装）。

第三，居住和建筑，包括建筑风格、居住安排、建筑材料和技术等。

第四，经济和交通，包括生产方式、生产工具、交通方式、交通工具等。

第五，个人和家庭的活动，包括个人的教育、发展、家庭关系、家庭结构、家庭互动等。

第六，社会和政府形式，包括社会关系、社会体制和政府形式、政府的政治结构、政府的运作方式等。

第七，宗教、科学和福利，包括宗教活动、信仰、教育方式、科学水平和科学方式、社会财富的分配方式等。

第八，性和繁殖方式，包括婚姻结构、婚姻方式、性生活的方式等。

从生活方式和一般行为方式上看，文化的差别十分明显。生活方式的差异是区别文化的重要特征，这是人类学的重要观点。从古代大禹治水的神话我们知道夏朝至少在开国时还是母系氏族社会，其居住方式有两个特点：一是游牧性；二是从妻居。这样的生活方式决定了它不可能有后来的男尊女卑的伦理教条。从一个社会的生活方式可以推演出它的某些文化特征，这正是人类学的学术思路。

根据武汉大学钟年教授的田野调查，我国枝江市百里洲镇戴家渡村的从妻居已经有相当长的历史，他的考察认为："从妻居的婚姻制度，在继续发挥其养老功能的同时，也起到了改善家庭内部关系，促进家庭成员间的和谐，提高妇女地位等方面的作用，这一切对中国社会长期以来流行的重男轻女、养儿防老等观念产生了冲击，从而影响到人们的生育行为。"(钟年,2001 年)就中西文化比较而言,在封建社会、自然农业的大致相同背景下,人们在居住形式、生产形式、家庭形式、婚姻形式、教育形式等生活方式方面表现出来的差异,这些都为人类学家、文化学者、哲学家、社会学家、考古学家定义文化差异提供了重要的依据。

人类生活的各个方面都可以是文化的载体，同时也都是文化的产物。例如音乐，中国传统的丝竹乐器就是表现中国人的人与自然和谐关系的载体。它反过来，又潜移默化地影响了中国人对音乐的感受。丝竹之声，使我们更容易想到高山巍峨、空谷回音、流水潺潺，是我们将自己的内心感受寄托于自然与山水之间的很好的表现工具。又如绘画，在中国传统的绘画中，山水是用来抒写内心情怀的，因而大量地采用了写意、留白、借景和散点透视，而这与西方绘画常用的焦点透视和按比例绘画有很大的区别。西方绘画往往将人像的比例放得很大，而自然背景比例很小，或者是基本不存在。而在东方绘画中，人在山水之间是很微小的，而自然则是很伟大的。

最近美国密歇根大学的研究者发现（Masuda et al，2008），东方的博物馆所收藏的艺术作品，基本上都是采用了散点透视的风格，人物的头像和背景的比例比西方绘画的比例要小一半以上。而西方的绘画，大部分都采用了焦点透视，因而对背景有着暗化的特点，头像与画的比例往往非常大，也就是说人比自然要伟大。这种艺术的表现差异，甚至体现在普通东方民众和西方民众在个人摄影上的差别。文化心理学家发现，亚洲被试的摄影经常将人像放得很小，而背景放得很大；而西方被试的摄影，往往是以人为主，背景则很小。由此可见，生活方式及其表现形式的差异，既影响到文化的表现，同时也影响到生活本身。

马克思很强调人类的生活方式对人意识的影响，在他的理解中，文化代表的是资源、生产方式和生态等与人生活相关的外部环境，这与他的物质基础决定文化的理论观点有很大的关系。文化来自于一定的物质基础，而其最基础的变现方式是生产方式和生产工具。在马克思主义的文化观中，有四种生产方式：狩猎、农业、游牧和大工业的社会生产方

大三弦

琴

笛

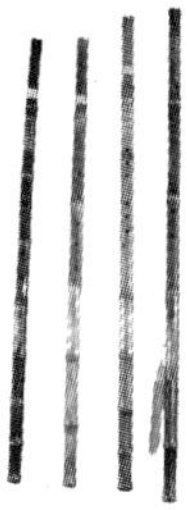

箫

江南丝竹是流行于江苏南部、浙江一带的器乐合奏形式，以上海地区最具特色。以丝弦乐器和竹管乐器为基本编制，其中有二胡、琵琶、扬琴、三弦、笛、笙、箫等，还有一些打击乐器如鼓、板等。编制少则二、三人，多则七、八人。合奏时，每件乐器既富鲜明个性又互相和谐，手法常用加花变奏。风格优雅华丽，曲调流畅委婉。反映出江南人勤劳朴实，细致含蓄的性格特色。其代表曲目如：《中花六板》《四合如意》《梅花三弄》等。

金石丝竹，乐之器也。——《礼记·乐记》

无丝竹之乱耳，无案牍之劳形。——唐·刘禹锡《陋室铭》

（西）委拉斯贵兹《教皇英诺森十世》1650 罗马多利亚潘菲利美术馆藏。

凡·高《加歇医生的肖像》。西方的绘画作品是焦点透视风格，其特点是暗化背景，突出人物头像。

乾隆南巡图·骑马像。亚洲的绘画作品中，人物的头像与背景的比例要比西方绘画的比例小得多。

式。若马克思概括了所有的生产方式的话，这些不同的生产方式就会产生不同的文化价值观念。这正是文化心理学家曾经探讨的问题。

1959 年心理学家伯利（Barry）、查德（Child）和贝肯发现不同的生产方式和财富积累方式与社会生活在主导性的人格特质和价值观念有着很大的关联。比如，狩猎的社会就比较强调个体的主动性和资源的共享；而农业社会相对于而言就比较强调服从和责任感，反对个人的独立性和攻击性；游牧社会强调的是个人的攻击性，因此蒙古的游牧文化是种对外的攻击性文化，对其他社会的攻击和破坏是最大的；而中国的农业文化强调的是“天人合一”“和而不同”“家族主义”及“三纲五常”的等级意识。

那么能否用心理学的实验方式，来检验生产方式对文化价值的影响呢？加拿大心理学家伯利（J. W. Berry，1967，采用了心理学著名的从众实验，来验证两者之间的相关。实验要求被试，对某个简单的判断任务，在很多人给出了明显错误回答的情况下，不得不在从众和坚持真理之中做出选择。这个实验的设计其实很简单，它就是让不同文化的被试去判断三条线的长短，正确的答案应该是第二条线，而之前几乎所有人都说第一条线是正确答案，被试就会感受到一种从众的压力，到底是坚持自己的正确看法，还是附庸大多数人的错误看法？伯利比较了农业文化和狩猎文化的人群在这一实验中的表现差异，发现传统的农业文化中，被试的从众比例相对很高，而在游牧文化中，从众的比例相对比较低。因此可见，不同的生产方式会提倡和鼓励不同的价值观念，生产方式确实影响到人的价值观。

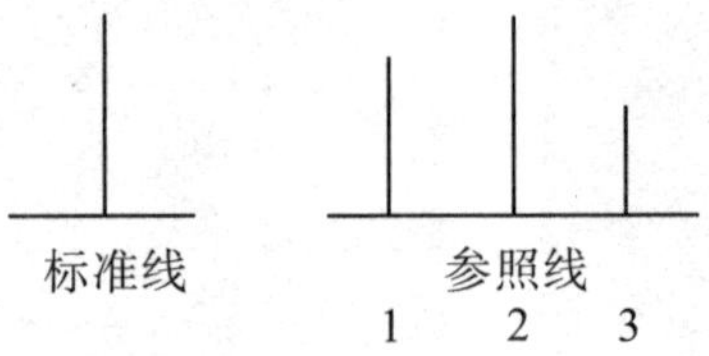

第二节 文化是历史传统

文化也是历史学的一个重要概念，它指的是一个特定人群的传统和历史遗传特性。在西方社会里，最早将文化作为一种研究对象的是古希腊历史学家 Herodotus，在他的著作《历史》中第一个使用了“Barbarian”来描述与希腊人不同的文化团体。有趣的是，这个概念原指的是“不同的人”，但在现代英语里，这个概念变成了“野蛮人”。由此可见，对具有差异人群的恐惧、疑惑和猜忌由来已久。

从历史的角度，东西方文化在文化定义上的差异非常明显：西方文化强调文化的内在含义；东方文化强调文化的外在作用。在汉语中，文化的意识至少应当推至东周。孔子曾极力推崇周朝的典章制度，他说，“周监于二代，郁郁乎文哉。”（《论语·八佾》）这里“文”已经有文化的意味。就词源而言，汉语“文化”一词最早出现于刘向《说苑·指武篇》：“圣人之治天下，先文德而后武力。凡武之兴，为不服也；文化不改，然后加诛。”后来，南齐王融在《三月三日曲水诗序》中写道：“设神理以景俗，敷文化以柔道。”从这两个最古老的用法上看，中国最早“文化”的概念是“文治和教化”的意思。在古汉语中，“文化”就是以伦理道德教导世人，使人“发乎情止于礼”的意思。在中国地理中，凡是以“化”为名的地区，很多都是在中原文化的边缘地带，比如，怀化、宣化、迪化等都是在相对偏远的地方，需要中原文化的教导和启发。

这里我们要解释一下“文化”与“文明”的概念。这两个概念有联系也有区别。汉语中“文明”一词出于《易经》，《易·乾·文言》：“见龙在田、天下文明。”孔颖达说：“天下文明者，阳气在田，始生万物，故天下有文章而文明也。”《书·舜典》：“睿哲文明”。从这两个地方看，“文明”在汉语中是指民族的精神气象。“文化”是一个人为的过程，而“文明”则是一个历史现象和范畴。文化表现为一种社会的运动，体现民族的内在的精神气质，而文明则表现为一种置于某种文化成果之上的风貌和行为表现。

唐代吴道子的“先师孔子行教像”碑拓。

汉语中的文化具有文治和教化的意思。

“文明”一词在英语、德语、法语、西班牙语皆为“Civilisation”。这个词是法国大革命的产物。它是由 Civil 一词发展而来的，Civil 一词原意是指在城市享有合法权利的公民。文艺复兴时期，人们把当时由封建习俗向着资产阶级化的演变称之为“Civiliser”，它的原意为：公民化过程。到法国大革命时代，人们把体现资产阶级大革命的新的文化气象称之为“Civilisation”，即“公民化”的文化。法国的启蒙运动就是要将信奉天主教的农民改造成具有自由主义思想的法国公民。它是西方民主政治文化的一种新的气象和新的趋势。

“文明”在中文里的含义也是如此，它指的是以文化的方式去规范人们原始的、不健康的、粗鲁的冲动，以创造出适合新的文化的新生活方式。比如，在公众场合随地大小便，随意地放纵自己本能的行为（不加掩饰地放屁、大庭广众下掏鼻孔、不分场合脏话连篇等）这些都是不文明的表现。另外一种经常被判断为不文明的表现，就是公共场合的赤身裸体，而对这种不文明行为的界定往往是由文化来做出的。古希腊的文化崇尚和赞美人体，对任何形式的性爱都毫无羞耻感和罪恶感，因为他们认为性爱和饮食一样是人的正常需求，因此在希腊的神殿、家庭、运动场、澡堂等公共场合和私人场所都能看到雄姿勃勃的男性裸像和男女之间狂热的性爱塑像。但是到了中世纪，人们的生活观念发生了很大的变化，裸体被看做是令人羞耻的，是需要加以控制和遮掩的。这种现象到了欧洲文艺复兴时期又发生了变化，具有人文主义思想的艺术家们，开始大胆挑战中世纪的禁欲主义和教会的神权艺术，以大胆的裸体来宣传享乐主义。而后来基督教的兴起，又开始对这种艺术的复兴加以修正和控制，将某些形式的裸体看成是不文明的表现。以德国画家和雕塑家卢卡斯·克拉那赫 1526 年的《伊甸园：亚当和夏娃的诱惑》为例，在这幅画最初出现的时候，亚当和夏娃都是被赤身裸体的表现出来。但是在文艺复兴的高潮过去以后，他们俩的生殖器部位都被无花果叶给遮

卢卡斯·克拉那赫的原作《伊甸园：亚当和夏娃的诱惑》

经过文艺复兴后，亚当和夏娃的生殖器被无花果的叶子遮盖起来

住了。而无花果叶本身也是一个文化的象征，因为它来自《圣经》的

"创世纪"中，亚当和夏娃所接触到的第一种植物。因此，这里的无花果叶就是文化，文化是一种遮羞布，文明就是文化的产物。它由文化来界定，同时也借助文化来生存。事实上，文化与文明概念的内涵虽有差别，但从根本上都体现了一定社会人们适应自然环境和社会环境的自觉或不自觉的创造性实践活动的成果。

现在，历史学和政治学所谈论的文明冲突，实际上是文化的冲突。20世纪90年代末期，由于冷战的结束，西方的学术界非常乐观地认为：国家之间由于意识形态的不同所引发的冲突，在冷战结束之初是不会出现的。历史学家福田（Francis Fukuyama）甚至将这一可能性称之为**"历史的终结"**（The End of History and the Last Man，1992，Free Press）。但是，哈佛大学的政治学家亨廷顿告诫我们，国家之间的冲突还会存在，只不过更多的是以文化冲突的方式出现。未来国家利益间的冲突将会是文明的冲突，是宗教观念、道德观念和行为方式上的冲突，这样的冲突实际上已经在世界上变得越来越普遍。

1993年亨廷顿提出，20世纪各个国家的冲突是意识形态的冲突，是围绕社会主义国家和资本主义国家政治理念的冲突，在这些冲突中，亨廷顿提出：你可以选择自己是作为社会主义阵营的营员，还是作为资本主义阵营的营员，但是在新一轮国际冲突中，国家之间的冲突更多的是文化上的冲突，在这场冲突中，你很难选择站在哪一个阵营。因为你的出身已经决定了你是什么文化，而这种由文化引起的国家冲突可能是更加深刻、旷日持久的，并且是不可调和的。冷战后美国人和伊斯兰教信徒之间的冲突，在某种程度上也印证了这种文明冲突论。

亨廷顿特别提出世界的七大板块文明之间的冲突将代替以前的社会主义阵营和资本主义阵营的冲突。这七大板块的文明分别是以中国为主的儒家文化（包括越南、新加坡，有人认为，也包括日本和韩国，虽然日本坚持认为自己的大和文化与中国的儒家文化不同）；以泰国为代表的东南亚佛教文化；以印度为主的印度文化；以非洲大陆为中心的非洲文化；以伊斯兰教为宗旨的伊斯兰文化；以拉丁美洲为主的拉美文化；以西方为主的基督教文化（这其中包括美国、欧洲以及俄罗斯为主的东正教文化）。

值得一提的是，西方文化存在着文化冲突论，强调文化冲突、忽略文化交流与互动，这是相当片面愚蠢的。中国儒家文化强调的"和而不同"以及"天下一统"的理念应该是解决文化冲突的有益思想，但是这种思想如何影响西方的思想界和文化界及其战略分析，已经成为学者分

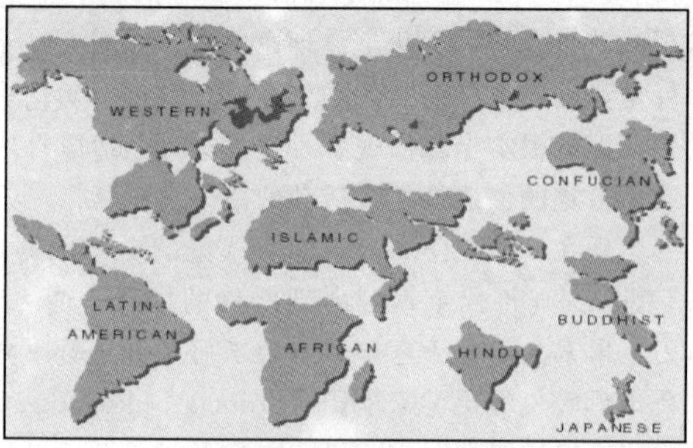

"亨廷顿说"描述的世界七大文明板块

析和探索的问题。这种跨文化的影响需要我们的学术界和思想界学习、增强跨文化沟通的能力，以达到解决文化冲突的目的。因此跨文化沟通的重要性涉及中国文化的生存、中国的外交战略以及中国未来在世界上的地位。

第四章　文化与心理

文化能成为心理学的概念之一，是因为文化有主客观之分，客观的文化指的是物质文化和外在文化，表现在社会生活的方方面面。比如，政治、军事、宗教、文学、艺术、教育、科技等活动，都是典型的客观文化表现形式。仅以文学与艺术为例，就有神话、诗歌、戏剧、曲艺、音乐、绘画、影视等。此外还有大量的特殊文化表现形式，如：饮食、花鸟、体育、酒、茶、丧葬及婚嫁、居住、园林、建筑、服饰、节事等。但是，最重要的还是主观文化和内在文化，比如，信仰、观念、审美方式、道德判断的标准观念、宗教、意识形态等。这些主观因素决定了文化应该是心理科学的概念。我们甚至可以做这样的比喻，文化就像一座冰山，露出水面的是客观的外在文化，如音乐、书籍等；隐藏在水下的是文化的主观成分和内在成分，它更多的是存在于人的头脑中，有意识甚至是无意识地影响人的行为、观念和情感。

心理学家一直认为外部的客观存在必须通过人的内部心理活动才能具有意义，比如说月球上的火山爆发，如果不被人所知，不被人讨论分析，即使它是存在的，也与人无关。在某种意义上讲，如果不涉及人的意识或是心理活动，我们都不可能知道它是客观存在的。因此外在的世界只有通过人内在的心理活动表现出来，任何文化的东西也只有在被赋予心理含义的时候，才能够被人所欣赏、理解、引用和引申。清华大学的荷塘，如果没有朱自清的那篇《荷塘月色》，它很可能就不会具有我们现在所体会到的那种魅力。再比如说黄冈赤壁，如果没有苏东坡的《水调歌头》和他在黄州的经历，那么赤壁和黄州很可能就只是一个普通的地名。从某种意义上讲，这个赤壁是否准确地反映了历史事实，已经不重要了，因为人的心理已经给予这普通地名某种精神上的含义。文化由心而生，心理又因文化而变得更丰富多彩。正如余秋雨在其名篇《苏东坡突围》中所描述的自然、文化与游人心理的关系：

> “这便是黄州赤壁。赭红色的陡峭石坡直逼着浩荡东去的大江，坡上有险道可以攀登俯瞰，江面有小船可供荡桨仰望，地方不大，但一俯一仰之间就有了气势，有了伟大与渺小的比照，有了视觉空间的变异和倒错，因此也就有了游观和冥思的价值。客观景物只提供一种审美可能，而不同的游人才使这种

可能获得不同程度的实现。苏东坡以自己的精神力量给黄州的自然景物注入了意味，而正是这种意味，使无生命的自然形式变成美。因此不妨说，苏东坡不仅是黄州自然美的发现者，而且也是黄州自然美的确定者和构建者。”

北宋元丰三年（1080）春，著名文学家苏轼（号东坡）因乌台诗案被贬黄州，常在此逸兴吟哦并写有流传千古的一词（《念奴娇·赤壁怀古》）两赋（前、后《赤壁赋》）和其他名篇佳作，后人因此将赤壁和苏东坡的名字联在一起，名曰东坡赤壁。

黄州赤壁景区风景清新秀丽。

人类学家汉森（Hudson）曾经在非洲地区和欧美地区做过一个非常经典的心理学试验，即我们平时熟知的知觉恒常性试验：当两个物体在人的视网膜上成像一样大时，我们判断物体到底是大是小，不仅受到视网膜成像这个客观现实的影响，也受到人的知觉加工的影响。当两个物体有距离差异的时候，我们的头脑就会主动地定义后面的物体要大于前面的物体，即使它们的成像是一样大的。这一主动加工的心理活动，来自于我们日常生活的经验，而日常生活的经验又经常受到文化背景的影响。汉森发现，在非洲的某些部落，由于人们生活的空间有限，例如在丛林里生活的部落，就很少知觉到远距离的事物。因此，他们的文化环境造成这些部落的人没有知觉恒常性的概念。即便当两个在视网膜上成像一样大的物体，在距离上有差异的时候，他们也不会判断出后面的物体一定会大于前面的物体。

大小相同的怪兽。

怪兽的大小还相同吗?

可以这样说，文化作为人类生活的基本要素，其最基本的特性还是在于它们的主观性和它们的心理学意义。也就是它与某种社会相关的规则、价值、意识、宗教、传说、信念和假定等，而所有的这些主观的文化要素对人类的影响要远远大于生活方式、历史传统和社会形态对人类的影响。

最早提出这一思想的是韦伯（Max Weber），他的思想是与马克思的观点相对立的。马克思认为生产方式决定了文化形态，而韦伯认为文化决定了生产的方式，也就是说主观的概念决定了客观的存在。他在其著作《新教与资本主义的兴起》（*The Protestant Ethic and the Spirit of Capitalism*）中提出了自己的文化观，认为：**思想和价值是文化的产生者，同时也是文化的产物。**例如，西方资本主义的兴起，在很大程度上就是由于基督教新教的影响。资本主义的工业革命最早是在英国和德国产生，而不是在经济发展水平较高的意大利或法国产生。其原因与两个基督教派的关系有关，英国、德国是新教，法国、意大利是天主教。天主教有教会、教堂、神父，所有人都尊重教会和教皇，是结构完整的宗教。新教反对有结构有组织的宗教，强调个人的自由，强调个人对上帝负责，而不是个人对教会负责，教会对上帝负责。通过自己便能体现宗教信仰，这是资本主义兴起的最重要原因，新教强调个人对上帝的作用，而这个作用体现在新教徒必须向别人显示：我是真正的基督徒，我是真正的选民，因此我应该比别人活得好——也就是我应该更有钱。这种信念促使新教徒不断地扩大自己的财富，因为赚钱不是生活的需求，而是宗教的信仰。天主教则是只要信教便是上帝的选民，不需要自己去做更多的事情。

韦伯的观点现在看来并不是完全正确的，他使用的有些证据是有问题的，有些结论也是错误的。例如，他曾认为资本主义不可能在非基督教的文化中产生，特别是儒家文化将对资本主义的产生有很大的抑制作用。而现代社会的历史证明，儒家文化与资本主义文化其实也可以很好地结合。比如，儒教文化强调家庭的重要性、教育的重要性及勤俭节约等，这对资本的积累和资本主义的发展都有正面的作用。但是无论怎样讲，韦伯所作出的贡献还是很大的，因为他是第一个提出将文化作为决定性因素的学者。

第一节　文化是人类的基本需求

心理学家马斯洛（Maslow）认为，人类价值体系存在两类不同的需求，一类是低级需求，包括生理上的需求和安全上的需求。另一类是高级需求，包括情感、尊重和自我实现方面的需求。每个人都潜藏着这五种不同的需求，在不同时期所表现出的各种需求的迫切程度不尽相同，其中最为迫切的需求，才是激励人行动的主要原因和动力。一般而言，低层次的基本需求得到满足以后其激励作用就会降低，优势地位将不再保持，这时高层次需求就会取代它，成为推动行为的主要原因。一般情况下，一种需求一经满足，便不再成为激发人们行为的起因，于是就会被其他的需求取而代之。

在我们身上，人的五种基本需求往往是无意识的。但是对于个体来说，无意识的动机往往比有意识的动机更为重要。对于那些有丰富经验的人，通过适当的技巧就可以把无意识的需求转变为有意识的需求。在很大程度上，文化就是对人类这五种需求的反映。

一、马斯洛需要层次论

1. 生理需求

这是人类维持自身生存的最基本需求。如果这些需求得不到满足，人类的生存就会出现问题。从这个意义上说，生理需求是推动人们行动的最强大动力。马斯洛认为，只有这些最基本的需求在满足维持生存所必需的程度后，其他需求才能成为新的激励因素。而到了这个时候，这些相对已满足的需求也就不再成为激励因素。

2. 安全需求

这是人类要求保障自身安全、摆脱失业和丧失财产的威胁、避免职业病的侵袭和接触严酷的监督等方面的需求。马斯洛认为，整个有机体是一个追求安全的机制，人的感受器官、效应器官、智能和其他能量主要是寻求安全的工具，甚至还可以把科学和人生观都看成是满足安全需求的一部分。当然，当这种需求一旦相对满足后，也不会再成为激励因素。

3. 情感需求

这一层次的需求包括两个方面的内容：首先是友爱的需求，即人人都需要伙伴之间、同事之间的融洽关系或者保持友谊和忠诚，人人都希望得到爱情，希望爱别人，也渴望接受别人的爱；其次是归属的需求，即每个人都有一种归属于某一个群体的情感，希望自己成为群体中的一员，并与群体其他成员相互关心和照顾。感情上的需求比生理上的需求更加细致，它和一个人的生理特性、经历、教育、宗教信仰都有密切关系。

4. 尊重的需求

尊重的需求可以分为两种，即内部尊重和外部尊重。内部尊重是指一个人希望在各种不同情境中都能独立自主，充满信心，拥有一定的实力，内部尊重就是人的自尊。外部尊重是指一个人希望有地位、有威信，能够得到别人的尊重、信赖和高度评价。马斯洛认为，尊重需求得到满足能够使人对自己充满信心，对社会满腔热情，能够体验到自己活着的用处和价值。

5. 自我实现的需求

这是最高层次的需求，它是指实现个人理想和抱负将个人的能力发挥到最大限度，完成与自己能力相称的一切事情的需求。也就是说，人必须干称职的工作，这样才会使他们感到最大的快乐。马斯洛提出，为满足自我实现需求所采取的途径因人而异，自我实现的需求是在努力实现自己的潜力，逐步成为自己所期望的人物。

二、 文化满足人类的基本需求

马斯洛和其他行为科学家都认为，一个国家多数人的需求层次结构

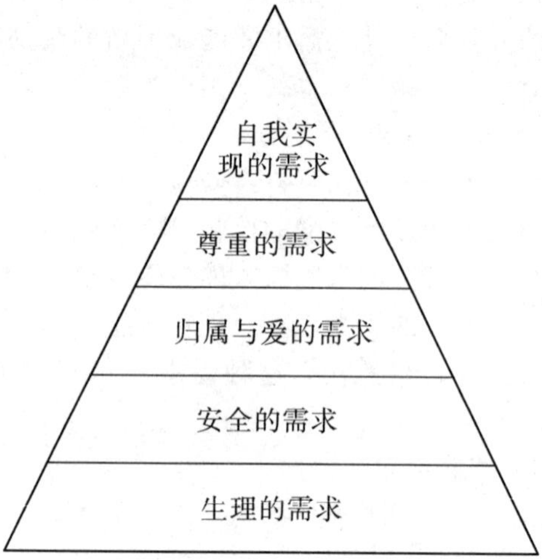

马斯洛需要层次理论

是同这个国家的经济发展水平、科技发展水平、文化和人民受教育的程度直接相关的。在发展中国家，生理需求和安全需求占主导的人数比例较大，而高级需求占主导的人数比例较小；在发达国家，则恰好相反。在同一国家不同时期，人们的需求层次也会随着生产水平的变化而变化。

戴维斯（K. Davis）曾就美国的情况做过估计，她发现在1935年的商业广告中，有35%的内容是针对人们的生理需求，如人们在衣食住行方面的需求；有45%的内容是针对人们的安全需求，如防火、防盗、防病、防灾等方面的要求；有10%的内容针对的是人们的感情需求，如爱、团体认同和归属等；有7%的内容是针对人们的尊重需求，如追求名望、地位和权力等，以赢得社会的接纳、赞许和敬重；只有3%的内容是针对人们自我实现的需求。在1995年的商业广告中，只有5%的内容是有关生理需求的，有15%的内容是针对安全需求的，另外24%的内容是与感情需求相关的，而有关尊重需求的内容上升到了30%，有关自我实现需求的内容也上升到了26%。

很多的文化表现形式反映的都是对人类基本需求的满足。例如，节事文化是人们生活的一个重要组成部分，它是传承文化传统的一个重要的表现形式。不同国家的节事差异，无论是宗教的还是家庭的，都与人类的生活息息相关。在中国，传统的节日有：春节、元宵节、清明节、端午节、重阳节、腊八节等。这些流传下来的传统节俗反映了农业自给经济的生活规律，调剂单调农事时序中的人们生活乐趣；展现了祖先崇拜与宗教祭祀祈福活动；同时反映了传统的伦理观念。以清明节为例，清明墓祭起于上古。再比如中国人的春节，祛灾祈福的宗教意义就很强，休养生息的娱乐性也很强。贴对联、拜年、守岁、放鞭炮，都有着特定的文化内涵。在美国，感恩节就包涵很强烈的家庭团结意味以及冬去春来的节气变化；而圣诞节则更多包含的是宗教的意味，但它也同时是休养生息的欢庆盛会。

百节年为首——中国人俗称春节为“过年”，它在众多节日中最为隆重。

饮食文化更是直接反映了人类的最基本需求。饮食文化的多样性，反映了饮食在人们生活中的重要性。越是重要

美国人过圣诞节时往往着重布置家庭，安置圣诞树，并在袜子中为家人塞满礼物，吃以火鸡为主的圣诞大菜，举行家庭舞会。

的东西，越容易激发人们的创造力和想象力，也就越容易产生出变异和差异。中华饮食的丰富多彩，在某种程度上就反映了中华文化的多元特性，而这些特性又与西方文化有很大的差别。

在饮食观念上，中华饮食以食表意、以物传情，“色、香、味”重于“营养”，饮食的美性追求重于理性追求；西方饮食注重理性，好小而精，自始至终以营养为出发点。中国人热情好客，请客吃饭一般都是菜肴满桌，但是无论菜多么丰盛，嘴上总要谦虚说只是准备了一顿便饭，“薄酒一杯，不成敬意”。按照习俗，主人还会为客人夹菜，而且不停地劝客人多吃多喝，以示礼貌。西方人对此均不理解：明明满桌的菜肴丰盛无比，却还谦虚地说菜不够，这是虚伪、不实事求是的行为。西方人招待客人往往没有那么讲究，菜肴一般都很简单。席间劝客也仅仅

说：“Help yourself，please.”比较尊重客人自己的个人意愿。

在饮食方式上，中西方也有很大的不同。在中国，小到家庭中的便饭大到客人满堂的宴会，一般都是围坐在一桌共享食物。所有的美味佳肴都放在桌子中央，桌上的所有人都一起欣赏、品尝这些美食，从形式

在中国，小到家庭中的便饭大到客人满堂的宴会，一般都是围坐一桌共享食物。

西方人偏好自助餐，选择食物时各取所需。

上形成了一种团结、礼貌、共趣、和谐的气氛，有利于集体感情的交流与沟通。在西方，人们偏好自助餐，宴席中食品和酒往往只是陪衬，因为宴会的核心在于友谊，而且多限于邻座之间的交谊。

在饮食习惯上，中国人喜欢在食物的烹饪过程中采用煎、炒、炸、焖等方式，喜好添油加醋，喜好辣椒、姜蒜等佐料；而西方人则很少用大火炝锅，佐料也都简单。在饮食结构上，中国人食用更多的蔬菜，喜好粗粮，而西方人则偏好蛋白质。中西方在饮食的风俗和习惯上还有一个较大的差异就是中国人吃饭时用筷子，而西方人用的是刀叉。

中国的食物讲究色香味俱全。

西方的食物注重营养新鲜。

三、文化满足自我实现的需求

文化作为人类的基本需求，更为重要的表现是我们对文化本身的追求有较大的差异。这种追求是与我们所希望的自我实现密切相关的。自我实现的需求是人本主义心理学家所追崇的理想人格和最佳的心理状

态，它反映的是人们对爱与包容、想象与创造、诗画与艺术、自我与世界的完美统一，而这一切正是文化的主体。因此，自我的实现就是一种文化的实现。在马斯洛的自我实现中，他所关注的意义不仅仅是基本需求的满足，更重要的是对爱、创造力、自我的超越、存在的意义及高峰经验的阐述。按照马斯洛的观点，一个人只有在自我实现之后，才能从真正意义上谈心理的成熟。那么，自我实现的人到底有哪些心理特质呢？马斯洛根据自己的实证研究，归纳出自我实现的人所具备的 16 项心理特质。

(1) 有效的知觉现实，即对自己的生存环境有着比较理性和全面的了解与掌握。

(2) 对自己、他人及自然的高度接纳，即接受和欣赏自己、他人和周围环境的存在。

(3) 高度的自发性、单纯性与自然性，即不矫揉造作，虚与委蛇。

(4) 问题中心，而非自我中心，即以追求解决问题为目的，而不是掩饰和提高自己为目的。

(5) 超然与追求隐私，即不同流合污，追求清尚和独善其身。

(6) 高度的自主与独立，即自主地控制和决定自己的命运和生活。

(7) 以好奇的眼光欣赏人与事及丰富的情绪反应。

(8) 拥有深刻的灵性体验，即有近似于宗教般的神圣和令人敬畏的生活经历。

(9) 对人类群体的认同感，即热爱来自于不同文化、地域和阶级背景的人，把他们看做是与自己平等和相同的朋友。

(10) 与少数的至亲好友有着深厚的亲密关系，与他们心心相通，互相帮助。

(11) 民主的性格结构，也就是尊重他人的权力和自主性，以平等的态度对待所有的人。

(12) 明辨行为的目的与手段，不将二者混为一谈，即知道任何事情的目的是什么，达到它的手段有哪些，能够对不同的手段进行道德和理性的评价。

(13) 富有哲理和幽默，不拿别人的弱点开玩笑，而是在生活中发现有趣的人和事物。

(14) 童真般的创造力与想象力。

(15) 对有系统的洗脑有着天然的反感与对抗，追求自由的思想与意志。

（16）超越自身环境的约束，而实现自己的潜能，也就是说做出了与自己背景相同的人所不能做到的事情。

当然，自我实现的人并不是要具备上述的所有特质，但是，相对而言，他们的缺点要比一般人要少一些，而且他们应该是心理健康的社会适用良好的精英人士。不过我们可以看出，这些自我实现的意义，是与西方的人本主义精神相一致的。同时它也是建立在西方的道德伦理基础与文化意蕴之上的。

那么，我们中国文化的自我实现应该是什么样的特点呢？中国台湾著名心理学家杨国枢先生认为，马斯洛的自我实现理论是建立在基督教文化圈内，个人主义文化之下个人取向的自我实现，而在儒家的文化圈内，我们所追求的是社会取向的自我实现。他指出，上述两种自我实现的不同，主要体现在以下三大方面。

第一，所实现自我的概念不同。个人取向的自我实现指的是个人内在的自我，主要是由个人所认为重要的内在特质来构建的；而社会取向的自我实现所指的自我是社会关系的自我，主要是个人的社会关系性角色、地位、身份、责任及其与之相关的感受、看法、意愿、倾向及行动来构建的。简言之，个人取向的自我实现，要实现的是一种独立的自我，而社会取向的自我实现，要实现的是一种包容的自我，互相依赖的自我。

第二，实现的方式与途径不同。在自我实现的途径方面，个人取向的自我实现，主要是经由个人取向的自我提升与自我完成来达成的，即充分展现个人的潜能、天赋和气质，而且主要是在非社会性、非关系性的生活领域中进行；而社会取向的自我实现，主要是经由社会取向的自我修养与自我完善来达成，即称职地扮演社会角色的分工，做好自己的本职工作，完成社会的承诺，善尽自己的社会责任，主要是在社会性、关系性的生活领域中进行。

第三，实现的目的与动机不同。个人倾向自我实现的主要目的在于发现与表现个人的天赋，忠实有效地实现这些潜能，使个人完全成为自主、独立、民主、平等、独一无二的个体；社会倾向自我实现的主要目的在于提升个人修养和个人善良的品性，以促进心智、道德、关系及社会性的发展，其目的是在人际关系中、社会团体中，甚至在国家社会中创造出和谐的社会生活。

从人本主义的观点出发，自我的实现就是文化的实现，杨国枢先生的分析从理论上给我们指出，不同文化人群所要追求的理想文化可能是不一样的。西方的人本主义的理想文化，是以个人的自我为基准和目标的。而东方的理想文化，则是以社会的和谐为基准和目标的。社会学家费孝通曾经试图用四句话来概括中国人做人的特点："各美其美，美人之美，美美与共，天下大同"。这样的为人之道，表达了中国人追求和谐、天下大同的意愿，这些意愿在本质上也表明中国人的文化实际上是具有超越本民族局限性，求得与其他文化和平共处的倾向性。这也许正是中华文化得以延续五千年的原因所在。

第二节　文化是人类的行为标准

文化决定了人类的行为标准，也就是说我们在判断"什么是重要的，什么是不重要的，什么是对的，什么是错的，什么是该做的，什么是不该做的"的时候，都得依赖于文化所提供的判断标准，这些判断标准也就是我们通常所说的价值观念。

一、价值观念的心理功能

为什么我们需要有价值观念呢？心理学家总结出了价值观念的四个心理功能：

第一，概括功能。价值观念超越了具体情境的限制，给予人们某种恒定的、抽象的、哲学的指导。

第二，判断功能。价值观念能帮助我们对自己及他人的行为和外在的事件做出评价和选择。

第三，分辨功能。价值观念能帮我们决定价值观念的相对重要性，因为人类社会是很复杂的，同一个事情可能会受到多种价值观念的制约，而它们的作用有时可能是互相对立和冲突的，此时我们的价值系统能够根据各个价值的相对重要性，来做出适合于社会和个人的判断。比如一个人发现自己的父母亲做了一件不适合社会规范的事情，那么不同的价值系统就会产生不同的判断和行为，以孝为首的价值系统，就会"为尊者讳"；而以法为首的价值系统，就会"依法办事"。

第四，文化功能。价值观念是一个文化所共有的行为标准，人们以此标准来判断自己和他人是不是一个文化的成员。

二、常用的价值观维度

人类社会有多少价值观念呢？很长时间以来，人们认为这是一个不可解的问题，但是社会心理学家克拉克汉和斯德博克提出，由于人类社会所面临的共同问题是有限的，那么对这些问题的思考，应该可以说是人类共有的价值观念。他们提出人类应该有五种共同的价值观念，这五种观念反映了人类社会所必须面对的五个共同问题：第一是人类与自然关系的问题；第二是人类与时间的关系问题；第三是人类与他人的关系问题；第四是人类的基本需求问题；第五是人类本性的问题。不同的文化对这些问题的回答是不一样的，但是涉及的价值观念是一样的。这种价值观念的差异，就决定了不同文化行为标准的差异。

对不同文化的行为标准做出系统分析的一个有名的心理学研究，就是荷兰学者霍夫斯塔德（Geert Hofstede）所作的跨文化价值观比较。他对国际商用电器公司的117 000名员工做了跨文化的价值观分析，发现有四种价值观念可以分辨不同文化中公民的行为差异。这四种价值观念分别是：

第一，权力距离（power distance）。不同文化对权力距离的强调是不一样的，有的强调较大的权力距离，也就是夸大地位高和地位低、权力大和权力小、富人和穷人、精英和大众之间的差异；有的文化强调小的权力距离差异，也就是人与人之间的平等和一致。强调较大权力距离的文化，通常都会有很鲜明的社会等级差异，而且不太容忍社会地位上迁的可能性；较小权力距离的文化，不太强调地位的差异，因此他们的价值观念多半是民主、平等和机会的公平。

第二，不确定性规避（uncertainty avoidency）。这是指某种文化是否倾向于回避不确定性事物，即是否能够容忍未来的模糊性和变化性，是否希望一切行为都有具体的规定、规则、方针与政策来指导与制约。较高程度的不确定性规避，表明一个文化不愿意容忍变化和混乱；较低程度的不确定性规避，则表明这个文化比较能够容忍变化、风险和不同的意见、看法及行为方式。

第三，个人主义还是团体主义（individualism－collectivism）。它主要涉及这个文化是强调个人的成就、自主性、独立性，还是强调团体的成就、相互的依赖和人际关系。强烈的个人主义文化把个人的重要性排在了首位，相对而言这些文化的个体间人际关系较松散。而团体主义文化则强调集体和社会的重要性，比较容易维持和保护亲密的自然亲属关系。团体主义文化相对而言，对家庭的重要性和对家庭成员的责任感强调就非常多。

这种差异在对亲属的称谓上表现得尤其明显。中国人对亲属的称谓非常详尽、细致，因为家庭的关系及长幼之分具有非常明确的道德责任和义务规范。但是英语中的亲属称谓则简单得多。一般而言，英语的亲属是以家庭为中心的，同代人中除了男性与女性的区分外，再无其他的称呼差异。比如，汉语中表示祖辈的有爷爷、奶奶、外公、外婆以区别来自父系的长辈和来自母系的长辈，而且父系长辈的地位高于母系长辈的地位；但是英语中，表示祖辈的只有 grandfather，grandmother，没有父系和母系的差别。同样，在父母同辈中的称谓，汉语中有伯伯、叔叔、舅舅、舅妈、姑姑、姨妈和姨父等；但是在英语中，只用“uncle”、“aunt”来表达。这种称谓上的细致化，与中国文化大家庭的关系有直接的联系。相对而言，中国亲戚之间的互动要比西方社会中亲戚间的互动要多很多。

第四，男性价值还是女性价值（masculinity－femininity）。它主要涉及这个文化强调的是传统的男性价值观念，如攻击性、竞争、权力、地位和影响力，还是强调女性价值观念即人际关系的和谐、个人欲望满足和幸福。男性价值感比较强烈的社会，通常性别歧视比较明显，在这些文化中，男性通常拥有很多的社会资源和权力地位，女性的生活通常受到男性的控制和支配。女性价值文化为主的社会，通常强调男女之间的平等，反对性别歧视，女性的地位和男性的地位基本上是平等的。

霍夫斯塔德的研究发现，不同文化在这些价值维度上有很大的差异。例如，在权力距离的价值观念上，强调高权力距离的文化包括菲律宾、委内瑞拉、墨西哥、印度和巴西。强调低权力距离的文化包括奥地利、瑞典、以色列、丹麦、挪威。

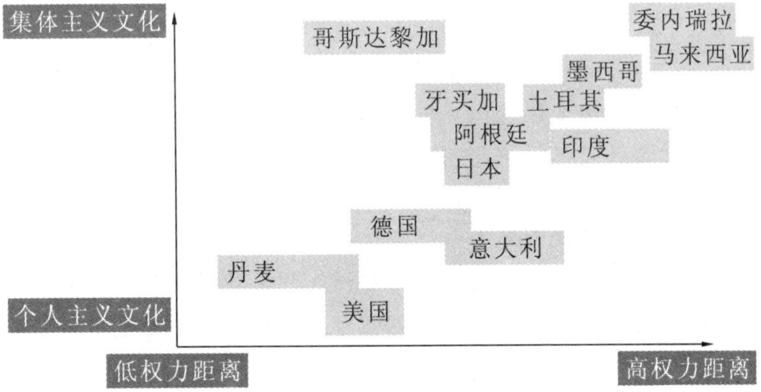

在不确定性规避上，比较不能够容忍模糊性和不确定性的文化包括希腊、葡萄牙、日本、法国、秘鲁。比较能够容忍模糊性和不确定性的文化有丹麦、印度、美国、瑞典、英国等。

在个人主义和团体主义的价值观念上，比较强调个人主义的文化包括美国、澳大利亚、英国、加拿大、荷兰，比较强调团体主义的文化包括委内瑞拉、哥伦比亚、墨西哥、希腊。

在男性价值的维度上，比较强调传统男性价值的文化包括日本、奥地利、委内瑞拉、意大利和墨西哥。不太强调传统男性价值的文化包括泰国、瑞典、丹麦、芬兰和前南斯拉夫。

在霍夫斯塔德的这项世界性的调查之中，中国没有被纳入，但是后来的研究发现，中国社会是一个非常强调团体主义价值观念的文化，同时也比较接受权力距离的差异，但是在不确定性规避和传统男性价值的维度上，中国的得分是趋于中间的。

三、价值观与行为

价值观念的作用是因为它对人的行为有非常具体的影响，上述四个价值维度的差异我们都可以在日常生活中观察得到。比如说权力距离的大小就有很多客观的衡量指标：

第一，这个文化是中央集权的结构还是集权分散的结构，是以一个人为中心的社会组织结构，还是平行的、分散的、无中心的社会结构。权力距离高的文化强调中央集权，权力距离低的文化强调多中心或是无中心的社会结构。现在管理学的概念强调平面的、无边界的组织结构，实际上也就是提倡低权力距离的组织文化。

第二，组织的层次有多少。强调高权力距离的文化有很多的组织层次，是一种典型金字塔式的层次结构；低权力距离的文化其组织层次数目相对而言比较少。无论是一个社会还是一个企业，管理的层次越少平等的机会就越多，相对而言人才的作用就会越大。

第三，管理人员的数目多少。在企业中就是部门经理的人数，经理越多企业权力越集中；经理数目越少相对而言企业权力距离越小。在社会行政方面，权力距离的指标就是官员的数量，官员数量越多，权力距离越大；官员数量越少，权力距离越小。中国是一个强调权力距离的文化，我们的官员多，中央集权程度很高。权力距离高低也反映在社会分配的差异程度上，权力距离越高，分配的差异越大；权力距离越低，分配的差异越小。

第四，对不同工种的社会评价的差异。强调较高权力距离的文化通常强调不同工种之间的高低贵贱；低权力距离的文化则尽量弱化不同工种的高低贵贱。

权力距离的客观指标说明价值观念不是一个简单抽象的概念，而是具体的生活现实和人类行为的标准，它反映在我们的日常生活中。在一个强调权力距离的社会里，人们的行为是有非常明确的规范的：如果你是一个地位较高的人，那么你就可能是第一个喝茶的人、最后一个发言的人、坐在最远处的人、爬楼梯时走在最后的人、下楼梯时走在最前的人、坐车的时候坐在后座的人。因此我们的价值观念界定了我们的行为，在很大程度上已经达到了无微不至、无所不在、无所不包的地步。

不确定性规避也有可以观察到的客观指标。第一，不确定性规避高的文化，相对而言会更加强调标准化，其行为的规范性程度就会比较高。第二，它的有组织的活动就会很多，强调行动的计划性、有预算、有规范甚至有预警系统，任何事情都要面面俱到，考虑得很清楚。第三，这些文化都有很多很明确的政策、规则和行动手册。事无巨细，无不有相对明确的对策和规定。第四，这些文化有很多的专业人才，配备了很多专门的人去做专门的事情。第五，这些文化对风险的容忍很低。不太能够接受不同的意见、方案和行为。

不确定性规避好像与经济的发展水平没有很大关系，在比较容忍模糊性的文化中，既有像美国这样的经济大国，也包括像印度那样的发展中国家；在不能够容忍风险和模糊性的文化中，既包括像秘鲁一样的发展中国家，也包括像法国和日本这样的发达国家。问题是我们中国是属于不确定性规避比较高的文化还是较低的文化呢？中国人给人的印象好像很强调明确、稳定和规则，“治大国若烹小鲜”，小心翼翼，谨慎为上。但是中国人的个体行为实际上很具有冒险的精神，为了中国社会的繁荣富强，近百年来中国人民尝试了很多完全不同的社会、政治、经济制度，几乎把政治学教科书上所有的社会体制都试验了一遍。

不确定性规避的高低，对于企业的管理是有正面的作用还是负面的作用呢？从管理学的经验来看，对模糊性和不确定性容忍较高的组织文化，往往在创新和适应方面总是有正面的积极作用。在第二次世界大战期间，德国的军队专门设立了一个特殊奖项，叫做违反军令奖，也就是说如果根据战场的实际情况做出违反军令的决定，以保障战争的胜利，实际上是功而不是过。中国古代也有“将在外，君命有所不受”，谈到的也是强调以现实为基准的判断精神、主动精神和奉献精神。美国的西南航空公司也有一项特殊的奖励，就叫做违反纪律奖，如果员工的主动精神所带来的是积极效果，虽然与现有纪律有相违背的行为，但也是应该提倡的。

个人主义和团体主义的客观指标，主要反映在行为的中心是个人还是团体。强调团体主义的文化，家庭和组织往往是活动的中心和行为的焦点，决策时更多的考虑是对集体的影响，而不是对个体的影响，它比较强调团体参与程度和合作精神。强调个人主义的文化则比较钟情于个人的独立性，欣赏个人的优势。个人主义和团体主义所产生的道德判断标准也是不一样的，个人主义的道德标准，强调更多的是对个人的尊重，团体主义的道德标准强调的是社会关系的和谐和家庭的稳定。有的学者认为中国文化是团体主义文化的典型代表，因为中国的文化强调家庭成员之间的互相依赖，强调人与人之间的关系，强调家庭的稳定与和谐。

传统男性价值维度的客观指标主要反映在对性别角色的定义和期望上。性别差异相对较小的文化，它比较强调人际关系的技巧，鼓励和欣赏建立及发展关系的能力，男女之间的地位和角色差异也比较小。反对攻击和竞争的行为，相对而言比较尊重个人的私生活。

乔治·阿克劳夫，1940年生于美国的纽黑文，1966年获美国麻省理工学院博士头衔，一直在伯克利加州大学的经济系任教，偶尔在政府兼职。现为美国加利福尼亚州大学经济学教授。他在对“充满不对称信息市场进行分析”领域贡献突出而获奖。于2001年获得诺贝尔经济学奖。

传统的男性价值观念和女性价值观念对于经济管理有没有意义呢？诺贝尔经济学奖获得者美国伯克利加州大学经济学教授乔治·阿克劳夫（George A. Akerlof）发现了传统的男性价值观念与经济的关系。他的研究证明，有的职业强调男性价值观念，比如说大学教授、制造业、军队和律师等；有的职业相对而言不强调传统的男性价值，而更多地关注人际关系和社会技巧，比如销售业、服务业和幼教行业。他发现在传统男性价值观念占主导地位的行业中男性占据优势，他的经济回报相对而言要比女性高很多。而在不强调男性价值观念的行业中，男性就会在经济上吃亏，从而产生文化与传统价值观念互相匹配的问题。

第三节　文化是人类心理活动的特性

不同文化的价值观念所产生的行为差异，应该说是文化差异中最主要特性之一，很多国家虽然具有相同的历史，但他们的行为却千差万别。比如，欧洲的许多国家曾经是罗马帝国或是奥匈帝国的成员，但他们仍然保留不同的文化，很多这样的文化差异都是由个体的行为差异和心理差异体现出来的。还有一些国家，他们的社会形态是一致的，但文化却是不同的，其原因就是他们成员的心理特性和行为特性差异很大，最典型的就是日本和美国的文化差异，虽然他们在政治、法律等社会制度上非常接近（现在日本的社会制度从某种程度上基本上是照搬美国的社会制度，因为第二次世界大战后美国强行在日本建立了与自己一模一样的社会结构），但是日本和美国还是在很大程度上表现出了明显的社会差异，这种差异基本上是来自于两国民众在心理和行为上所表现出来的差别。

美国的著名心理学家 Trandians 曾经用问卷的方式来测试日本人和美国人对一些问题的看法，发现虽然在有关政治理念和国际关系上的看法非常一致，但是在对个人、自我与他人的关系方面，他们具有明显的差异性。例如在回答“我是否喜欢与好朋友住得很近”，日本人基本上都是同意，而美国人则对这一问题有很明显的保留。日本人相信“远亲不如近邻”，美国人相信“好的篱笆造成了好的邻居”（也就是说互不来往的邻居就是好邻居）；日本人相信在孩子没有结婚之前，应该尽量与父母亲住在一起，而美国人则认为成年后还与父母亲住在一起的人，不是心理变态，就是心理发育较慢。在对待个人主义和团体主义的价值观念上，双方的差异也是非常大的。美国人坚持认为“如果一个团体影响到我的工作效率后，我是应该马上离开这个团体的”，日本人则认为“不管这个团体是对我有利还是不利，我都应该与这个团体保持较好的社会关系”；美国人认为做任何事情都应该做第一，而日本人认为做第一是一件不好的事情。

由此可见，文化的差异在很大程度上是靠人类心理活动的差异来定义的，由于人们在行为、感情和思想上有很大的差异，而这些差异又与某种特定的人群相联系，因此我们就倾向于将它们归纳为不同文化的差异。随机地在一些中小城市观察人们的行为，你就会发现有些地方的人喜欢成群结队地行动，有些地方的人喜欢一个人单独行动。

心理的差异也反映了我们的英雄崇拜是不一样的，即英雄崇拜的文化差异。在东方文化中，英雄一定是一个循规蹈矩、孝子贤臣，或者是坐怀不乱的正人君子；而在西方文化中，英雄一定是靠个人奋斗所产生的与众不同的人。这就是在西方社会中，成功的企业家可以是整个社会的英雄；而在中国社会中，廉洁的官员一定是受人敬仰的英雄人物。

在儿童教育上的行为差异，也是定义文化差异的一个常用维度。美国心理学家唐林曾经分析了英国儿童教育和美国儿童教育的差异。她发现英国人在进行儿童教育时更多的是用社会期望和社会影响来教育孩子；而美国的父母更多的是使用个人的感受来教育儿童。例如，孩子在学校里打了另外一个同学，在英国，父母关注的是对他人的影响，而在美国父母关注的更多是自己小孩的感受；在职业的意愿上，美国的孩子长大后希望当宇航员，体育明星和牛仔（虽然这个职业已经不存在了）；而英国的儿童则希望当探险家和小店的主人。这就说明虽然英国和美国在历史、语言、宗教、社会体制、生活方式很多方面都是一致的，但我们还是能够观察到二者之间的文化差异，而这些差别正是因为两国的公民在心理活动上所表现出来的不同而导致的。

以中国文化为例，中国文化除了是指中国历史、传统、文字、音乐、绘画、节日等文化的外在因素外，更重要的是中国人所特有的心理行为。李泽厚曾谈到中国人的心理是“建立在血缘基础上，以‘人情味’（社会性）的亲子之爱为辐射核心，扩展为对外的人道主义和对内的理想人格，它确乎构成了一个具有实践性格而不待外求的心理模式。……对待人生、生活的积极进取精神，服从理性的清醒态度，重实用轻思辨，重人事日用中保持情欲的满足与平衡，避开反理性的炽热迷狂和愚盲服从……它终于成为汉民族的一种无意识的集体原型现象，构成了一种民族性的文化——心理结构。”这样的心理，根据很多文化学家的看法，有两个主要的表现：一是建立在儒家伦理基础上的中国人的实践理性；二是中国人的快乐文化。中国人的实践理性是与儒家伦理相一致的。儒家伦理的实质是个人责任最终落实到求“仁”的关系义务之中；“见利思义，见危受命，久邀不忘平生之言，亦可以为成人矣。”（《论语·宪问》）因此调整利与义，言与行，个人安危与社会责任之间的关系，是做中国人的基本心理要求。

提出类似观点的还有林语堂，他在其著作《生活的艺术》和《吾国与吾民》两书中强调了中国人随遇而安的快乐文化，将其归纳为“随遇而安，生活至上”的原则，并认为这是中国人的显著性格特点。林语堂

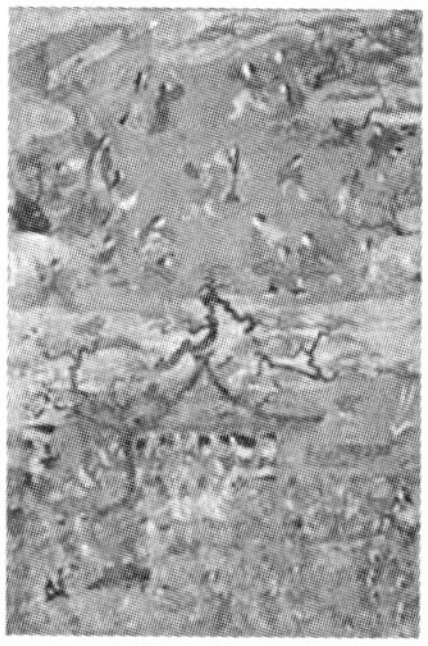

（元）盛懋《秋舸聚饮图》（《辞海》释“隐士”是“隐居不仕的人”）

提到中国的绘画有两种最流行的题材：一种是合家欢，上面画着一家男女老少，正在欢天喜地地过大年，或者是庆丰收；另一种是闲散快乐图，比如樵夫、渔翁或是退隐的文人，悠然坐在树下、山间或者是水边，体会天人合一的意境。而这一切正是林语堂先生所称的中国人能够在闲散生活中发现生活快乐的体现。

与此相关，西方人的心理基础是以个人自由为价值核心，扩展为对外的平等，对自己价值实现的追求，因此西方人往往有着不断追求完美、不断地追求无限的精神，即所谓“浮士德精神”。这种精神在心理上，就容易表现出一种严肃的生活态度，和积极的征服欲望。这样的心理基础也有两个主要的表现：一是永不满足的追求精神；二是积极入世的实践精神。因此追求、实践、不满足，再追求、再实践，再不满足，自强不息，勇往直前，这就是西方文化所推崇的心理特质。这种追求与探索的精神，与基督教的伦理相一致，因为它是通过自我的完善以提升自己的虔信、增加个人的责任以获得个人的救赎。歌德在其名著《浮士德》里就是想告诉人们，人生的目的在于行动，在于做出有益于社会的实践，通过实践不断地追求真理，最后领悟到人生的真谛。“人要每天每日去争取生活与自由，才配有自由生活的享受”，而这种心态与我们传统的安贫乐道、天人合一的和谐追求有着很大的不同。

浮士德与魔鬼靡菲斯特的雕像。

第二部分　障碍篇

第五章　语言障碍

跨文化沟通一个显而易见的障碍就是语言障碍。语言沟通的第一个问题就是当我们没掌握对方的语言，或者当对方没掌握我们语言的时候，翻译就成为双方沟通的工具。而翻译的困难主要是在于意义的流失，因为即使是最显而易见、最直截了当的翻译，它的含义在不同文化中也可能存在根本的差异。例如，一位美国人夸奖自己的异性朋友“hot”，中文的直译就很容易脱离原来的含义。

语言沟通的第二个障碍表现为它对人们心理的影响，语言本身对人的思维、情绪和行动都有很大的指导或限制作用。曾经有心理学家做过这样的一个实验：给出一个英语句子，分别让美国的和中国的被试数出句子中一共有几个字母“F”。这个句子是：

“FINISHED FILES ARE THE RESULT OF YEARS OF SCIENTIFIC STUDY COMBINED WITH THE EXPERIENCE OF YEARS.”

实验的结果表明，越是英语好的被试越容易出错，越是英语不好的被试相对而言正确性越高。这是因为，在英语习惯中，“OF”只是一个助词没有具体含义，因此很容易被忽视。反过来，若把同样的一句话从中文翻译成英文，英语不好的人很容易漏掉“OF”，而英语好的人则会把“OF”加上。这个例子很好地说明了英语好的人也会受到自己语言的限制，而不能想到其他语言的问题。

还有一个例子也能够说明语言的流利程度，对人的理解产生的误导作用。比如，日常生活中的“山寨”产品利用的就是人们的心理预期。

而这种预期往往是由于我们汉语的流利造成的快速加工的结果。下面就是一篇描述中国人“山寨”生活一天的趣味短文：

中国人山寨的一天（王彦章）

早晨洗头之后头皮很痒，仔细一看：是瓢柔！

先泡上一桶康帅博方便面，抽了一支中萃香烟，解闷。

早餐后，穿上报喜乌的外套，含着一块大白免奶糖，下楼！

到中国石油加油，开发票时才知道人家是“中围石油”。

走进了华朕超市，商品琳琅满目：司口司乐、娃娃哈、下好佳、脉劫、橙多多……

哈，还有三粮液呢！

这些琳琅满目的“山寨”商品广告，利用的就是我们中国人流利的汉语习惯，略懂汉语的外国人则不会受其影响，因为他们会做仔细的分析。

这篇文章之所以有趣，是因为这些“山寨”产品巧妙地利用了我们阅读时的心理预期。比如，我们错把“大白免”奶糖当作“大白兔”奶糖，就是因为“大白兔”的联想很容易被启发。如果不做仔细的信息加工，我们就很容易受山寨产品的误导。

语言沟通的第三个障碍，表现在它对表达方式的影响。在不同的文化中，其语言的表达方式有很大的差异。中国人讲话时非常自谦，很多场合我们更愿意多讲自己的缺点，而不愿过多地宣传自己的优点。比如，中国人在社交中往往会说“我的太太没什么文化”，或是“我太太没有你的太太漂亮”。而这在美国人眼中是不可思议的，因为跟别人讲自己妻子的缺点，这是对妻子的不尊敬，即便自己的妻子真的很丑，他也会说“我的太太很美，我非常爱她”。

语言沟通的第四个障碍就是对语言意义本身的理解，这也是跨文化沟通的一个重要障碍。语言作为一种交流的工具，很容易在跨文化沟通过程中让人产生错误解读，这就给沟通双方带来了一定的困难。常见的意义差异体现在词汇，语距、语用、和非言语信息使用等维度上。

第一节　语言的跨文化差异维度

语言，作为一个意义产生系统，有很多基本的特性。首先，它是使用词汇来传递意义的，同时在沟通的过程中，我们也经常传递超越信息之外的价值观念、道德观念和行为规范。全世界的语言大概有 20 多个大语系，其中影响较大的包括印欧语系、汉藏语系、日韩语系、阿拉伯语系和太平洋语系。在这些语系中，使用人数最多的语言是汉语，其次是英语。但是在世界范围内的商务沟通中，75％都是采用英语沟通。语言的跨文化差异的维度有哪些呢？

一、词汇的差异

研究词汇这一特性的学科就是词汇学，词汇学研究的对象包括词源、句法、语法、语音、语义。每一个词汇它所表达的意义是什么？词汇学对心理学家而言，往往有着特殊的意义。因为心理学家们发现，如果人类的某一个活动或者环境中的某一事物，对我们的生存和发展有着特别重要意义的时候，相对而言有关这一事物的词汇就会较多。心理学家米勒（Miller，1991）发现：“当一个想法重要的话，人们很可能会用一个词来描述它，住在山里的人会有词汇来描述大山，住在平原上的人如果从来没有见过大山，就不会有关于大山的词汇。一个事情越重要，那么有关它的词汇就越多”。这个思想后来就成为心理学中的**词汇**

假设(Lexical Hypothesis)。

在爱斯基摩人的生活中，辨认雪的颜色深浅有着特殊的生存意义。比如说，较深颜色的白雪往往比较坚固，而较浅颜色的白雪相对而言是新雪，有可能不大安全。因此，区分不同颜色的白雪对爱斯基摩人有着很重要的意义，故而有关白雪的词汇也会比较丰富。性生活对人类的生存与发展有着特别重要的意义，人类语言中有关性生活的词汇也很丰富。

西方人格心理学的大五模型，就是建立在这一逻辑基础之上。因为心理学家阿尔伯特（Allpor，1936）发现，描述这五种人格的词汇是最多的。这就反映了这五种人格是我们最能观察得到，而且是最为重要的。行为研究学证明，40%到60%的人格差异，能够用这五种人格元素来说明，而且这五种人格元素还有遗传上的表现。

住在水边的人们，描述水的词汇就特别丰富。

二、对话距离的差异

对话距离的差异也就是双方沟通中所持有的距离，社会学家爱德华·霍尔（Edward Hall）曾经将对话距离定义为个人空间。在与不同关系的人进行交谈的时候，我们所需要的个人空间是不一样的。因此，不同的交谈距离往往代表着不同的人际关系意义。所谓零距离，往往指的是具有亲密的关系（如情侣所特有），这与我们平时常听到的零距离意义是不同的。因此，先前我们在媒体报刊上常看到的“零距离接触”，实际上是一种不当的用词。

当然，对话距离也会受到环境的影响。如果是在一个人口密度很高的环境中，相对而言，人与人之间的对话距离就会近一些。因此，两个在北京大街上聊天的人之间的距离，就会比在内蒙古草原上说话的两人之间的距离近得多。但是，这并不代表在北京大街上的这两个人关系就比在内蒙古大草原上说话的两个人关系更为密切。另外，社会地位也决定个人空间的大小，因此它所要求的语距也不相同。一个富裕有权力的人，他与另外一个不同等地位的人交谈的时候，就会有意地选择比较大的语距。

北京西单商业区，向来都是人满为患。

习惯在辽阔草原上生活的人语距都会比较大。

在后面的章节中，我们还会专门谈到语距和个人空间的文化差异。不同文化背景的人，往往会由于对个人空间的喜好程度不一样，而产生跨文化沟通的烦恼。比如，一个印度人和来自美国中西部的人进行交谈的时候，这个印度人就可能会过分地接近那位美国人，感到不舒服的距离，很可能导致这位美国人不断倒退，以维持他所能够接受的对话语距。

三、语言使用的差异

语言使用差异关注的是不同文化对语言表达方式所做的解释和限制。不同的文化所习惯的表达方式，常用的成语、谚语和格言，所熟悉的语调、语速，以及欣赏的风格都是不一样的，因此不同语言的使用，会下意识地影响到人的行为和思维方式。心理学家迈克·罗斯（Michael Ross）就发现中国的香港人和加拿大的华人，在分别使用中文和英文回答问题时，他们的手势、表情，甚至对自我的认识都会不同。因此，研究语言的使用，对我们了解文化对心理的影响有着特别重要的意义。

表达方式的差异实际上反映的是深度水平的心理差异，比如，中国人不习惯在外人面前夸奖自己的亲人；中国的妇女不大会在别人面前说自己的丈夫怎样出色、努力以及能力有多强；中国人也不习惯在外人面前说自己的子女有多么的聪明、学习成绩有多好以及获得什么突出奖励。但是，美国人却恰恰相反，他们很愿意在别人面前夸奖自己的太太、子女，以示尊重和爱。这些表达习惯上的差异，在很大程度上，实际是反映了自我概念的差异。中国人的自我概念是一种延伸性的自我，因此，自己的亲人实际上是与自己相等同的。夸奖自己的亲人就如同夸奖自己一样，这显然有悖于传统文化的自谦美德。而美国人的自我概念是相对独立的，因此夸奖自己的丈夫、妻子或者孩子，是在夸奖他们，而不是夸奖自己。

另外，中国人非常忌讳当着别人丈夫的面夸奖他们的妻子有多么的漂亮，认为这是对女性的亵渎，颇有居心不良的成分。有些中国人还会认为说“你的妻子真漂亮”这样的话近乎下流，对于中老年人来说尤其如此。然而，对于美国人而言，这却是很自然的事情，被夸奖的人颇为高兴，她的丈夫也会对你充满感激之情。美国人对恭维一般表示谢意，这表现出一种自强自信的信念。所以，在跨文化沟通中，当说对方称赞你时，千万不要回答“No，I don′t think so.”这种回答在西方人看来是不礼貌的，甚至是虚伪的，而应该回答说，“Thank you，I’ m glad to hear that.”

在汉语和英语中都有表示求助、感激、歉意的固定说法。如汉语里“请”“谢谢”“对不起”，英语里的“Excuse me”，“Thank you”，“I’ m sorry”等。中西文化中，这些表达方式意思十分相近，沟通双方一般不会造成误解。但同时，我们也应该看到它们在使用上的差异。比如，英语里的“ Thank you”和“Please”比汉语的“谢谢”和“请”用得更加广泛。在小事上，中国人常常不讲这些客气话，特别当对方是亲属或者好朋友时，更无须如此，否则会让别人觉得别扭、生疏。因为中国人相信对方知道自己的感激之情，因此不必多言；但在西方人看来，不说这些客气话就是失礼的行为，对别人不够尊重。汉语中的“辛苦了”是一句很热情的话，表示对别人的关心。有时还用“辛苦了”来肯定别人付出辛勤的劳动和所做出的成绩，并表示慰问。但是英语中没有完全对应的说法。因为，在西方如果你认为别人很辛苦，你就不应该让他们去做这些事情。

四、非言语成分

语言往往伴随有非言语的成分，也就是说在使用语言的时候，我们的身体都会出现相对应的反应，最常见的非言语动作就是手势。我们经常用手势和面部表情来补充表达所说词汇的意义。当我们在谈论一件高兴事情的时候，表达的词汇和面部的表情往往是要一致的。如果我们用微笑的表情来讲一件悲伤的事情，听众就会感到困惑，甚至是愤怒。研究语言的非言语成分，在跨文化沟通中有着特别的意义，因为很多信息和意义的交换主要依靠的就是非言语信息，而不是语言本身。

第一个对非言语进行科学研究的应该算是达尔文的《人类和动物表情》一书。他发现很多非言语的表达方式具有很大的文化差异。比如说身体的姿态、像眼睛的注视、面部的微笑、恶作剧的行为等在不同的文化环境中，它所代表的意义和得到的反应是不一样的。姿势也是非常常用的非言语沟通方式，它通常是通过手和臂的运动来传达信息，也包括头和眼睛的动作，比如，点头、挤眼等都是常见的非言语沟通手段。在中国文化中，挤眉弄眼被看成行为不检点的一种标志，特别是女性对男性的挤眼，几乎可算作是一种挑逗的行为。但是在美国，同样的行为却是代表友善和热情。当美国共和党副总统候选人佩林女士，对着电视机的观众做出飞眼动作时，多数的美国人将她的行为看做是热情、大方、开朗的表现，而我估计中国的民众恐怕会将同样的行为看做是不符合其身份地位的表现。因此，研究非言语的文化差异，应该是我们学习跨文化中不可或缺的重要组成部分。而且，由于非言语沟通是一种可以后天学习到的技巧，因此，我们完全能通过自身的努力成功地掌握这一技巧，从而成为跨文化沟通的高手。

2008年美国共和党副总统候选人佩林的“媚眼”。

第二节 语言和人类行为

语言对我们人类的行为有多大的影响？心理语言学的创始人沙皮尔（Sapir）和沃尔夫（Whorf）有最早提出语言对人心理的影响，这在语言学中被称之为**“沙皮尔－沃尔夫假设”**（Sapir －Whorf Hypothesis）。这个假设的最初含义，就是指思维的文化差异基本上是由语言的差异来决定。而且，他们对美国印第安语言做了一系列的研究，发现许多印第安部落之间的文化差异与他们所持有的语言差异是一致的。

但是后续的跨文化研究发现，最初的“沙皮尔－沃尔夫假设”过分地夸大了语言对心理的影响，而忽略了人的心理也会影响到语言的使用。人的认知特性具有比较明显的跨文化一致性，语言对它的作用并没

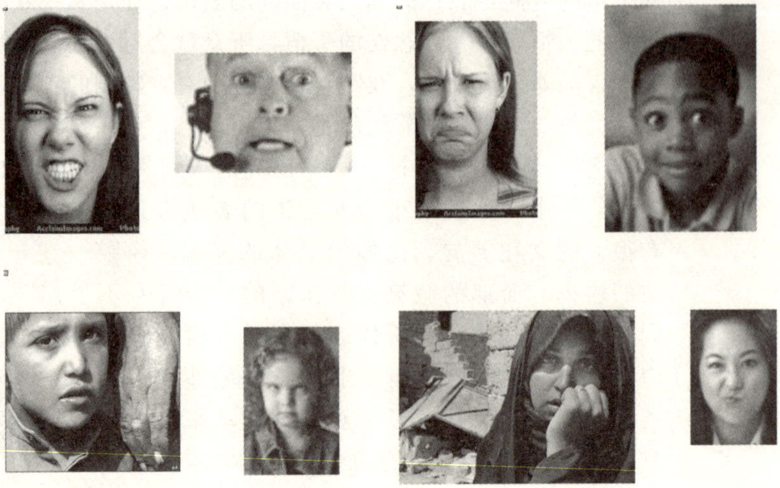

人类的各种面部情绪表现

有想象中的那么大。心理学家罗西（Rosch）就发现有只存在两种颜色词汇的语言，比如说他们的语言中只有黑和白，而持这种语言的人，仍然能够在视觉上区别基本的色彩差异。

心理语言学家凯和哈密尔顿（Kay & Hamilton）还发现颜色与颜色词汇之间存在发展秩序的现象，也就是说各种语言都具备对黑和白两种颜色的描述。但是如果存在三种颜色的话，那么这第三种颜色一定是红色；假若存在有四种颜色的话，这第四种颜色一定会是蓝色或绿色；如果存在有五种颜色的话，那么它就一定包括蓝色和绿色；假若有六种颜色的话，那这第六种颜色就应该是黄色；如果存在七种颜色，那么就一定得加上棕色或是粉红色。这一现象表明，人类视知觉有一定的发展秩序，这一秩序会影响到语言以及语言中反映这些颜色的词汇。

因此，沙皮尔和沃尔夫做了调整，给最初的假设赋予现代含义，这一现代含义就是：跨文化的心理差异与其所对应的语言差异是一致的。也就是说，心理与语言是一种对应的、平行的关系，而不是我们通常所认为的线性的、决定性的关系。

心理学家到底有什么证据，能够支持沙皮尔和沃尔夫假设呢？其中的一类证据来自于不同语言的计数方式影响到儿童的数学能力。有一项研究，探讨了五种不同语言的数量方式对儿童算数学习的影响。研究发现小孩在一二年级时，数字的理解跟语言有很大的联系，中国的孩子对数词的理解要好一些。因为中文是以 10 开始的，是十进制的算法，而英语进位是从 13 开始，法文进位是从 17 开始，日本、韩国和中国一样。如果语言对人的行为、心理有影响，那么中、日、韩的孩子学算数，就要比英、美、法三国的孩子学得更好，研究出来的结果也确实如此，中国的孩子学算数能力更强。另一类的证据来源于不同语言虚拟语气的表达方式对使用者反现实思维能力的影响。**反现实思维**是指根据一个虚拟的状态来做出推理。从西方人所推崇的逻辑角度来看，中国人的语言思维有问题。哈佛大学的心理学家布鲁姆（Bloom，1981）发现中文中没有虚拟语气，也没有词态变化。比如“我明天见你”，英文表达可以是“I will see you tomorrow”，也可以是“I would see you tomorrow”“I could see you tomorrow”。它们三者的虚拟程度是不一样的，但在中文里就没有区别。中国没虚拟语气的词汇，这会不会影响到中国人的反事实思维？反事实思维在法律中有很大的作用，比如说律师在问证一个事情：假设所有的条件都一样，你不在现场，这事情是否还会发生？这个问证的答案，就是定罪与否的关键。

布鲁姆的研究推测，如果中国人的词汇中没有反虚拟的表达，那反事实思维是否会受到影响？他问道：“如果所有的圆都很大，这个小三角形是圆，那它是大还是小？”从逻辑判断，应该是大；假若从语言的判断讲，很多中国人不愿意做出回答，原因有多种。

第一，相互矛盾。中国人感到迷惑的是，一个小三角形怎会大？但是，从英文的表达这是虚拟的状态，因此没有什么矛盾存在。

第二，绕弯子，别扭。布鲁姆还问道：“著名的丹麦科学家波尔（Niels Bohr）不会中文，倘若他会写中文的话，他是否会成为一个著名的中国科学家？”在美国有 98%的人认为有可能，而在中国，却只有 6%的人认为有可能。这就是被布鲁姆认为是中国人不能做反事实思维的证据。但是我们大家都知道我们中国人是可以做反事实思维的，比如，如果今天不堵车，我就不会迟到；如果我好好读书，我就会考上北大清华。

波尔（1885－1962）提出了电子能阶理论.

为什么会出现不同的观察结果呢？很多中国学者认为，布鲁姆的研究忽略了中国人依靠其他的背景线索做反事实思维的倾向性，也就是说虽然我们中文没有虚拟语气，但我们可以通过上下文，来判断某一声明是否具有反事实思维的特性。这些线索能帮助我们回答反事实思维的问题。关键是，我们中国人是否愿意做反事实思维，是否经常做反事实思维。因为创造力很重要的一个条件就是做反事实思维，而有一些证据发现，咱们中国人不是不能做反事实思维而是不愿意做反事实思维。

在表达习惯的问题上，中国往往喜欢笼统、夸张的表达方式，比如“全体中国人民”“全体毕业班学生”“全体灾区群众”等，而不喜欢给予准确的描述，这也同西方人的表达方式有很大的差异。由于西方喜欢具体的信息，因此对于我们的宣传他们往往会认为言过其实，殊不知我们只是运用了比喻的表达方式。我们的表达方式，有时也趋于艺术性的夸张，唐代诗人李白就写下了“白发三千丈，缘愁似个长”“君不见黄河之水天上来”、“蜀道之难难于上青天”等这些我们中国人喜欢的艺术夸张，这在西方人的日常生活中是很难听到的。只有具有较高中国文化修养的人，才能意识到这些美丽的描述只是比喻而已，并不是一种科学的定量。

危楼高百尺，手可摘星辰。

飞流直下三千尺，疑是银河落九天。

第三节　语言的跨文化词汇差异

我们经常会有这样的疑问：即使我们的语言表达得准确无误，为什么在跨文化沟通中也会引起误会？这其实是因为沟通双方的文化背景不同造成的。因为对于不同文化背景下的人们，同一个词或者同一种表达方式可能会具有完全不同的意义。由于文化背景的差异，在讲一个原本很严肃的问题时，很可能会因为某一句话的不得体，而使听者捧腹大笑，或是一句毫无恶意的话，使对方感到不快，甚至引起愤怒。我经常发现，由于文化背景的差异，外国听众对我讲的笑话毫无反应，而在国内，同样的一个笑话会使听众笑得前俯后仰。我认为有三种原因导致了反应的不同。

首先，由于语言结构和使用差异导致一些特定语言情境下非常幽默的笑话，对于使用另外一种语言的人，就不会产生同样的效果。

有一天，小王对小杨说："你是猪。"小杨说："我是猪才怪！"于是，小王开始叫小杨"猪才怪"。终于有一天，小杨忍不住在众人面前大声宣布："我不是猪才怪。"

我们中国人知道"不"和"才怪"都是否定词，双重否定即肯定，因此小杨等于是公开承认自己是"猪"。对于外国人来说，他或许学过中文，但他不一定知道"才怪"是一个否定词，因此他怎么也领悟不到这个笑话的可笑之处。

其次，有很多笑话是反映社会生活差异的，有些与政治生活密切相关的幽默和笑话，由于政治环境和背景知识的差异，所产生的效果也不同。比如，中国有很多笑话是关于政治生活和官员行为的，西方人就不一定知道这些笑话后面的社会背景。

中国台湾的陈水扁希望提高自己的声望，想要发行一款有自己肖像的邮票。发行过了一个多月之后，陈水扁想要视察看看销路如何。

陈水扁："销售情形怎么样？"

邮政总局局长："还算不错，只不过常常有人抱怨粘不牢！"

陈水扁："怎么会呢？"

陈水扁随手拿了一张邮票，涂了一点口水在邮票背面，便试贴在信封上。

陈水扁："这样不是粘得很紧吗？"

邮政总局局长："可是……大家……都把口水吐在正面啊……"

最后，由于文化、历史和习惯的差异，有些文化特定的笑话在其他文化中根本就不存在。在美国，有很多关于金发女郎和律师的笑话，而这些笑话很可能在我们中国人看来一点都不可笑。

一群金发女郎决定要证明她们并不是都很笨，便请了一些裁判来问他们一些问题。

一个裁判首先问："59＋2 等于多少？"第一个金发女郎回答说："57？"

其他的参赛者一起嚷嚷起来："再让她试一次，再让她试一次！"

于是，另一个裁判问："那 15 -5 等于多少？"这个金发女郎说："20，对吗？"

其他的金发女郎又叫嚷起来："再试一次，再试一次！"

第三个裁判决定问一个最简单的问题："1＋2 等于多少？"这个金发女郎回答说："3，对吗？"

只听其他的女郎又叫起来："再让她试一次，再让她试一次！"

种种迹象表明，语言作为文化的一部分，受文化的影响很大。语言反映了一个民族的特征，不仅包含着该民族的历史和文化背景，同时也蕴藏着该民族对人生的看法、生活方式及思维方式。因此，我们理解语言必须先了解文化。但是由于语言与文化都有多样性的特点，再加上因背景的不同而存在的差异，让彼此间相互了解的困难度增加，同时也使得跨文化沟通变得更为不易。我们不仅要掌握语言本身的语音、语法、词汇和习语，而且还要了解这种语言的人的心理，即他们是如何看待事物、观察世界的，了解他们如何用语言来反映自己的社会思想、习惯和行为。

语言的跨文化词汇差异表现在，双语词典上的注释并非都是词义完全对应的同义词，在不同的语言中也并非总能为同一事物找到对应词。比如，在中美各自的文化背景中，"知识分子"和"intellectual"的含义就是大不相同的。在中国文化中，我们所讲的"知识分子"一般包括所有的教师、大学生及医生、工程师、翻译人员等，在中国农村有许多地方，甚至连中学生也被认为是"知识分子"。但在欧洲却不尽然，"intellectual"所指的范围要小得多，它仅仅包括大学教授等具有较高的学术地位的人，而不包括大学生。此外，还有一个区别就是：在美国，"intellectual"并不总是褒义词，有时用于贬义，与实干家和中产阶级相对应。

综合以往的文献，我们可以看出英语词汇和汉语词汇的语义差别主要有以下几种情况。

第一，缺少对应词。有些事物或者概念在一种文化中存在，但是在另外一种文化中却找不到相对应的词汇。比如，汉语中有个谚语“夏练三伏，冬练三九”，相信中国人都明白“三伏”和“三九”的意义。但是当一名年轻的学生对几个美国人说“three fu”和“three nine”时，听者可能会莫名其妙。事实上他只要说“the hottest days in summer, the coldest times in winter”就可以了。

同样还有另外一个例子，一个中国青年随同朋友到附近的游泳池游泳，游泳池里不仅人很多而且水也很脏，于是他说：“这水早该换了，简直像芝麻酱煮饺子。”和他同去的中国朋友笑了，而他的另外几个外国朋友却茫然不解。因为他们既没有吃过“芝麻酱”，也没有见过“煮饺子”，丝毫不觉得这个比喻幽默风趣。西方人形容某地人多、拥挤不堪，习惯说“It was packed like sardines”（塞得像沙丁鱼罐头一样）。这个比喻中国人基本上可以理解，但不一定能欣赏其中的精妙，因为他们很少人见过真正的沙丁鱼罐头。

西方人习惯用“沙丁鱼罐头”来形容人多、拥挤不堪。沙丁鱼实际上是一些鲱鱼的统称，一般身体扁平，呈银白色。

炎热的夏天，游泳池经常因人满为患而被形容为“煮饺子”，而“饺子馆”则成了游泳馆的别称。

第二，同一概念不同意义。有些概念在英语和汉语中都存在，而且从表面上看来似乎是同一事物或概念，但是实际上，它们是完全不同义的。在跨文化沟通中经常会遇见这样的一个场景：有些中国人介绍自己的爱人时采用的是“lover”一词，对此外国人颇为惊讶且不理解，因为在这类问题上，中国人历来都是万分地谨慎小心，为何却公开申明自己有 lover 呢？（lover 在英语中表示情人的意思）。在英语表达中，相当于汉语中“爱人”这个词的英语词汇分别是：“husband”（丈夫）或者“wife”（妻子）；“fiancé”（未婚夫）或者“fiancée”（未婚妻）。

在英语和汉语中，还有很多“貌合神离”的词汇例子。比如，“改善生活”并不等同于“improve one's standard of living”。在英语中，“improve one's standard of living”表示“提高生活水平”的意思，而汉语中的“改善生活”则不尽然。我们会经常听到这样的一些话，比如，某某平时自己做饭，但是他也经常去街头饭馆改善生活，或者是某某同学经常周末回家改善生活等。按照我们中国人的习惯用法，“改善生活”在很多情况下，指的是吃一顿或者几顿比较好的饭菜。

第三，一词单义与一词多义。某些事物或概念在一种语言里可能只有一两种表达方式，而在其他语言中则有多种表达方式，即在另一种语言里，描述这种事物或概念的词会有更细微的区别。一般来说，表示同一事物或者概念的词越多，词义区分的就越精细。

在跨文化沟通中，非汉语文化背景的人常常对汉语中表示亲属的词汇迷惑不解。因为在汉语中，有很多称呼用来指各种具体的亲属关系，如祖父（母）与外祖父（母）、兄弟与姐妹、伯父叔父与舅父姨父、姐夫与妹夫等。这还仅仅列出了部分的亲属关系，因为在英语中，“relative”一词就简单明了多了，它是一切亲戚关系的统称。由于词汇意义的不对等，我们在跨文化沟通中会存在这样的障碍：我们所有的称呼是不是都可以找到令人满意的对应词。比如英语中的“John′s brother worked with Joan′s sister”这句话就会使汉语背景下的人在理解和翻译上陷入困境，因为我们并不清楚“brother”是John的哥哥还是弟弟，也不明白“sister”是Joan的姐姐还是妹妹。

第四，派生词的意义相差大。在不同的文化背景中，有些词汇的基本意义大致相同，但是其派生出来的意义区别可能很大，也就是说词汇的不同文化内涵会使人产生不同的联想。

汉语中的“政治”一词很难在英语中找到适当的词汇。在多数情况下，译成“politics”是不能准确表述原意的，因为“ politics”是一个含贬义色彩的词汇：“采取欺诈和不正当的手段搞政治活动”（《新编韦氏大学词典》）；“在一个集团中进行策划，搞阴谋”（《朗曼现代英语词典》）。因此在选择合适的英语词时，可以根据汉语上下文的意思，把“政治”这个词译为“Political activities”（政治活动），“Political work”（政治工作）或“Political study”（政治学习）等。

汉语中的“政治家”这个词汇应该怎样译成英语呢？有些略知英语的学生把它译作“politician”，这也是很不准确的。因为在美国英语中，“politician”往往是指“为谋取个人私利而搞政治、要手腕的人”，它具有非常强烈的贬义色彩，而且会引起别人的蔑视。“politician”同时还有“精明圆滑的人”（smooth－operator）的意思。汉语“政治家”准确来说，应该翻译为“statesman”，这在英国英语和美国英语中都很贴切。“statesman”主要表示“善于管理国家的明智之上”。在英美国家中，人们通常把有威望的高级政府官员称为“statesman”。也就是说习惯中，“politician”一般指政客，而“statesman”则指政治家或者国务活动家。

第六章 沟通风格的障碍

跨文化的沟通如果仅仅只存在语言障碍的话，那么依靠准确的翻译就能够克服这些障碍。但是，很多情况下，文化在沟通方式本身上的差异往往也会影响沟通的方式和效果。例如，有些文化强调直截了当的沟通，有些文化则强调含蓄、间接的表达；有的文化愿意以自我的体验和喜好作为沟通的起点和基础，而有的文化则倾向于用他人的经历和看法作为沟通的基础。个体之间的沟通风格千差百异，不同文化之间的沟通风格也是不一样的。

第一节 高情境和低情境的沟通文化

著名的社会学家爱德华·霍尔（Edward Hull）在1976年提出在跨文化的沟通中还有一些非言语的语言障碍，这其中最大的差异就是高情境沟通文化与低情境沟通文化。高情境的沟通文化强调在很多情况下沟通的情境、信息和意义的交换不是由你说的语句和内容来决定的，而是由你表达的方式、手势、语调、语速等情境性的因素来决定的。在高情境文化沟通中，沟通的意义在很大程度上是间接的，表达的词汇和语句往往比较间接，而且很大程度上只是所要传递信息的很小一个部分，其余的部分必须依靠听众的理解和意会来加以补充，这种意会建立在听众对沟通者背景的理解、对沟通情境的敏感和其他外在信息的利用上。中国古话所说的"此时无声胜有声"所指的就是这种高情境沟通风格，因为中国文化本身就是一个高情境沟通的文化，类似的文化还包括日本文化、西班牙文化等。

低情境沟通文化强调沟通的方式是直接的、明确的，它的意义应该是直接由字面表达的。听众不需要对背景和情境进行再加工，因为他们可以直截了当地从沟通者所说的、所用的词汇中理解对方的意思，美国、加拿大及很多的欧洲国家都是很明显的低情境沟通文化。

低情境沟通和高情境沟通的差异不仅是理论上的概念，还有很多实际意义。例如，广告宣传是采用低情境的表达方式，还是高情境的表达方式，这可能就依赖于产品所要投放的市场。高情境的广告往往需要听众对广告的背景和内容有些了解，低情境的广告则需要把所要表达的意思完整地表现出来。

沟通风格的差异也会影响到国际政治。在国际关系中，是采用高情境沟通还是低情境沟通，往往会产生不同的效果与影响，这是对外沟通中需要掌握的一些概念。例如，在国际交往中使用高情境沟通风格，在与来自低情境沟通文化地区的人沟通时，往往会被认为太含蓄、太委婉，而不能很好地被对方所理解；使用低情境沟通风格，在与来自高情境沟通文化中的人沟通时，则往往会被对方认为表达方式太直白、太霸道。在我所参与的一些中美合作谈判中，最让中国工作人员局促不安的事情，就是讨论双方之间可能出现的冲突、误解和纠纷的问题及如何解决这些问题的策略和方法。对于中国人来讲，这些事情都是不方便直接和公开讨论的，而是作为具有合作诚意的双方之间应该达成的默契。而对于对方而言，他们觉得必须将双方未来可能遭遇到的问题及解决方案一一阐述清楚。

这两种沟通风格的差异，主要有如下的六个方面。

第一，沟通双方是否能推测到对方的意思。高情境沟通文化中的人能够相对容易的听出对方的弦外声音，“听鼓听声，听话听音”，这是高情境文化中成长起来的人的优势。低情境沟通文化中的人则需要对方把话讲透，否则等于没说。

第二，这两种沟通文化其具体的表达方式不同。高情境沟通文化使用委婉的表达方式，低情境沟通文化使用直接的表达方式。高情境沟通文化不喜欢用直接、坦率、评价的语言，而倾向于用一些礼貌、间接和委婉的语言。因此，高情境沟通文化中的人往往会觉得低情境沟通文化中的人在沟通时显得过于莽撞和粗鲁。例如，在评价一个学生的表现时，特别是当这个学生不是自己学生的时候，高情境沟通文化中的人会说：“你的研究做得很不错，也许还有可以做得更好的地方”；而低情境沟通文化中的人一般都会直截了当地指出不足，并同时提出可以改进的方面。

第三，这两种沟通文化在对人际关系的敏感程度上有差异。高情境沟通文化中的人敏感程度很高，他能够非常快地从双方交流的方式和结果中判断出关系的亲疏程度，能够从对方的沟通时的态度、表情、姿态来判断出双方关系的亲密程度。相对而言，低情境沟通文化中的人不太能够从沟通的方式中判断出对方的亲密关系程度。

第四，这两种沟通文化的差别还表现在低情境沟通文化的人更倾向于使用一些戏剧化的表达方式，因为他们更欣赏直接的沟通，往往喜欢用一些夸张的词汇来强化要表达的意义。高情境沟通文化中的人对双方的关系和要表达的隐藏意义相对比较敏感，因此不需要过分戏剧化的表达方式来表达所要传递的信息。中国的领导在表扬自己的下属，或是父亲夸奖自己子女时，一个简单的点头和微笑，或者是某一种赞许的姿态，往往就把意思表达得非常清楚。如果换成美国人，他们会毫不犹豫地用热烈的词汇来夸奖自己的下属和孩子。东方人的委婉表达方式往往会使西方人感到迷惑，甚至不解，因为他们需要直接和夸张的表达方法。尤其在异性之间表达爱慕之情时，两种不同的风格往往会成为双方文化冲突的来源。徐志摩可以从日本女性的低头、微笑看出对方的爱意和温柔，"最是那一低头的温柔，像一朵水莲花，不甚凉风的娇羞……"（徐志摩《莎扬拉娜》）；而西方人的爱情表达就一定会是赤裸裸地追求。

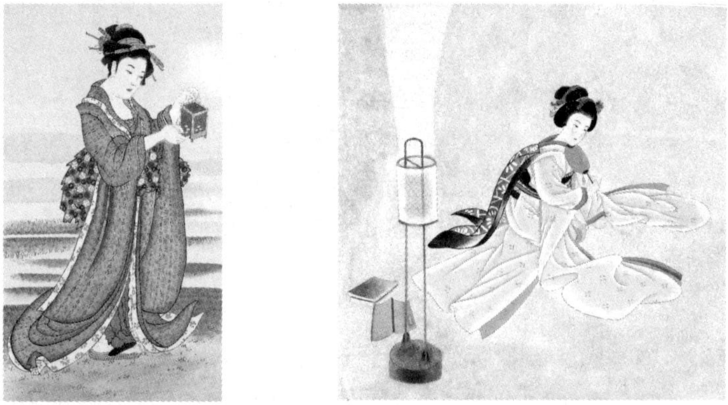

东方人的含蓄内敛、温柔可人，身穿和服的日本女性将这些特质发挥得淋漓尽致。

第五，相对而言，高情境沟通文化的人会较多地利用自己的情感来指导行为；低情境沟通文化的人往往用直接的语言来指导行为。比如说对沉默的理解和反应，高低情境沟通文化就会有很大的不同。在高情境沟通文化中，沉默依据情境的不同可以有不同的意义，它可以表示对方对你意见的默认，也可以表示对方不认同你的意见；它可以表现为对方在对你的意见深入思考，也可以表现为对方对你的意见毫无兴趣。对沉默的准确把握依赖于你对双方关系、沟通背景、沟通议题的了解。在低情境沟通文化中，沉默往往代表对方对你的不满和否决。

有两位哈佛大学的经济学家专门研究了日本和美国的贸易谈判，让美国谈判者最不舒服、最拿不准、最反感的是日本贸易谈判代表的沉默，因为美国人不了解对方的沉默到底代表什么意思，往往最终以妥协告终。在朝鲜板门店进行的朝鲜停战谈判中，中国的谈判代表经常用这种方式对付美国的谈判代表，我们称之为“沉默的战斗”，对低情境沟通文化中的人来讲，沉默是种永远无法理解、无法对付的情境。

第六，对辩论和对话的兴趣也是区分高低沟通情境的指标。低情境沟通文化强调对话和争论，因为它需要对所讨论的意义有比较直接的理解、比较详细地分析和区别；而高情境沟通文化则厌恶争辩，强调双方之间的和谐、礼貌。因此，对于高情境沟通文化中的人而言，低情境沟通文化中的人往往好斗且霸道；而对于低情境沟通文化的人而言，高情境沟通文化中的人往往比较虚伪和懦弱。这些印象的来源实际上是沟通风格的差异所造成的，而并不是双方之间真正的人格差异。

从这个意义来讲，美国是典型的低情境沟通文化，它强调直接的评论和详细的解读，强调表达的内容而不是表达方式，不能够很好地区分不同的表达风格和方式。美国人的沟通风格是以自我为中心的，强调自己的体会、意见、看法和要求，因此他们的沟通和表达往往比较直率、决断，甚至让人觉得咄咄逼人，很容易让来自高情境沟通文化中的人理解为霸权主义。美国人的交流沟通风格往往还有一些自我吹嘘的倾向，习惯强化和夸大个人的知识、身份和作用，同时他们也经常夸大自己的独特性，表现出过分的自信和自大。低情境沟通文化也使得美国人习惯使用夸张的表达方式，在公共的场合讨论个人的感受，而不顾及别人的反应。

中国文化是一种典型的高情境文化。在这种高情境沟通文化中，一般强调的不是内容，而是形式；强调的是言外之意。中国人的沟通风格不是以自我为中心，而是强调集体，因此中国人的表达往往是间接、委婉而有礼貌的。中国人在沟通时往往有较多的停顿，欣赏“一字一顿，有板有眼”。而在低情境沟通文化中，停顿是缺乏自信的表现，或是说明你对这些问题根本没有任何的看法和意见。中国人在沟通时是比较谦虚的，使用了较多的自我批评，但是这种谦虚和自我批评的精神在对外沟通中有一定的负面作用。在高情境沟通文化中，谦虚的辞藻没有意义，但是做出谦虚的姿态很有意义，因为我们的文化关注的不是你说了什么，而是你怎样说。而这对低情境的人来讲，他会把你的谦虚当作事实，误将这种谦虚认为是你没有信心和能力，因而认为与你打交道是不值得的。这就是在一种文化中认为是美德的东西，在另一种文化中往往有可能会被认为是弱点。

那么在不同的情境文化中，进行社交和商务活动有哪些需要特别注意的地方呢？我们认为，在高情境沟通文化中要注意三个原则，即注意沟通的方式、方法与策略。

第一，强调沟通方式。因为在高情境文化中，人们关注的不是你说了什么，而是你怎么说的，这使得选择一种适当的、容易被人接受的沟通方式尤为重要。例如，在高情境沟通文化环境中建立商务合作关系，必须遵循由易到难、由间接到直接的沟通转换，双方最初的接触可能都是通过间接的或是第三者的信息传递来建立沟通关系，甚至可能是从一封电子邮件开始的，只有双方到了比较了解和熟悉的时候，才会直接给出商务沟通的目的和要点。在双方最初的沟通中，就直截了当地提出自己的要求和希望，会被高情境沟通文化中的人认为是一种粗鲁的、不礼貌的行为表现。

在正式的商务沟通中，高情境沟通文化中的人的发言往往是要有很多的铺垫，开场白通常都是些问候和致谢的话，自己的优点和强项通常是要小心翼翼的、谦虚的表达出来，而且一定要强调对对方的尊重和双方合作的互利目标。尤其不能过分地炫耀和强调自己的特色和优点，这是高情境文化沟通方式中很敏感的一个问题。

第二，谈判时要察言观色。高情境沟通文化中的商务交往，要注意观察对方的表情和心情，要尽量满足对方的心理需求。需要提出的是，尽管高情境沟通文化地区的人在人际关系技巧上更胜一筹，但有时候却并不了解应该怎么做。例如，非言语技巧的使用，高情境沟通文化的人应该是比较多的使用姿态、手势、目光、面部表情等非言语的方式来传达信息。因为相对于低情境沟通文化地区的人，高情境沟通文化地区的人对于非言语的行为关注得更多，因而也更加敏感。这就使得他们比较关注对方的行为和表情，而不仅仅是对方的言辞。

高情境沟通文化中的人，通常会注意一些含蓄、引申的意义，也就是说对方的言辞和意图之间的差异，往往容易被高情境沟通文化中的人所察觉。甚至有些细微的情境因素都会给高情境沟通文化中的人一些敏感的信息，比如商务会谈中会场的整洁、有条理，都会被高情境沟通文化中的人理解为对方对合作有诚意和准备，而对低情境沟通文化中的人来讲，这些细微的情境因素一般不大会被解释为与商业沟通有任何直接相关的意义。

第三，换位思维。尽量从对方的思维角度出发，站在对方的立场上看待整个问题。不同文化中有个体差异，即便是在高情境沟通文化中，也并非所有的人都是高情境沟通的，也有很多是低情境沟通的。遇到这种情况时，要善于理解与改变对策，多从他人角度去思考问题。例如，在高情境沟通文化下，有许多规则规定了哪些事情不应该做，哪些事情可以做。实际上，对于高情境沟通文化中的人来讲，规则背后的含义可能更有意义，也就是那些没有规定的事情，有可能才是真正的信息。对商务合同的认识问题，高情境沟通文化中合同是可以变通，而非死板的。但是，在低情境沟通文化中合同是不可以变通，它规定的内容是不可以改变的。

同样地，在低情境沟通文化中也有很多方面是需要我们注意的。

第一，低情境沟通文化中成员的特点是以自我为中心的，他们往往喜欢吹嘘，但是这只是一个文化上的差异，我们也可以说是特点，它并不代表这个人本质不好。因为低情境沟通文化中的人，比较强调个人的主动性，个人的决策和个人的成就，因为他们试图把自己与他人区别开来，比较期望自己在没有外在监督的情况下做出自己的决定。我在美国教书的过程中，就经常会遇到这样的文化冲突。我指导了许多学生的研究报告，作为仍然具有东方传统思维的华人教授，我有时会把报告中自己的署名画掉，以表示对学生的鼓励和自己的谦虚。但是，我的很多同事却认为这种做法是对自己、也是对学生的不公平，因为他们认为，如果不写上老师的名字，别人就不会知道你的工作及贡献。西方的管理人员，也很愿意在部下的工作成就中列出自己的贡献，因为他们认为这些工作及贡献是在自己的领导下完成的，自己不说出来，别人是不会知道的。而在高情境沟通文化中的人，大家则容易从学生和部下的成就中领会和推测到教师和领导的贡献及作用。不直接表达出来的贡献，更容易在高情境沟通文化中赢得他人的尊重。

第二，低情境沟通文化中的人说话力求直截了当、开门见山。他们从小就被要求直接表达自己的意见，怎么想就怎么说，他们对含蓄和间接的表达方式有着天然的反感。我的孩子在美国读中学，他的老师最常讲的一句话就是："你怎么想就怎么说"（speak your mind）。而在高情境文化中的人，从小就被要求别乱说，因为“祸从口出”。

第三，个人任务与具体表现分离。因此，即便是最直接的批评，也不是对个人的不尊重。曾经有这样的一个故事，美国有一个电台主持人叫罗斯·林伯格（Rush Limbaugh），他是一个保守派的批评人，经常在电台上责骂克林顿。一次白宫宴请爱尔兰后裔，邀请他去白宫赴晚宴，他很乐意地去了。面对听众的不解，他说：“这是总统在邀请我，不是克林顿在邀请。”中国人对此就不能理解，因为总统与克林顿是同一个人，是一码事。但是在美国，克林顿本人与其总统的职务是分开的，如果代表职务来邀请的话，这样的国宴可以参加，因为个人与职务是分离的。

在美国，克林顿与美国总统可以是两个分离的概念。

第二节　沟通风格的文化差异

我们的研究发现，在东西方尤其是中国和美国的沟通过程中，有两种明显不同的风格差异：一种是与东西方的思维差异有密切关系的沟通风格差异，这就是东方人在沟通时不喜欢争辩性的表达方式，而西方人的沟通风格倾向于争辩。在美国，我的研究生导师尼斯贝特（Richard · Nisbett）对我说过，最好的文章一定要有一个假设的辩论对象，如果没有争论的论点和证据，那么你的交流和沟通就没有信息，也就不能达到沟通的目的。而我们东方人在很大程度上是不愿意与人争辩的，我们的文化背景与习惯要求我们的沟通风格强调平和、理性和意会。

另外一个东西方文化沟通风格的差异，即是使用整体性、系统性的表达，还是使用具体性、个案性的表达。我们中国人习惯于采用高屋建瓴、纲举目张之类的由上而下的沟通风格，喜欢声称“全体人民”“全体同学”“全体师生”等来营造团体的声势和压力。而西方人的表达更愿意从个人的角度出发，采用个案来喻示他要表达的意思和信息。

喜好辩论或者是厌恶辩论的跨文化沟通风格差异，是与不同的思维方式关联在一起的。过去十年来，我们对东方人和西方人思维方式的差异做过系统的研究，这种研究集中体现为东方人偏好于辩证的思维方式，西方人更倾向于逻辑分析的思维方式。这表现在沟通风格上，就是东方人比较多的运用比喻、比拟和意会的方式，而西方人的沟通则运用了较多的分析、批判和逻辑思辨的方式。

我们可以分别用东西方著名的“劝学篇”来演示双方不同的沟通风格。东方最著名的劝学篇是中国荀子的《劝学篇》，他在文中写道：

荀子（公元前313—前238年）名况，字卿，后避汉宣帝讳，改称孙卿。猗氏（今山西）人，著名思想家、文学家、政治家，儒家学派代表人物，时人尊称“荀卿”。其《劝学篇》采用了大量的比拟、比喻等修辞手法，是典型的中国式的沟通和表达方式。

> 君子曰：学不可以已。青，取之于蓝，而青于蓝；冰，水为之，而寒于水。木直中绳，揉以为轮，其曲中规。虽有槁暴，不复挺者，揉使之然也。故木受绳则直，金就砺则利，君子博学而日参省乎己，则知明而行无过矣。

这段话讲得非常优美，但是使用的大量都是比喻、对照，比如说以青蓝之青、冰水之寒等来喻示学习让人产生的变化，从而强调学习的重要性和可能性，这是非常典型的中国式的表达和沟通方式。

西方最有名的劝学篇应该是英国哲学家培根的《论求知》，他写道：

> 求知可以作为消遣，可以作为装饰，也可以增长才干。当你孤独寂寞时，阅读可以消遣。当你高谈阔论时，知识可供装饰。当你处世行事时，求知可以促成才干。有实际经验的人虽能够办理个别性的事务，但若要综观整体，运筹全局，却唯有掌握知识方能办到。

培根是英国著名的唯物主义哲学家、政治家、英语语言大师，他提出“知识就是力量”的口号，被马克思和恩格斯称为“英国唯物主义和整个现代实验科学的真正始祖”。

《论求知》英文原文如下：

《Of Studies》 Studies serve for delight, for ornament, and for ability. Their chief use for delight, is in privateness and retiring; for ornament, is in discourse; and for ability, is in the judgment, and disposition of business. For expert men can execute, and perhaps judge of particulars, one by one; but the general counsels, and the plots and marshalling of affairs, come best, from those that are learned.

显而易见，培根的论述谈到的是学习的功用，它可以作为消遣、娱乐，可以作为点缀、装饰，也可增长才干。从这两篇文章我们可以看出，在论述同一观点的时候，双方所运用的表达风格是完全不同的。

这些不同的表达风格是否会产生不同的效果呢？我们曾经做过这样的一个研究，对来自北京大学和美国密歇根大学的大学生做心理学实验。我们选择的实验材料是科学史和哲学史上最有名的两个论述观点，并分别采用西方的逻辑思辨表达方式和东方式的比喻辩证思维表达方式，呈现给来自两个不同文化背景中的被试。我们想了解这两种不同的表达方式对不同文化的人会产生什么样的效果。科学史上的例子则采用了著名的伽利略悖论，这个悖论是这样写的：

> 亚里士多德认为物体越重，那么它降落到里面的速度就越快，但是这种假设可能是错误的。假设你有两个物体，一个重一个轻，你把两个物体放在一起，重物体在轻物体之上，那么根据亚里士多德的假设，这两个物体的下降速度就会比重物体本身的下降速度要快，因为它有两个物体的重量。但是由于轻物体比重物体的下降速度要慢，它就有可能减缓重物体的下降速度。因此这两个物体的下降速度有可能就比重物体本身的下降速度要慢，这是一个显而易见的悖论，因此可以看出亚里士多德最初的假设是不正确的。

伽利略·伽利莱（1564—1642）是意大利文艺复兴后期伟大的天文学家、力学家、哲学家、物理学家、数学家。他是近代实验物理学的开拓者，被誉为“近代科学之父”。

亚里士多德（公元前384—前322年），古希腊哲学家、科学家。他集古代知识于一身，在他死后几百年中，没有一个人像他那样对知识有过系统考察和全面掌握。他被称为古希腊哲学家中“最博学的人”，其著作是古代的百科全书。

根据所理解的东方思维的特性，我们编出了一个适合于中国人思维习惯的思辨方式，也就是我们所称的辩证的思辨方式。我们编写的材料是这样的：

> 亚里士多德认为物体越重，那么它降落到地面的速度就越快，但是这种假设可能是错误的。因为他假定物体下降的速度不受到外界因素的影响，而这种假定在现实生活中是不可能存在的。假设你有两个物体，一个重一个轻，但是你把重的物体放在有风的环境中，轻的物体放在无风的环境中，这两个物体下降的速度就会受到环境的影响，而不是由它本身的重量来决定的。由于环境的影响总是存在的，因此可以看出亚里士多德最初的假设是不正确的。

我们的研究发现，相对而言中国被试喜欢辩证的表达方式，而美国被试则更喜欢思辨的表达方式。当然我们还发现，学科的训练对这一具体问题的反应有着很大的影响。但总而言之，不同的辩论风格的影响是不一样的。

还有一个著名的辩论即上帝存在的证明，我们也发现了它的文化差异。上帝的存在除了盲目信从的观点外，西方学者也希望可以找到理性的证据，其中之一就是英国哲学家休谟所做的推论，他说如果科学证明有效果，那么就一定有原因，有作用就有反作用。如果任何事情存在有原因的话，那么原因是可以从结果推论出来的。世界上一切事物都有原因，可是追根究底，人类存在的最终原因是什么？科学上并没有解释。因此，西方宗教就认为上帝存在，因为科学没有解释事物的最初原因，而我们又需要一个最初原因，那么这个最初的原因就只可能是上帝，这是一个非常线性的逻辑推理。这个研究分别在中国和美国展开，美国人很容易接受这个推理，但是中国人却不是很明白。在上帝存在的证明中，我们发现中国人喜欢辩证的辩论，是种类似于佛教的千手观音、千眼观音式的辩论，认为每个人看事情都有片面性，但是我们都知道事物有全面性。谁能证明这一点？只有上帝或是上天。东方学者喜欢的是辩证的辩论，西方偏好的是线性的辩论。

大卫·休谟(David. Hume, 1711—1776),英国著名哲学家、历史学家,经验主义哲学心理学代表人物,欧洲近代不可知论的主要代表。

因为科学并不能对人类存在的最终原因做出合理解释,而我们又需要一个最初原因,那么这个最初的原因就只可能是上帝,这是一个非常线性的逻辑推理。

在上帝存在的证明中,中国采用的是辩证的辩论,是种佛教的千手观音、千眼观音式的辩论,认为每个人看事情都有片面性,但是我们都知道事物有全面性。谁能证明这一点?只有上帝或是上天。

东西方文化在表达方式上的差异,还表现在对笼统、夸张方式的偏爱与否上。比如,我们经常说"全体中国人民……""EMBA 班的全体同学……"等。在发表演讲时,我们也常听到类似于"中华古国,屹立东方;神州大地,江河纵横;华夏文化,源远流长;全国人民;意气风发……"等开场语句。而西方人更习惯于采用具体的表达方式,在演讲和谈话中,他们总是先谈细微处,再谈宏大的部分,最后再立足于具体的内容,这与中国的表达习惯完全不同。喜好整体的描述和喜好个案的描述之间的差别,在同一事件的新闻报道中,体现得尤为明显。

我们不妨以 2008 年 8 月北京第 29 届奥林匹克运动会开幕式的报道为例,来阐述沟通风格的差异所产生的跨文化不同。新华社以北京时间 8 月 8 日发电(记者孙承斌、汪涌、高鹏)报道奥运会的开幕,是这样开始的:

百年奥运梦,今夜终成真。2008 年 8 月 8 日晚,举世瞩目的北京第二十九届奥林匹克运动会开幕式在国家体育场隆重举行。国家主席胡锦涛出席开幕式并宣布本届奥运会开幕。具有两千多年历史的奥林匹克运动与五千多年传承的灿烂中华文化交相辉映,共同谱写人类文明气势恢弘的新篇章。

然后介绍参加开幕式的领导人和观众，再接着描述开幕式的过程：

19时51分，在欢快的乐曲声中，胡锦涛、江泽民和罗格等走上主席台，向观众挥手致意。全场响起长时间的热烈掌声。……

20时12分，全体起立，军乐队奏响中华人民共和国国歌，中华人民共和国国旗冉冉升起。现场观众放声高唱，嘹亮的国歌声在体育场内回荡。

灯光转暗，古琴声起，巨幅画轴缓缓展开，以“美丽的奥林匹克”为主题的大型文艺表演拉开帷幕……艺术家们历经3年多精心准备的这台演出，以新颖的创意、浓郁的中国风情、富有感染力的表现手法，向世界奉献了一部奥林匹克与中华文明交融交汇的华丽乐章。

21时10分，运动员入场式开始。反映世界五大洲风格的乐队轮番奏响不同大陆的经典乐曲。来自奥林匹克运动发源地的希腊代表团首先入场，其他国家和地区代表团按简化汉字笔画顺序先后进场。共有204个国家和地区的代表团参加本届奥运会。今后16天里，来自世界各地的1万多名运动员将在五环旗下同场竞技。陆续入场的运动员个个朝气蓬勃、精神抖擞，不时微笑着向观众挥手致意。现场观众用热烈的掌声和欢呼，欢迎他们的到来。

23时09分，东道主中国代表团最后入场。中国体育代表团共1099人，其中参赛选手639人，创中国历届奥运会参赛人数之最，也是本届奥运会参赛运动员最多的代表团。……

北京奥运会组委会主席刘淇在开幕式上致辞，他代表北京奥组委，向来自世界各个国家和地区的运动员、教练员、来宾表示热烈的欢迎；向国际奥林匹克委员会、各国际单项体育组织，向参与北京奥运会筹办的建设者和工作者，向所有关心、支持北京奥运会的朋友们表示衷心的感谢。刘淇说，北京奥运会的重要使命在于促进世界各国文化的交流。我们真诚地希望，中华民族悠久的历史文化、热情好客的人民，能给朋友们留下美好的记忆。

国际奥委会主席罗格在开幕式上致辞。他感谢北京奥组委和成千上万志愿者不辞辛劳的工作。罗格表示，我们处在同一个世界，我们拥有同一个梦想，希望本届奥运会带给大家欢乐、希望和自豪。

23时36分，一个万众期盼的时刻到来了。国家主席胡锦涛用洪亮的声音宣布：北京第二十九届奥林匹克运动会开幕！

顿时，璀璨的焰火绽放夜空，激昂的旋律响彻全场，彩旗挥动，欢呼声经久不息……

23时54分，取自奥林匹亚的奥运圣火抵达国家体育场，激动人心的奥运圣火点燃仪式即将开始。全场观众挥动彩色手电，宛如万点繁星，熠熠闪烁。在过去4个多月里，奥运圣火穿越五大洲，传遍中华大地，首次登上世界最高峰珠穆朗玛峰，在2万多名中外火炬手的接力传递中，一路点燃激情，一路传递梦想。

9日0时整，第七名火炬手、曾为中国女排夺得"三连冠"立下汗马功劳的中国女排前队长孙晋芳举着火炬，来到体育场上的一个高台，等候在这里的著名体操运动员李宁将手中的火炬点燃。高举火炬的李宁腾空飞翔，在体育场上空一幅徐徐展开的中国式画卷上矫健奔跑，画卷上同时呈现出北京奥运圣火全球传递的动态影像。

0时04分，在空中奔跑的李宁来到火炬塔旁，点燃引线，巨大的火炬顿时燃起喷薄的火焰，熊熊燃烧的奥林匹克圣火把体育场上空映照得一片辉煌。……

欢歌劲舞庆盛事，火树银花不夜天。这是13亿中国人民永难忘怀的时刻，这是现代奥林匹克运动又一辉煌的瞬间。历经7年的精心筹备，中国向世界奉献一个共叙友情、同享和平的盛大庆典。

今夜，北京不眠！

今宵，世界同庆！

我们下面再看看2008年8月8日的《纽约时报》国际版对这件事情是如何报道的(记者金·亚德莱)：

中国，一个极其渴望成为现代大国的古老民族，终于在星期五的晚上迎来了自己的奥林匹克辉煌。全世界各国领导人云集北京国际体育场，观看2008年北京奥运会开幕式。一场以绚丽火花为开端、以华丽的歌舞和对中华文化的歌颂为主干的开幕式表演，在对全世界的美好祝愿中华美落幕。

8月8日8时——"8"在中国意味着吉祥——世界的目光聚在了北京和有着91 000名观众的体育场。

中国国家主席胡锦涛在与美国总统布什的午餐会见中谈到，我们所期待的历史时刻正在来临，世界没有比现在这个时候更需要互相理解、互相容忍和互相合作。

在这样的伟大的主题下，北京的星期五有更加灰暗的天空和更加严格的保安秩序，以防止恐怖袭击的威胁。

中国国际航空公司 406 号班机，在日本有关当局接到一封飞机上载有炸弹的电子邮件后，紧急返航日本关中国际机场。根据京都国际新闻的报道，该电子邮件威胁说，"这架飞机将在飞过奥运村时爆炸，它的目的地应该是中国的西南城市——重庆"。

北京首都国际机场，全世界最忙碌的机场之一，在开幕式期间彻底地关闭。北京城内的很多街道都实行交通管制，只有奥运会特许车辆才能进入。许多商店和单位出于安全因素的考虑，很早就关门。在开幕式开始前的几个小时里，这个有着 1 500 万人口的城市，在很多地区都显得空荡荡。

在十五年前，中国第一次申请奥运会没有成功。到 2001 年，在成功地赢得 2008 年奥运会的主办权之后，北京奥运会就成了国家的头等大事。最初，市政当局计划举行一个节日般的公开庆祝会。在城市的各个地方，巨大的电视屏幕树立起来，以便公众关注奥运会。但是到了星期五的中午，起码有一个在朝阳公园里的大型聚会由于缺少保安人员而被取消。同时，当地的报纸劝告民众在家与自己的亲属一起观看奥运会开幕式。

马杰，一个 53 岁的出租车司机说："任何想破坏奥运会、煽动社会骚乱的人，都必须得到严厉的惩罚。还有什么事情比这样的行为更可恶呢？"

布什是星期四的晚上到达北京的，他由于先前在泰国做了有关中国人权记录的批评，而惹恼了中国当局。

但是到星期五的中午，在人民大会堂内举行的欢迎各国领袖的午宴上，布什与中国国家主席胡锦涛进行了轻松的交谈。与这两位领导人同桌的，还有俄罗斯总理普京、日本总理福田和法国总统萨科奇，后者曾经威胁抵制参加北京奥运会开幕式。

然后，是讨论抗议北京奥运会的言论，最后又回到北京奥运会：

尽管有如此明显的安全限制，很多在奥运村附近行走的中国人，都非常兴奋和骄傲，中国终于可以向世界展示自己的美好一面。

他们其中的一个人，杨斌，一名音乐 DJ，从 500 公里之外的重庆来到北京，在北京的最著名的商业大街王府井免费播放摇滚音乐。

杨斌说，"我昨天晚上才赶到北京，庆祝奥运会的召开，尽管我一张票都没有,今天是我们中国最光荣的日子,全世界都在关注我们。”

全世界关注的一点,是北京的天气。中国当局勒令两百万辆汽车停驶,同时关闭了周边地区的工厂,但是天空只有偶尔才会有蓝色。部分的原因,是炎热潮湿的气温,又没有什么风。空气污染的问题,也造成了运动员的担忧。星期五的空气质量指数为94,任何一天空气质量指数超过100,都是按照中国的空气质量标准确认为污染天气,是违背中国的空气质量控制标准的。

气势磅礴的奥运会开幕式,是由中国著名导演张艺谋所指导,花费了上千万的美金,但它只不过是中国花费在修建道路、场馆、公园、地铁以改造北京市作为奥运城市的四百三十亿美元投资中的很少的一部分。总共的奥运会开幕式,包括15 000名表演者,由三大部分组成:一个目的是歌颂中国的悠久历史,另一目的是向全世界各国人民传达美好的意愿。

开幕式的表演,充满了鲜明的中国元素:动作优雅的舞蹈家在一个巨大的山水画长卷中起舞,起伏波荡的中国方块字矩阵,“和”在聚光灯的照耀下闪闪发亮……浩浩荡荡的人群,不可思议的整齐性,创造出了庆祝中国传统历史文化舞蹈和艺术的视觉盛宴。著名音乐家谭盾说:“这是我们文化的骄傲,这也不仅仅是中国的事,如果我们只把它当作中国的光荣,那我们就错了,这应该是属于世界的光荣。”谭盾作曲的音乐,将会在奥运会颁奖的仪式上播出。

开幕式的门票,是奥运会门票中最难买到的。其中,一位没有买到门票的中国人叫雷学英,一位61岁的农民,她从1 500公里以外的昆明,坐了三天三夜的火车来到北京。她没有票,而且睡在离国家体育馆不远的过街天桥下,因为她住不起旅馆。

但她说:“我必须来北京,我天天看电视,听广播。”她一边说,一边将一个毛主席像章挂在自己的衣服上,“有那么多的关于奥运会的新闻,所以六个月之前,我就决定了要到北京来,亲眼看看北京奥运会。”

从这两篇不同的报道,其实我们不光可以看到意识形态上的差异,也能够看到报道风格上的差别。

第一,中国的报道中有很多伟大而激动的言辞,这一方面反应了我们中国人的自豪感;另一方面也可能是我们中国人整体和笼统的表达习惯的体现,比如说“世界同庆”,“举国同庆”,而在《纽约时报》的报道上,基本上没有这种方式的表述。

第二,中国的报道带有很强的历史背景,喜欢从大历史的角度去报道生活中的小事情；而西方的报道往往不具有这些特色，而是更习惯于就事论事。

第三，中国的报道带有比较强烈的官方色彩，喜欢报道参加各种活动的所有官员，甚至他们的排位顺序都会成为记者和普通民众所关心的问题。而这些方面的报道也基本上不会在西方的媒体中大篇幅地出现。

第四，西方的报道经常会借用一些具体普通人的语气，来反映自己的观点与看法。而中方的报道中，这种风格是很罕见的。例如，在有关奥运会开幕式的报道中，新华社的报道没有也不可能出现任何普通人的名字以及他们的看法；而在《纽约时报》的报道中，有名有姓的、非官方的中国人就有三个，其中的两位马杰和雷学英可能是我们中国的记者从来不会采访的人。实话说，我们甚至都觉得中国的读者对以这些个人的言行来作为报道的内容，会有根深蒂固的反感，因为中国人会认为他们的看法不具有代表性，即使他们所说的都是歌颂政府或者奥运会的正面发言，这也是跨文化沟通的差异。

最后，从两篇报道的整体结构来看，中国的报道遵循单维历史观。强调叙述故事就是叙述历史，遵从单一的发展脉络，从头到尾，有始有终，所有的人物，活动和事件都是在这条件时间脉络上逐次展开。美国人的叙述遵从多维历史观。强调以个人为主体的历史叙述，所以有多个人从自己的角度看历史。叙述是平行推进，有多重中心和角度，包括精英，也包括平民。中西方的报道风格之差异在同一个重要的历史事件上反映得淋漓尽致。

西方的记者认为理所当然正确的表达风格，会被我们中国人民看做是不全面的、带有偏见的表达方式。我们中国人认为正常的、正确的表达方式，也会被西方读者看做是不正常的、甚至有负面意义的表达方式。这就需要中西双方对彼此的表达风格都有更深的了解。

第七章　认同感的障碍

我们人类是社会的动物，并且是生活在团体中。我们的进化历史使得那些选择适应存在于团体中的祖先能够较多的生存下来。因此，社会团体对我们来讲具有先天的保护作用，这种进化产生的偏好在人类的基因中被选择下来，并得以推广。我们身为团体的成员会为自己的团体感到骄傲和自豪，甚至也可以为自己的团体做出牺牲。

因此，爱国的感情与民族的感情是人类与生俱来、自然的心理反应，它的积极意义是不言而喻的，但同时过度的民族情结在跨文化沟通中也有负面作用。我们不妨现在就做一个简单的心理学自由联想实验，比较一下在想到“我们”“他们”时，我们所能联想到的概念、词汇、事物有什么不同。与“我们”相联系的，很可能是大家、同胞、同学、同事，具有共同爱好的人，或者是正面的形容词，比如说优秀、骄傲、自豪、伟大等；而与“他们”相联系的可能是敌人、外国人、竞争对手、外族、异类等，或者是距离、差异、变异、低级、弱小、失败等负面的词汇。想到“我们”的时候，正面的联想往往要多于负面的联想，想到“他们”的时候，一般都很难想到正面的事物。这种实验的结果正好反应了认同感的心理作用，也就是我们很难超越自己团体的局限，很容易从负面的、猜疑的甚至是敌意的结果来判断他人的行为。

团体认同除了影响我们思考问题的方向，更重要的是容易使我们将自己的团体与他人的团体进行比较，而这种比较的方向往往倾向于夸大自己团体和他人团体之间的差异，美化自己的团体而贬低他人团体，这种社会比较是一种相当普遍的心理现象。同时在跨文化沟通中，也容易产生本文化中心主义和本文化的优越感，这是人性的普遍现象。团体认同的优点是可以使本民族的成员在民族存亡的关键时刻更加团结一致，共同抵抗敌人，尤其是在遭受民族磨难的时候，这样的民族精神是值得赞许的。

但是，当在和平时期以及在普通的社会、经济和文化交流中，当在需要彼此平等合作的时候，这种现象就会导致沟通的障碍。这种障碍就使得人们对他人存在某种恶意偏见或是刻板成见，容易表现出一种感情、行为和观念的歧视和敌意。一个具有文化偏见的人，就不太喜欢与自己不同的外人，并且容易表示出歧视其他文化和文化成员的行为，会认为对方的意图很危险，人格也有缺陷，甚至不如自己聪明、不如自己高尚。而在实际生活中，这样的判断可能与现实是大相径庭的。

第一节 社会认同感理论

奥地利心理学家特纳（Turner，1981，1987，1991，1999）、霍格（Hogg，1992，1996，2000）和他们的同事提出了著名的社会认同理论，以解释与认同感相联系的社会心理行为。他们发现，人们对自己的认识，也就是通常所说的自我概念（我们自己对自己的认识）不仅包括个人的身份（我们个人的特点和态度）和特性，同时也包括社会认同。也就是说，我们愿意将自己归结于某种社会团体和社会成员。比如说一个女企业管理者的自我概念可以包括对自我的认识，比如说"我是女性""我是公司的老总""我有一个女儿"等个人的特性。但同时，也包括对社会团体的认同，比如说"我是中国人""我是清华的毕业生""我是党员"等。我们的研究表明，中国人的自我概念所包括的社会认同可能远远超过西方人的自我概念中的社会认同。

与英国社会心理学家泰吉弗尔（Tajfel）一起，特纳提出了社会认同理论。这种理论包括如下几个重要观点：

第一，我们有分类的需求。也就是说我们很容易把人分成不同的类别，而且这种分类往往是以自己的团体作为参照点。因此，我们很容易把别人归类为美国人、英国人或是埃及人等，或者是我们很容易把别人分为东方人、西方人，或者是中国的北方人，南方人等。这种分类能帮助我们简化对他人的理解和描述。

我们倾向于将人分类，而且这种分类是以自己为参照物，比如说我们是中国人，她们是英国人，或者说我们是女性，而对方是男性等。

对于我们中国人而言，埃及人是不属于我们种族的外团体成员。

第二，我们倾向于认同我们所归属的团体，容易把自己与自己的团体紧密地结合起来，用这种联系获得自尊，感到骄傲。比如说，很多人都具有“名校情结”，就是因为如果将自己归属于某一个名校，那么社会大众对这个名校的尊崇，就会提高自己作为名校成员的自尊心和骄傲感。学校的名声越好，其学生的自豪感就会越强。我们在学校读书的时候，就发现一个很有趣的现象：一流大学的大学生喜好穿着标志鲜明的校服以标示自己的名校身份，二流大学的大学生则情愿带着自己学校的校徽，三流大学的大学生可能就不大愿意显示自己学校的身份。这些微妙的心理差异，就是社会认同的心理基础。

第三，我们有将自己团体与其他团体进行比较的冲动，从而产生对自己团体的偏好，以及对他人团体的蔑视甚至敌视。“名校情结”的一种负面倾向，就是不愿意承认和接受别的学校有可能会比自己的学校要好。其中的一种下意识冲动，就是贬低和诋毁其他学校的优秀特点，夸大自己学校的优势和影响。比如两个水平相近大学的学生，互相之间就会产生比较的冲动，并有意无意地夸大对方与自己的差距，以满足个人的自尊心和团体认同感。这就像通常所说的“瑜亮情结”——既生瑜兮，何生亮也，须不知没有“瑜”则无“亮”之光彩；没有“亮”则无“瑜”之美丽，两者实则相辅相成矣。

第四，我们有自我评价的需求，即通过团体成员的身份来评价自己，这种心理感受强化了自我概念，让我们觉得舒服和骄傲。将自己的团体看做是优于他人的团体，从而间接地让自己觉得比他人团体的成员更加优秀和高贵，从而产生良好的心理感受。

缺少正面个人认同的人，通常需要通过对某个团体的认同来提高自己的自尊心。这就能够解释为什么很多参加帮派和黑社会组织的年轻人，往往都是有个人缺陷的，比如说家庭地位较低的孩子或者本身缺少吸引力的小混混。但是通过与某种帮派的联系，他们会得到某种认同，从而找到骄傲的权力或者是社会接受。很多邪教的成员，往往也是因为在主流社会中迷失了自我感觉和方向，需要与这个组织的联系来确定自我的方向和社会的认同。

跨文化沟通中，我们往往也很容易对对方的一些突出行为或者特性做出过分的反应和评价，同时，我们也会误认为对方会对我们自己的独特行为或者特性做出反应。我认识的很多中国人总是以为自己的蹩脚英语会影响到对方对自己的评价，而实际上这种影响很可能是不存在的。

聚焦：心理学研究

心理学家克莱克和施卷塔(Kleck & Strenta,1980)曾经做过一个非常有意义的实验，就是让被试误认为自己的脸部由于某种原因而出现了缺陷，而这种缺陷可能会影响到别人对自己的评价。他们的实验是这样的：挑选一些漂亮的女大学生被试参加实验，心理学家在做实验前，假装给每个学生化妆，然后给她们一个很小的镜子，看一看自己化妆后的伤痕。这些被试被告知由于研究的目的，她们的脸要被化妆出一个伤疤，这个伤疤可能是在脸上、耳朵上和鼻子上。实际上这个伤疤是不存在的，因为在给被试看到伤疤后，心理学家告诉被试说需要用一些喷雾剂，使这些化妆伤疤不要扩散开来，实际上喷雾剂的作用是抹掉这些伤疤。但是参加实验的学生并不知道，以为自己脸上的化妆伤疤依然存在。这些知觉到的“伤疤”对被试会有什么影响呢？

他们发现了一个很有趣的现象，那些认为自己脸上有“伤疤”的被试，往往会对自己的行为过分关注，或者误认为别人的行为是对自己“伤疤”的反应。当对方表达出一些局促不安的行为时，被试往往认为对方是歧视、冷漠或者是嘲笑自己。实际上，对方并没有看到这些被试的伤疤，因为伤疤根本不存在。也就是说，**我们自认为存在的缺陷，实际上对我们的影响超过了对他人的影响。**在跨文化沟通中，我们自认为的特性，会影响到我们的行为，而不一定会影响到对方。而且这一研究还发现，自认为有某些特点、特性或者缺陷的人，往往对自己的行为也表达出很多过分敏感的反应。比如说，表现出非常强烈的自我防御，表现出歧视和对批评他人的倾向。

第二节 认同感的心理基础

认同感的心理学基础一直是心理学家感兴趣的问题，20 世纪 90 年代的主流心理学杂志上，就有将近 2 100 多篇文章与认同的心理学基础有关系。这些研究的基本看法就是认同感所产生的沟通障碍在很大程度上反映的是人类思维的局限性、人类情绪的社会效应、人类社会的不平等和个人的人格缺陷等。

一、认知的特性

认同感所带来的问题首先是由我们认知的局限所造成的，这种认知局限主要体现在以下几个方面。

第一，归类。归类是我们简单认识周围环境的一种方式。因为我们生存环境的复杂和多样，我们就需要对周围的环境进行各种各样的归类。一个生物学家可能将世界分为植物世界和动物世界，一个人就可能把所有人进行不同种族或国家的归类。通过归类，我们容易对他们进行不同的加工。如果我们知道一个人的团体归属，就很容易从他们的归属中推测这个人可能具有这一团体的共同特性。例如，知道某个人是篮球队员，我们就容易推测这个人身材比较高大；如果知道某个年轻人是清华大学的学生，我们就很容易假设他是一个聪明的学生。这种归类及其认知的倾向性，能帮助我们以最少的认知努力来获得最多的信息判断，这就是认同感的认知基础之一。

第二，知觉的差异和相似性。想一想下面这些物体，苹果和椅子，我们有一种强烈的倾向性，就是容易把某个内部的事物看得比其外部的事物更加相似。比如说苹果是红的，椅子是直背的，但是所有的苹果是否都是红的，所有的椅子是否都是直背的？它们之间的差异很可能比我们所知觉的差异要大很多。这与我们对人的归类也是一致的，当我们将人归成某一种类别的时候，比如，篮球运动员、数学家、政府官员，我们就可能倾向于夸大这些团体内部间的相同性，同时夸大他们团体外部之间的相异性。仅仅将人分成不同的团体，就能够引起一种对外团体判断一致的心理效应。这种感觉就是他们之间都很相似，但他们与我们又很不相同。其导致的结果就是认为别人的团体很相似，而我们的团体有差异。比如说我们容易认为欧美的国家很相似，但是我们亚洲国家之间的差异很大。同样很多美国人认为，日本人、中国人和韩国人都是属于同类的东亚人，而不知道这些国家的人们普遍认为彼此之间是有很大差别的。

椅子是一种有靠背、有的还有扶手的坐具。古代席地而坐，原没有椅子，“椅”本是木名。《诗经》有“其桐其椅”，“椅”即“梓”，是一种树木的名称。据文籍记载，椅子的名称始见于唐代，而椅子的形象则要上溯到汉魏时传入北方的胡床。

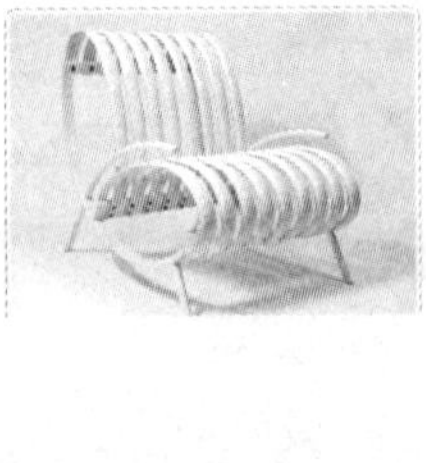

现在椅子的形状千差万别，但是其基本形象却已深入人心。

一般来讲，如果我们对某一个社会团体的熟悉与理解程度越高，我们越容易看到他们内部之间的相差性；相反，我们越容易夸大他们之间的相似性。我们很多人都有这样的认识，所有的外国人好像都长得差不多，同样许多外国人，也会认为所有的中国人都长得一样。我个人就有这样的经历，在去美国之前，我是分不清楚我所遇见的外国人长相的差别，经常错认所遇见的外国朋友。因此有很多令人尴尬的场面，到了美国之后，我逐渐容易记住每个外国人长相的差异。在对人的心理的认识上，我们也容易出现这样的知觉特性，容易将不熟悉的团体看做是铁板一块。

第三，显著性。你是不是遇到过这种情况，当你是一群人中唯一的男性或女性时，你就很容易变成引人注目的对象。通常这就让你变得更加突出，更有影响力，你的优点或缺点就有被夸大的可能性，而且你也很可能变成本性别的一个代表人物，人们也很容易将你的行为解释为你突出特征的影响。同样的道理，当你是一群文化中唯一的代表时，你也往往容易被看成是你文化的代表，容易被人用你的文化来解释你的行为。

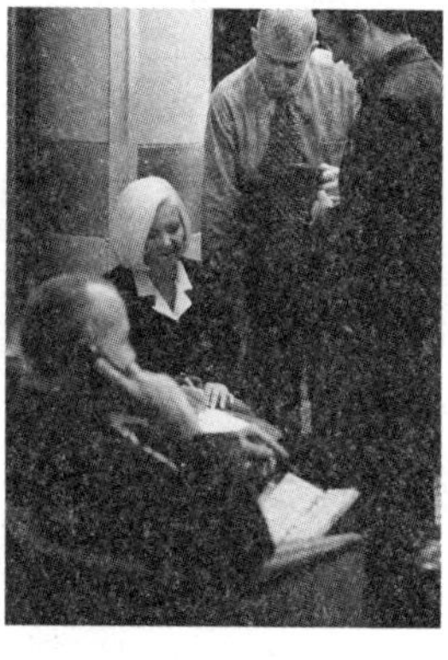

当你是一群人中唯一的男性或者女性的时候，你就很容易变成引人注目的对象。

哈佛心理学家蓝格和因贝尔（Langer & Imber，1980）很巧妙地研究了突出特征对人们判断的影响。他们请哈佛大学的学生观看一个读书人的录像，当这些学生认为自己是在观看一个非同寻常人的录像时，比如，这个人是癌症病人，或是百万富翁，或是同性恋者，学生就容易对他们的行为倾注更多的关注，他的一些不太引人注目的特点，也容易被这些学生注意到，而且人们对这些行为的评价也容易极端化。例如，当某个人被说成是癌症患者时，这些学生就容易注意到他的面部特征，或是行为特点，而且容易判断他与别人不一样；如果这个人被说成是一个普通的哈佛学生时，这些特点和特征往往就会被忽略。我们对突出人物的过分关注甚至可以让我们产生一些幻觉，认为他与其他人不一样，而这种差异实际上可能是不存在的。

奥运历史巨星之迈克尔·乔丹(Michael Jordan)是体育史上的奇迹。

科比·布莱恩特(Kobe Bryant)，生于1978年8月23日，美国NBA篮球运动员，现在效力于洛杉矶湖人队，是近年来公认的表现最佳的NBA球员之一。

老虎·伍兹(Tiger Woods)是一位划时代的伟大高尔夫球手，也是历史上首位进入PGA巡回赛的黑人高尔夫球职业选手，他创造了高尔夫球运动史的神话。

第四，鲜明的案例。我们的头脑有时会引用鲜明突出的例子作为我们思维的捷径。黑人是不是有运动的天赋？“当然了，乔丹，威连斯，科比，老虎·伍兹都是黑人，黑人当然有运动天赋。”由于我们与某一个社会团体有比较少的接触，我们就会从这些团体中找一些例子，然后推广到这个团体上去。这种从个别例子推广到整体的方式是有很多问题的。鲜明的例子虽然在头脑中容易被想起，但通常是不能代表一个大团体的。优异的运动员虽然很突出而且让人难忘，但这并不是判断一个团体运动才能的最好依据。有时候我们对例子的认识都很有可能是错误的，比如高尔夫球大师老虎·伍兹就有一半的亚洲血统。

二、情绪的反应

虽然认同感与知觉有很大的关系，但人类的情绪因素也是社会认同感产生的原因之一，挫折所带来的痛苦和愤怒往往也是对外团体仇视和产生敌意的主要原因。

心理学家很早就发现，当人类因为追求某种目标而遭遇挫折时会产生痛苦，这种痛苦往往让人们产生愤怒的情感，而与自己不一样的人和团体也就往往很容易成为这种愤怒情感的发泄点。德国在第一次世界大战中的失败以及德国后来的经济困难，使得很多德国人感到痛苦和愤怒，因此他们需要找到发泄目标。很多德国人就把犹太人作为自己的发泄对象，于是犹太人就不幸地成为这种强烈的民族情绪的替罪羊。

米勒和布吉尔斯基（Miller & Bugelski，1948）做了一个很著名的实验，来确认这种挫折与攻击的**替罪羊理论**。他们请参加夏令营的美国大学生表达自己对日本人和墨西哥人的态度，有的是在被试看了一场戏后做调查，有的是在被试看戏之前做调查，而这两组的被试都非常希望去看这场免费的戏。结果发现，那些在要求看戏之后做测验的学生，对日本人和墨西哥人的看法要明显好于那些看戏之前做测验的学生。因为，那些很想看戏的学生不得不在看戏之前做实验，实际上是一种自己对意愿的挫折，在挫折之后，人们很容易对外团体表达敌意。那些看完戏之后做实验的学生，意愿已经得到了满足，挫折感明显消失，相对而言对外团体更加宽容。因此，仇恨来自于挫折和失败，羞辱容易让人愤怒，这些反应的都是挫折与攻击的关系。

挫折感还有可能来自于竞争，当两个团体在争夺同一社会资源时就容易让双方之间产生敌意和仇视。那些受到挫折的人相对而言表现出较高的偏见和敌意。在中外的跨文化沟通中，西方人的某些敌意也很可能来自于与中国贸易竞争带来的挫折感。同样的道理，我们中国人也有可能在遇到挫折时，表现出较强的对竞争对手的愤慨。

三、不平等的社会地位

社会认同感的第三个原因是不平等的社会地位所造成的。马克思曾经指出，社会存在决定社会意识，在某种程度上对不同社会团体的认同和敌意，往往也是因为双方之间社会地位的不平等造成的。当这种不平等存在的时候，双方之间必须用某种方式去合法化自己的经济和社会优越感，或是合法化自己的敌意和反抗。这就是为什么富人往往认为穷人的贫穷是由于个人的懒惰、不负责任和缺乏雄心壮志。而穷人则认为富人是由于贪污腐化、违法犯纪和家庭背景才占有更多的财富。

马克思曾经指出，社会存在决定社会意识，对不同社会团体的认同和敌意，往往是由于双方之间的社会地位的不平等所造成的。

国际关系中的不平等，同样容易导致跨文化沟通中对自己的认识和对他人的认识不一样。在有冲突产生的时候，人们往往会采用某种态度来合法化自己的行为。当中国与美国是第二次世界大战盟友的时候，中美双方都将对方看做是朋友。而当双方处于冲突状态的时候，双方就会将彼此看做是敌人。

四、人格的弱点

不是说所有的人都会因认同感而产生问题，因为个人的特性也会影响到反应，以下这两种人格特性是比较显著的：

第一，对社会地位追求较高的人，往往有更强烈的社会认同需求。因为地位是一个相对的概念，为了感受自己有地位，我们需要与比自己地位低的人进行比较，从而产生心理上的优越感。心理学的研究发现，社会地位比较低的人相对而言容易去攻击那些社会地位较高的人；长得不好看的人，容易对那些长相漂亮的人产生妒忌或是敌意。也许当人们的社会地位比较稳定和让人满意的时候，那种追求优越感的需求可能要相对低一些。自尊心受到伤害的人容易对他人产生较多的敌意和仇恨，比如说我们都知道的马加爵案例，其部分原因就是由于先前他的自尊心受到伤害，因此，这样的人往往很容易对比自己地位高、条件好的人产生敌意和攻击行为，而对那些比自己地位低的人，往往会有比较友好的态度。

第二，具有强烈的权威人格倾向的人，容易对外团体人员产生敌意和攻击倾向。权威人格强的人，在儿童时期通常受到了很严格的纪律教育，这种教育使得他们经常不得不压抑自己报复的冲动，而将这些敌意和冲动投射到不同的外在团体身上。权威性人格强的儿童，容易使自己产生不安全感，从而促使他们过分地关注权力、过分地服从那些有权力的人，或者是攻击那些社会地位比他们低的人。这也就不难解释那些在跨文化沟通中，倾向于排斥和仇视外团体的人，通常具有较强的权威性人格和比较僵化的思维方式，他们难以接受和容忍与他们不同的思想、概念和人。

第三节 认同感的心理后效

认同感对跨文化沟通的影响，主要表现在它会产生某种特定的情绪，特定分析事物原因和结果的方式以及特定的行为倾向。

一、特定的情绪反应

社会认同理论发现认同某一个团体不仅定义了你的团体特性，同时也定义了你所不属于的团体特性。也就是指我们在说“我们是谁”的时候，同时也定义和排除了“他们”。这样仅仅将自己归结为某一团体，就会启动自己对本团体的偏好，并且排斥其他团体。几乎所有的孩子都会说自己的学校比别的学校要好，北大的学生很可能会认为北大要比清华好，同样的，清华学生也会认为清华要比北大好，实际上这两个学校的水平应该是很接近的。同样地，湖北人多半认为湖北要比湖南好，而湖南人则会认为湖南会比湖北好，这种简单的分类会引发对本团体内部人员的信任、偏爱和喜好。

对本团体的偏好，也是人类追求正面自我概念的一个方式。我们如此关注本团体，是因为它给我们带来了正面的自我认识。泰吉弗尔(Tajfel，1970，1981，1982)和比尔戈(Billig，1974)发现一些随机的甚至是毫无意义的团体区分，都可能造成对本团体的偏好和对外团体的敌意。例如，根据驾照的最后一位数字将人分为奇数组和偶数组，就可以让分入该组的人更喜欢本组的其他人却不喜欢另一组的人。在一个实验中，他们请英国的青少年评价现代抽象派绘画，然后告诉他们其中有些人喜欢达利的绘画，有些人则喜欢康定斯基的绘画。最后大家都得与其他小组的成员见面，并分配一定的奖金数额，结果发现这些青少年倾向于给那些与自己具有相同绘画偏好的人更多的奖金，而给喜欢另一位画家的孩子更少的奖金。

萨尔瓦·多达利(Salvador Dail)，1904年5月11日生于西班牙菲格拉斯，1989年1月23日逝世。他是西班牙超现实主义画家和版画家，以探索“潜意识的意象”著称。与毕加索、马蒂斯一起被认为是20世纪最有代表性的三个画家。达利1937年的绘画作品《那喀索斯的变形》。

达利1980年的青铜雕塑《燃烧中的女人》

瓦西里·康定斯基(Kandinsky，1866－1944)，现代艺术的伟大人物之一，也是现代抽象艺术在理论和实践上的奠基人。瓦西里·康定斯基1913年的油画作品《以绿色为中心的作品》。

康定斯基1910年的作品《第一幅水彩抽象画》，这幅作品通常被视为抽象绘画诞生的标志。

设想一下，如果我们的团体比较小，或者说与其他团体相比社会地位较低时，我们是不是更容易表现出对自己团体成员的偏爱？当我们是一群被大团体包围的小团体时，我们可能会更容易意识到自己团体的特点。因此在跨文化沟通中，那些处于弱势群体的沟通者，可能更容易意识到自己团体的特性，从而做出相应的行为反应。

二、特定的行为倾向

当我们与外团体的成员进行沟通时，团体间的差异就容易受到社会偏见的影响，这种影响往往是通过心理的惯性来维持的。特别是当这种影响是被社会所接受和提倡的时候，很多人都会没有任何犹豫和反抗的追随这种影响。这种从众的倾向性某种程度上来说并不是说对其他人有什么敌意，而仅仅是希望得到自己团体的认同。

三、特定的思维方式

我们在解释其他团体中的人的行为时，通常会忽略社会环境的影响，而夸大了它的内在特性。这种误差的产生，一部分原因是我们的注意力集中到了人身上，而不是环境。一个人的文化和种族特性是鲜明的；而环境的影响往往是在背后产生作用，因此不大容易被引起注意。例如，在解释男性和女性社会地位差异的时候，我们就很容易将其归于两者之间的生理特征，因为这些特征是鲜明突出的。而社会的文化及规范对二者的影响和限制，往往容易被人忽略。

还有一种容易出现的认知倾向性，就是容易认为生活中的不公平是由人本身的原因造成的，而不是由社会的不公平造成的。人们对社会不公平的冷漠，不是因为他们不关心公平，而是因为他们没有看见不公平。所有这些思维的特性，使得那些具有较高社会地位的人，容易认为自己的成功是由自己的原因造成的，而别人的失败，是由他们自己的原因造成的。

四、刻板成见

强烈的社会认同感所产生的另一个心理效应，就是对外团体成员的刻板成见。刻板成见是一种泛化的、对外界团体成员的概括。我们经常泛化对外团体成员的印象，比如说英国人的绅士风度，法国人的浪漫，美国人的外向，和德国人的严谨。这种刻板印象的存在，很大程度上是因为我们不太愿意为获得某种信息而花费过多的时间和精力。

英国人的绅士风度深入人心，是传说还是生活？

执著、认真、严谨是德国人给我们留下的刻板印象。

法国人的浪漫举世闻名，是美誉还是现实？

美国人历来以性格外向，热情直爽，不拘礼节而著称，有多少是科学的结论？又有多少是文化人的想象和创造？

这种刻板成见所带来的负面影响，就是它很有可能伤害那些被刻板印象化了的人。社会心理学家阿尔伯特(Allport)在其著作《偏见的本质》一书中，总结出15种偏见受害者可能的心理反应。阿尔伯特相信这些反应可以简化为两种，一种是自我责备(退缩、自我厌恶和对自己团体成员的敌意)；另外一种是对外部原因的责备(攻击、怀疑和夸大本团体的优越等)。心理学家发现，那些受到刻板印象威胁的人，有时还会产生某种焦虑，从而影响到自己的行为。斯坦福大学心理学家斯蒂尔(Steele)发现，成绩优秀的女生，如果相信男生和女生在数学成绩上有差异的话，那么她们在做数学测验时，会产生一种可以被评估的焦虑，这种焦虑增加了她们的心理负担，往往会影响到她们的考试成绩。

这就是说，刻板成见的问题就是当成见被人们所熟悉和接受的时候，它们就会变成可以自己实现的预言，使得人们的行为变成与刻板成见所描述的一样。

如果刻板成见能影响人的行为的话，那么正面的刻板成见是不是能让人受益呢？研究表明，这种可能性是存在的。哈佛大学的亚裔女生，如果被提醒到她们的种族认同感时，她们的成绩就会提高，因为对亚裔的刻板印象就是亚裔的数学成绩都很好。当这些女生被提醒到她们的性别认同感时，她们的数学成绩就会变差，因为对女性的刻板印象就是女性的数学能力不如男生。由此可见，刻板印象影响到人的行为，而行为的表现是与刻板印象的方向是一致的。

由于我研究的方向主要是对中美文化的比较，所以我也很关心中美两国人民之间对对方的印象，结果发现很多的看法和印象都是刻板印象，也就是说，它是一个泛化的、不正确的看法。例如，美国人对中国人的刻板印象就可以列出如下几点。

第一，“所有的中国人都会一点功夫”，实际在中国会武术的只是少数人。

第二，“中国是个古老的、神秘的国家，是难以理喻的国家”，实际上我们没有必要过分宣传自己是个神秘的国家，而更应该强调我们国家是开放、透明的，与其他国家在很多方面相似。“神秘”在中文里是个褒义词，但是在英文中有可能是贬义的词汇。

第三，“中国的文化几千年没有变化”，这也与历史事实不符合，中国文化几千年来的变迁和发展，恐怕连我们中国人自己都没有几个能说清楚。

第四，“中国人的数学很好，是因为中国人有数学天赋”，这忽略了

中华武术的博大精深，侠义精神的世代传承，是我们民族的瑰宝，但是实际上只有少数中国人才会功夫。

中国教育对数学的重视，和中国人学习数学的积极性要远远高于西方的青少年。

第五，“中国妇女都很温顺、听丈夫的话”，这恐怕与我们大家平时经常听说的“河东狮子吼”“妻管严”相矛盾。

我们中国人对美国人也存在刻板印象，例如我们认为：

第一，“美国人不关心家庭”，实际上美国人关心家庭的程度不一定比中国人差。

第二，“美国人的性生活很散漫，有性病的人很多”，其实由于美国的宗教观念，一般的美国人性生活不是那么放荡、随意，美国的女性也不是像《欲望都市》的女主角那样总在追求性生活。

第三，“美国人都很有钱”，美国的穷人也有很多，美国的中产阶级在生活上也是很节俭的，由于美国的税收和高福利政策，在美国家庭可支配的现金是有限的。

第四，“美国的犯罪率很高，因此美国是个危险的地方”，其实美国的犯罪率并不一定比其他国家高很多，而且美国的犯罪与少数民族的比率相关很大，也可能与媒体的频繁报道有很大的关系。

并非所有的美国家庭都很富裕，实际上穷人社区也分布在城市的各个角落。

第五，“美国的犹太人控制了政治、经济”，实际上犹太人在美国是受到基督教和天主教的排斥，反犹太人的思想在美国还是存在的。

第六，“美国的学生都不爱学习”，美国优秀学生其勤奋程度一点也不比中国学生差。

第七，“美国人都有枪”，事实上美国枪支拥有率不到20%。

第八，“美国人都喜欢吃麦当劳、肯德基和必胜客”，而实际上这些食品在美国都被称做“高热量食品”，大多数美国人不喜欢吃。

第八章 文化心理的障碍

跨文化沟通最大障碍恐怕是文化心理的差异所造成的误解和敌意，这种障碍会随着文化交流的增多而日益增加。这种差异由于与自己的文化和心理有很大的关系，因此往往很难被我们所理解和接受，这就造成了跨文化沟通的困难。

文化心理的差异也可能存在于同一国家的不同民族之间。尽管当这些民族分别处在疏远和隔离的情况时，人们对他们的认识很可能只是书面的和间接的，因此不大可能会造成沟通的问题。但是，随着迁徙和经济的发展，很多同一国家内的不同民族也越来越成为跨文化沟通的对象。

20世纪的一个重要现象，就是国家之间的大量移民。19世纪英国作家凯普林(Kipling)曾说："东方是东方，西方是西方。两者间是永不相遇的。"但是现在东方和西方随时随地都在相遇。很多韩国人把中国当做自己的第二故乡，很多中国人移民到了美国，在德国有很多土耳其移民，这些都表明每个国家都在成为各种文化的混合体，这就使得跨文化沟通即使是在同一个国家也是很有意义的事。

随着国际间移民的风潮正盛，很多韩国人把中国当作了自己的第二故乡，很多中国人移民到了美国。

第一节 行为的异同

很多人类的行为是由社会因素决定的，而不是由基因因素决定的，因此很多行为不能从生存需求的角度来理解和解释，而只能从文化差异的角度来比较。美国社会学家罗伯逊(Robertson，1987）曾经风趣地写到："美国人吃牡蛎，但是不吃蜗牛；法国人吃蜗牛但是不吃蚱蜢；祖鲁人吃蚱蜢，但是不吃鱼；犹太人吃鱼但不吃猪肉；印度人吃猪肉但不吃牛肉；俄国人吃牛肉但不吃蛇；中国人吃蛇但是不吃人；新几内亚的佳南人发现人肉很美味。"在我们中国，很多地区也存在文化差异，像广东人喜欢的美食就并不全被其他地区的人所喜欢。这种食物的偏好，有时还会带来一些麻烦，比如说广东人爱吃的果子狸就是造成非典的罪魁祸首之一。令人不可思议的是，即使是在非典肆虐的时候，有人还是在偷偷地吃果子狸。有时，这种食物偏好的文化差异，甚至会成为国际纠纷。例如在汉城奥运会之前，韩国人所遭受到的最大的批评就是围绕"狗肉"问题而展开的。

为了了解自己文化对行为的影响，我们只需要去接触另外一种文化，观察这种文化中成员的行为差异。当一位中东的国家元首以亲脸颊的方式来欢迎一位美国总统时，美国总统会感到不舒服，甚至愤怒。当一个中国学生习惯于对尊重的老师敬而远之时，就会觉得美国大学里学生对待教授的态度非常地奇怪和不礼貌。我刚到伯克利大学的时候，慕名参加了诺贝尔化学奖获得者李远哲教授的一个报告会，让我感到吃惊的是当另一位德高望重的诺贝尔化学奖获得者在报告进行之中走进教室的时候，没有一个美国人把自己的座位让给他。而这位美国教授很自然地站在教室后面的角落里听完了报告。美国人的行为对于很多来自东方文化的师生来讲是不可理喻的，我很明显地感觉到当场有很多中国学生坐立不安，很想让位，但是迫于当时的情势，却不敢站出来把自己的座位让给这位老教授。

在世界很多地方，对某种行为好坏的定义，可能是完全不一样的。送主人一个礼物，主人是否马上打开，就有很大的文化差异。美国人必须当面打开礼物，并表示感谢，即使这个礼物不是你喜欢的，你也得微笑着感谢对方的好意。心理学家发现，即使5岁的美国孩子，也学会了这种行为规范，当别人送给他一件他不喜欢的礼物时，他也会微笑地表示感谢。在中国文化中，接受礼物的行为正好是相反的，你不能当着客人的面打开他所送的礼物，以避免出现尴尬。

所有的文化都有着本文化认为可以接受的、合适的行为。我们经常将这些社会期望或者规范看成是限制人类行为盲目服从传统的负面力量。规范确实限制或控制着我们，但是规范不总是负面的，因为人类的规范很多都有它存在的必要性，这也是提高人的社会性的重要机制。在某种意义上讲，规范就是水，人类就是鱼，脱离了水的鱼是无法生存的。同样的道理，由于每一个人都浸染在自己的文化中，只有当自己跳出已有的文化大海，我们才能意识到它的存在。

同样一个礼物，美国人接受礼物时所应该持有的礼仪态度，就与我们中国人的大相径庭。

美国的心理学家罗文(Robert Levin)就有意识地对不同文化的生活节奏做过观察，他在31个国家做了实证的行为观察，并主要采用了三个观察指标：第一，不同国家的人走60英尺的平均速度；第二，每个不同文化的邮局工人贩卖邮票的速度；第三，每一个国家里随机挑选的银行墙上钟表的准确程度。结果发现每个国家在这些指标上的得分指数都是不一样的。一般而言，工业化程度越高的国家，生活节奏越快，这表现在他们的行走速度相对而言更快，时钟的准确性更高，公务员的办事效率也更高。另外，这些行为的差异也与人口密度有关。人口密度越高的地方生活节奏越快，人口密度越低的地方生活节奏越慢。同时，这还与气候有关，温度越高生活节奏越慢，温度越低生活节奏越快。

虽然行为规范随着文化的差异而不尽相同，但人类社会还是有很多共同的规范。最普遍的是对乱伦的禁忌：父母不能与自己的孩子有性关系；兄弟姐妹之间也不能有性关系，每一个社会都反对乱伦。由于近亲结婚会对后代产生影响，所以进化心理学家能很容易理解为什么世界各地的人都自然地反对乱伦。

不同地方的人也有相同的友谊规范。阿格耶和亨德森(Argyle&Henderson)通过在英国、意大利、中国香港、日本所做的研究，发现虽然在定义朋友的文化规范上有差异(比如说在日本，一个很重要的规范就是不要公开批评一个朋友)，但还是有很多很明显的普遍规范：尊重朋友的隐私，在谈话时与朋友进行眼神交流，要为朋友保守秘密等。这些都是有关友谊的普遍规则。破坏这些规则，友谊就会破裂，所有的文化基本上都遵循这些友谊的行为规范。

布朗(Brown ，1965，1987；Kroger & Wood，1992) 还注意到另一种跨文化行为规范。他在被研究的27种语言文化中发现，由于有社会等级差异的存在，人们在称呼其他人时，所使用的方式是受等级差异影响的。一个较低社会地位的人，在与一个有较高社会地位的人谈话时，采用称呼都是尊敬的方式，就像他们在称呼一个陌生人一样。比如，病人叫医生："王医生"或是"彭教授"、"李主任"等。而一个有较高社会地位的人称呼一个有较低社会地位的人时，通常采用的是比较随意的、亲密的、直呼其名的方式，甚至像称呼朋友一样。所以医生可以叫病人的名字，老师可以直呼学生的姓名，上级可以叫下级"小李"。

布朗发现的跨文化称呼规范的第一个原则是："称呼别人的方式不仅反映了社会距离，同时也反映了社会等级差异。"这一原则与第二个原则也是相关的："亲密关系的发展通常是由社会地位较高的人来引导的。"在欧洲——如果人们希望增强他们之间的亲密性时，你认为谁更应该是主动者呢？在很多亲密环境下，年老的，较富裕的，或者地位高的人就会首先建议说："我们为什么不用'你'来称呼彼此呢？"因为"您"是一个正式的、礼貌用语，而"你"更显亲密。

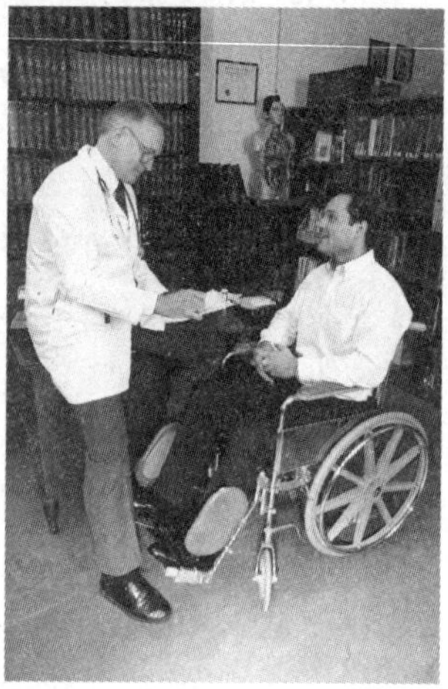
病人一般都比较尊敬医生，因此很少会对医生直呼其名。

这一规范不仅仅在语言上有所反映，在任何形式的亲密关系发展上都有反映。向下属或朋友借一支笔，比从上司或陌生人那里来得更加自然和容易。从这个层面上，我们可以说高社会层次的人是亲密关系发展的控制者。

从某种意义上讲，我们最重要的相似性也就是我们这个物种的标志性特点，就是我们的学习和适应能力。进化使我们能够在一个变化的世界中创造性地生活，促成了我们的文化差异。是否能将美丽与苗条的体型等同起来完全取决于我们生活在什么地方或什么样的时代。我们是夸夸其谈还是谨言慎行，是一本正经还是任性妄为，这些在很大程度上都取决于我们生活的文化。因此文化的差异才是恒久不变的文化相似性。

第二节 情感活动的异同

情感是人类表达内心体会的一种方式。这种方式的主要作用就是社会沟通。当我们环顾四周时，会发现有人在微笑，有人面无表情，而有些人则在哭泣。所有这些都是一种社会信号，用来让人们知道个体的主观感觉，同时它也作为一种社会信号，用来引起别人的同情或共鸣的，方便我们与周围的人进行沟通并获取反馈。

日常生活中，各种各样的情感表情为我们提供社会信号，以方便沟通与反馈的顺利进行。

情感信号更能准确地反映一个人的真实感觉。在跨文化沟通中，情感活动不仅是沟通的场景因素，同时也是判断沟通成效的一个重要指标。如果沟通顺利，我们会有积极的情绪体验；如果沟通不顺利，我们就会有负面的情绪体验，而这些情绪的体验，反过来又影响到沟通的过程、方式和效果。

要了解情感活动的文化差异，我们得了解人类为什么会有情感，情感活动有哪些具体的过程和情感的作用等。查尔斯·达尔文(Charles Robert Darwin)认为情感活动具有个体生存和适应价值，我们具有相同遗传神经结构和生理学特性，以表达自己的经历和情感。这种相似性甚至在不同物种之间都存在，也就是说哺乳动物具有很多跟人类一样的表达情感的生物学基础。因此，有一些基本情绪可能都是相同的，比如快乐、恐惧、愤怒、厌恶、悲伤等。这些情绪具有进化的意义，能帮助我们适应环境，并解决那些对生存至关重要的问题。

达尔文（1809—1882)，英国博物学家，进化论奠基人。他认为情感活动具有个体生存和适应价值，我们具有相似的遗传神经结构和生理学特性，这种相似性甚至在不同的物种之间都存在。

关于情绪表现具备生存价值的例子有很多，例如，恐惧的面部表情，可以送给我们的同伴一种“有危险”的信号，以帮助我们逃离危险的境地；恶心的面部表情，表明食物可能已经腐烂，减少变质食品对我们的伤害；哭喊能够表示需要帮助。情感在现代生活中，同样具有生存实用价值，因为它能够表明我们对外在环境做出了怎样的反映。加入一个新团体时，我们会用微笑表示友好；在面对威胁时，会表现出恐惧或愤怒；在和同伴竞争时，会表现出受到伤害或嫉妒。所有的动物都具有最基本的情感表达能力这一事实支持了我们的观点：情感是进化的产物，因为它们具有适应价值和生存价值。如果它是进化产物的话，那就表明人类无论是来自何种文化，都会具有相同的情绪表达的生理基础。有些基本的情绪活动，可能表现出很多的跨文化一致性。

我们通常用微笑来表示友好，事实上美丽微笑也确实能融化人心。

面对威胁和冲突时，动物和人一样都会表现出愤怒情感。

通常而言，情感活动有四个阶段：首先是评估阶段，也就是个体对所处的环境特别是其中的刺激物(事件、目标、想法)进行解释和估量的过程；其次是主观感觉过程，也就是对这些刺激做出自动化的反应，是高兴还是不高兴；再次是生理反应阶段，如心跳变化或呼吸变化等；最后是行为表现过程，如微笑或哭喊等表达情绪的行为活动。

举个例子，想象我们正在大海中游泳，突然看到一个大鲨鱼正向你游来，这一事件包含某一情感的四个组成部分：你首先解释这一刺激，即看到的是一个鲨鱼而不是其他的动物；然后你产生了一个情绪感觉，如恐惧；马上你会产生相应的生理变化，心跳加速等；最后你再表现出自己的行为，害怕的面部表情或者尖叫并逃跑等。

当正在大海里游泳的人看到鲨鱼奔来时，头脑会迅速地做出加工，从而产生一系列的情感体验。

为什么文化会影响到人类的情感活动呢？

不同的理论对于情感受文化影响的程度和方式做出了不同的解释。我们认为主要体现在四个方面。

情感活动需要考虑社会情境，而社会情境则是文化的产物。马斯基德和弗吉德(Mesquita and Frijda)提出了**焦点事件**概念，指出不同文化中的人所关注的特定事件也不同。这些特定的典型事件决定了不同文化的人所建立的情绪体验也不同。例如，个人主义和团体主义的文化背景，就决定了这两种文化中的人所关注的焦点事件有差异。因此，在回顾、编码和加工这些事件时，他们的判断就会不同，由此产生的情绪体验也不同。

根据个人主义和群体主义的理论观点，个体主义文化，如欧洲文化和北美文化，强调自治、独立、与众不同，强调个人内在独特的重要和作用。群体主义文化强调集体成员互相依赖的关系方式，强调集体的归宿感。这两种文化中的人所欣赏和接受的情绪活动，可能就会有比较大的差异。有研究表明，美国人所欣赏的积极情绪，通常是与个体的独特性和成功相联系的。而东方人所经历的积极情绪，往往是与团体关系的维持相联系的。所以，美国人的好心情常常伴随着自信、骄傲和得意洋洋；日本人的好情绪往往与和谐、团结一致相联系。让被试回顾一周内的情绪变化，西方人表达的情绪波动，常与个人的内心体会相一致。而东方人的情感波动，往往较容易出现合拍的倾向性，也就是说亲密的伙伴、朋友和同事之间的情绪变化，在东方国家，有较多的同步倾向，而这种同步现象，在西方文化里较少出现。但在非常条件下，西方社会也会出现情绪同步现象，如9·11事件后的集体情绪反应等。

1. 文化特定的情感

很多研究者描述了某一特定文化所特有的情感活动。早期记录下来的例子包括马来文化中的杀人狂状态和拉塔病状态，这些在西方文化中是找不到对应的情绪活动的。这是一种由恐惧、杀人冲动和性满足相结合的情绪体验。到现在为止，心理学家还不能准确地描述这种情绪状态到底是什么。日语和汉语中的一些情感描述，例如日语中“amae”没有明确对应的英语解释。它指的是一种被保护的放纵情绪，就像一个热爱自己母亲的孩子，会故意惹母亲生气来赢得母亲的关爱。关于这种特殊的情绪体验，近几年来报道越来越多。因为很多的人类学家和语言学家相信，人类的情感完全是由语言来决定的。但是心理学的研究认为这种观点过于绝对，人类的情绪体验，还是有很多共同性的。

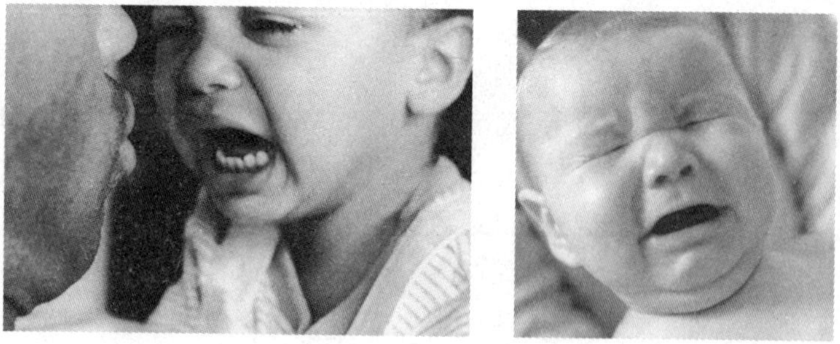

小孩有时会以故意哭闹、惹父母生气，来引起父母更多的关注。

2. 面部表情的文化差异

虽然有大量的证据表明面部表情具有跨文化的一致性，但是在不同文化中，表达方式还是有很大差异的，人们对于这些面部表情的反应也是有差异的。例如，与美国人相比，日本人更难区分害怕、厌恶和愤怒等负面情绪的面部表情，因为日本文化不提倡直接表达这些负面情绪，久而久之，使得日本人对这些负面情绪，没有精细的区分能力。有些偏僻的文化也经常分不清惊讶和恐惧，因为在这些文化中，令他们吃惊的事物，往往都是一些危险的事物，所以惊讶和恐惧是经常一起出现的。

3. 情感表达的文化规则

在情感的表达强度上，也是有很大的文化差异的。任何文化都有自己的规则，决定了在什么时候、什么条件下该文化的成员应该如何表达情绪，这些规则在心理学中被称之为**情绪表达的规则**(Display Rules)。心理学家发现，这种规则是随着年龄的增加而逐渐获得的。相对于成人来讲，儿童的情绪表达是比较自发的，而成人的情绪表达则更多地受到社会文化的影响。随着社会的复杂化和多元化，人们所掌握的情绪表达规则也越来越多。许多的情绪表达规则不仅具有文化差异，还具有情境和对象的差异，同样的愤怒情绪，在某些场合的表达是可以接受的，而在其他场合，则很可能是不被人接受的。性别也对情绪的表达有影响，有些情绪女性是可以表达的，而男性则是不能表达的，反之亦然。“男儿有泪不轻弹”，就是限制男性表达悲伤情绪的一种规则。而强忍悲痛泪不轻弹的女性，则可能被误解为过于冷漠或铁石心肠。

情感表达的文化规则决定了一个人在不同时间和不同地点如何来表达自己的情感，及所要表达情感的强度。在伊努伊特人中，愤怒是不允许表达的；但是在某些阿拉伯文化中，不表达愤怒则是错误的。日本文化中，在公众面前表达强烈情感是不受人欢迎的。而美国人则习惯夸大他们的情感表达，以达到影响和沟通的作用。因此，情感的表达规则是文化对人类情绪活动最大的影响原因之一。

即使在同一种文化中，不同区域和不同社会阶层的人在情绪表达上也是不同的，尼斯贝特对美国南方地区人和北方地区人的情绪反应做过一系列的研究。他发现，在个人受到侮辱的时候，南方地区的人产生报复的冲动要远远高于北方地区的人。他认为，这些情绪反应的差异，或许能够解释为什么美国南方地区的报复杀人案是北方地区的2.3倍。

另外一项研究比较了中产阶级的美国人和社会下层的美国人在家庭内部交流情感的差异。中产阶级的美国人与孩子之间有更多的情感活动和情绪交流，谈到的个人体会也很多，在遇到负面情况的时候，他们采用的是转移的策略；而社会下层的美国人则更多地采用强制策略。当孩子要哭的时候，中产阶级妈妈会鼓励孩子“多想想快乐的事情”；而处在社会下层的妈妈则会直接冲着孩子喊“别哭了”，或者是“闭嘴”。

美国的中产阶级在与孩子的交往中，会流露出更多的耐心和鼓励。

文化对人类情绪表达最极端的影响，就是有时候要求本文化的成员带上一种“情绪的面具”，以维护文化的价值和行为规范。在美国，很多的服务行业要求员工始终面带微笑，尽量控制个人情绪体验对商业行为的影响，这就是一种由企业和组织所要求的“情绪的面具”表现。文化所要求的“情绪的面具”，相对而言没有如此生硬。因为，作为文化的要求，我们已经从小就学习到了，所以，使用起来就很娴熟和自然。在美国，即使是三岁的小孩，在收到自己不喜欢的生日礼物的时候，都会有礼貌地微笑表示谢意。

在听到别人的赞扬和恭维时，美国人和中国人的回答是不一样的：美国人一般表示接受赞扬并用坦然的语言表示感谢；而中国人会不知所措，表示自己受之有愧，甚至反复地予以否认。这是因为在中国的传统文化中，谦虚是一种美德，应该推辞别人对自己的赞扬和恭维。这就是我们中国人在听到赞扬时所带上的一种“情绪的面具”。

例如，一位中国青年妇女在美国，身上穿着一件漂亮的服装。当别人对她说：“这件衣服真雅致，颜色美极了。”这位中国青年妇女很高兴，但有些不好意思，就按中国习惯回答说：“这是件普通的衣服，我在中国国内买的。”这位青年妇女的回答，在我们中国人的眼里看来，是无可厚非的，但这在美国人看来却有责备赞扬者的意思。对方会认为该青年妇女的意思是说对方不识货、鉴赏能力有问题，对一件普通衣服如此大惊小怪。双方的意图和所要传达的信息就有了很大的差异。

中国人在接受礼物时，多半会客气地埋怨对方不该破费，有时竟让对方把礼物拿回去；有的则是先客气一番，然后将礼物搁置一旁，转入其他话题。待客人走后，才把礼物拆开。中国人在接受礼物时一般会说：“哎呀，还送礼物干什么?”“真是不好意思，下不为例”“让您破费了”等等。美国人在接受礼物时，一般会当着客人的面马上打开，并会立即说“It’s very nice”“ That’s just what I wanted”“Thank you for your present”之类的赞美话以示感谢，不辜负送礼人的一片心意。这两种文化对礼品的不同反应，正好就是两个不同的“情绪的面具”。

第三节　思维方式的差异

广义来讲，思维指人们处理信息的过程。我们每个人每时每刻都在处理信息，而对于信息的需求是人类的普遍属性，这一属性是超越文化差异的。我们不妨先来看看思维具有哪些跨文化的一致性。

第一，无论是哪个文化的成员，都必须去处理从感知器官获得的信息，因此基本的感知过程是不受文化差异影响的。

第二，无论是哪个文化的成员，都必须对感知器官和所获得的信息进行分类，也就是说对于我们周围的许多事物要给出一些相同的名称，以方便我们对这些信息做出处理。归类的方式可以是根据事物之间的相似性来归类，或者是根据事物之间的功能一致性来归类。无论我们采取那种归类方法，我们都需要利用归类这一思维过程，来减少我们的认知负担。

第三，无论是哪个文化的成员，都必须记住大量的信息，也就是说记忆这一心理过程本身，是没有文化差异的，否则我们就不可能对我们生存的环境形成稳定的认识。即使犯有失忆症的人，他们都会记住自己的身份和爱好，虽然他们很容易忘掉经历过的事情。

第四，无论是哪个文化的成员，必须具有思考问题、理解问题和判断问题的能力，都会思考事物之间的因果关系。根据因果关系和自己的思考，做出适合自己意图的行为。

第五，无论是哪个文化的成员，我们都会对认为重要的事情、关系、人做出积极的反应和偏重，也就是说我们都会根据人的亲疏远近和事物的轻重缓急，来做出恰如其分的反应和选择。

虽然思维具有很多跨文化的相似性，但是思维方式还是有很大的文化差异，这种差异对跨文化的沟通会有妨碍的作用。这些文化差异主要体现在以下四个方面。

第一，在思维方式的应用过程中，文化会起到决定性的作用，也就是说思维的过程会受到文化背景的影响，而思维本身的机制可能是跨文化相似的，就像语言一样。语言本身的功能可能是跨文化一致的，但每种语言的表达过程是不一样的。因此，虽然不同文化的人都会对因果关系的分析有同样的要求，但如何进行因果关系分析，特别是它的侧重点上就会有跨文化的差异。

第二，文化的差异也会体现在思维所处理的内容上。因此，虽然我们都进行思维，但是思考的问题绝对不会是一样的。中国人可能会倾向于较多思考中国文化的特殊问题，而美国人更倾向于思考美国文化所感兴趣的热点问题。

第三，文化对思维的影响，还体现在某种思维活动产生的情境中。维果茨基(Lev Semenovich Vygotsky)就曾经谈到过，“思维从来不是产生在真空之中的，而是产生于人的社会活动之中”。我们的思维不是为了简单的思维游戏，而是与我们的生存紧密相关的。而我们生存情境，在很大程度上又是具有跨文化的差异性的。很多情况下，思维的情境就是文化差异的重要来源。

维果茨基，白俄罗斯人，苏联(俄国)的心理学家，社会文化历史学派的创始人，是著名的教育家和心理学家。

第四，文化还会对那些高级感知过程，或者复杂的心理能力产生巨大影响。人往往不是对感知过程简单地做出反应，而是做出有意义、有价值、带情感的加工。中国古语讲：“感时花溅泪，恨别鸟惊心”，这就不光是看花闻鸟这样的简单感知，而是要把自己的更复杂的心理体会加在简单的感知过程之上。这些简单感知之上的复杂心理能力，往往是由不同的文化经历所造成的。因此，人的心理能力越复杂，他所受到的社会影响就越大。

1. 经验对感知的影响

对人类感知的不同认识有两类哲学思考。一种是自然主义的哲学，认为人的感知是人类神经系统对外在世界的反应，也就是说外在事物作为信息输入到人的神经系统之中，被人脑所接受、加工并呈现出来，因此，意识是人对外在的客观反应。而感觉的经验主义则认为，人对客观世界的认识是受到人的经验和感知者的心理和生理状态影响的。柏拉图就曾经以山顶洞人来说明感知的经验主义思想，他认为：一个生活在洞穴里的人，是不会看到洞外的一棵大树，但是他可以看到这些大树在洞内墙上的阴影。久而久之，这些感知者就会把这些阴影当作客观存在的现实。但是如果有一天住在洞里的人走出山洞，那么他就有可能把自己亲眼所见的树看做是虚假的存在，而把那些反射在墙上的树影当作真实的存在。这就是说，凭经验所认识的世界对这个人来讲可能比客观存在更有意义和价值，可能更容易被认为是客观的。

柏拉图（公元前427—前347），是古希腊最著名的唯心论哲学家和思想家，是西方哲学史上第一个使唯心论哲学体系化的人。

贝克莱（George Berkeley）是英国经验主义哲学家。

康德（1724—1804年，Kant，Immanuel），德国哲学革命的开创者、古典哲学的奠基人，是近代西方哲学史上二元论、先验论和不可知论的代表，对自然科学有着巨大的贡献。

英国的哲学家贝克莱(George Berkeley)也提出过一个有名的经验主义悖论，来证明客观现实其实并不完全是客观的，它会受到人们经验的影响。例如，从传统的哲学观点上看，一个物体在同一时间内不可能既是冷的又是热的，它们必须共同作用来产生人对现实的认知。贝克莱就认为假设你的一只手在热水里泡过，而另一只手在冷水里泡过，而再将这两只手放入同一个容器里，那么你对水温的判断，就会受到你的手的前面经历的影响。这个容器里的水，对你的一只手而言水温是冷的，而对你的另一只手而言水温又是热的，这就产生了伯克利悖论，即同一个事物在同一时间内既可以是冷的又可以是热的。而这一悖论成立的根本保证就是经验的影响。

经验对知觉的影响，不仅表现在对事物物理特性的判断上，还可以表现在对人的心理活动的不同判断上。例如，西方人认为个人的情绪表达是属于个人自己的行为，因此它不应该受到别人的影响。对一个事物是否喜欢，应该由个人来做出判断，而不应该受到他人的影响，或者是由他人来做出。而中国人则会认为，个人的情绪反应是随环境的变化而变化的。因此，寻找环境的线索，来了解和判断一个人的情绪反应，是东方文化所欣赏的技能。当一个中国人，看到别人微笑的表情时，不那么容易就认为这个人的情绪反应是正面的。而会从正反两个方面去考虑判断是正确与否。我们中国人习惯隐藏自己的情绪，倾向于根据不同环境来表达自己的情绪。有时礼貌、等级、关系亲疏等外在因素，都会影响中国人的情绪表达。所以，一个中国人对外在情绪的判断，就会较多地考虑外在因素的影响作用。因此，文化背景的不同很容易影响到人们对情绪的判断。

2. 文化与归类判断

康德在《纯粹理性批判》中，对分析判断与综合判断的进行了区别：以主词(假定为 A)和谓词(假定为 B)的关系来划分，人类的判断有两种类型(这里只探讨肯定判断，否定判断可由此类推)，一种是从属关系，即 B 属于 A，隐含在 A 的概念中，这就是一种分析的判断，也就是强调 A 与 B 的逻辑隶属关系；另一种是相关关系判断，即 B 完全处于 A 的概念之外，但二者有联系，这就是综合的判断。

近期跨文化研究发现，东西方文化的被试对这两类的判断有不同的偏好，东方的被试偏好综合的判断，关注的是两个概念之间的相关联系；西方的被试偏好的是从属判断，关注的是两个判断之间的逻辑隶属性。

我们不妨来试试由美国心理学家尼斯贝特发明的一个心理测试。你认为在鸡、牛、草中哪两个事物更应该归类在一起？如果把鸡和牛归在一起，就是关注于具体对象的从属关系，是比较接近喜欢分析判断的西方式回答；如果把牛和草配对，那你可能是更专注相互关系的、偏好综合判断的东方式。

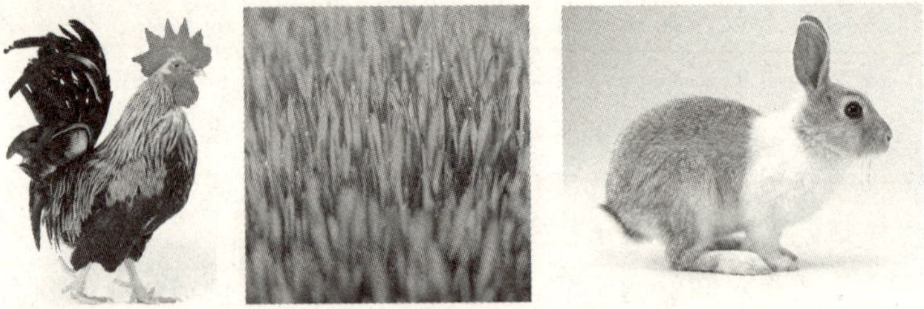

你认为鸡、兔、草中哪两个事物更应该归类在一起？

当然，人类在归类上还是存在一些共同性，其中一个共同性就是不管我们来自于什么文化，人们对每个类别都有一个基本的形象。比如，谈到椅子，我们头脑中椅子的形象就可能非常相似；床的形象，也很相似。另外一种跨文化的相似性，就是儿童归类水平的顺序。好像人类都是顺着同一种发展趋势来形成归类的风格。例如，儿童最早都是先根据颜色进行归类，然后根据形状进行归类，然后是根据功能进行归类，再就是根据关系进行归类，最高的水准是根据本质来进行归类。如果根据这一理论来判断东西方的文化差异，就有可能得出西方归类水平要高于东方的归类水平这一错误结论。心理学家纪利君和尼斯贝特就曾经做过这样的试验，让美国的被试和中国的被试判断哪两个事物应该归成一类。比如说猴子—香蕉—熊猫；香波—空调—头发；教师—医生—家庭作业；胡萝卜—兔子—茄子，他们发现中国被试倾向于根据事物之间的关系亲疏程度进行归类，就是喜欢把猴子—香蕉，香波—头发，老师—作业，兔子—胡萝卜归类在一起；而西方的被试则倾向于根据事物的本性来进行归类，比如讲熊猫—猴子，香波—空调；教师—医生；胡萝卜—茄子归成一类。这样的文化差异很容易让人认为中国人的归类水平是不如西方人的归类水平的。

我们认为这个问题实际上需要进一步的探索，关系归类和本性归类哪种属于较高级的分类？从逻辑隶属关系分类的角度来讲，西方的本性归类当然要比东方的用相互关系归类要高级的多。但是从人类生存和进化的角度来讲，根据关系的归类可能更具有生存的价值和意义。例如，到底哪种归类水平更有利于人类的生存和发展？假如你要将小汽车、婴儿车和妈妈中的两个归在一起，你可以按照西方式的归类方式，将小汽车和婴儿车归类为所谓的运输工具，你也可以根据东方式的相互依赖关系，将妈妈和婴儿车归类在一起，显然，妈妈和婴儿车的归类对人类而言更有生存的意义。

3. **文化和记忆**

记忆的文化差异，也会给跨文化沟通带来一定的困难。虽然记忆本身是一个跨文化普遍存在的心理过程，但是如何记忆、记什么、怎样组织记忆，都会受到文化背景的影响。教育心理学家罗格夫和科尔很早就发现，非洲被试的记忆方式主要是以口头传述为主而西方被试的记忆主要是以书面记载为主。这样不同的记载历史和文化的方式，造成了每个人在记忆事物中的差异。中国人讲“好脑子不如烂笔头”，实际上就是反映了我们的记忆在很大程度上依靠的是书面记载的形式进行的；而在非洲文化中，他们的口头记忆方式，则催生了很多非书面记忆方式，比如用舞蹈、唱歌、咏颂来帮助他们记忆。

记什么也受到文化背景的影响，康奈尔大学的心理学家王琪曾经对中国学生和美国学生的最初童年记忆进行比较，发现中国学生的最早记忆很多是与家庭成员的互动和关系为主的。例如，我能记住最早的童年记忆是文革初期外公挑着箩筐载着我的妹妹和我去乡下避乱；而西方人最早的童年记忆是与个人的成就和进步有关，比如说第一次打棒球，或者是第一次感觉到赤身裸体等。

聚焦：心理学研究

组织记忆的方式也受到文化的影响。心理学家鲁特丝(E. Lotus)曾经给阅读交通事故记录的人不同的指示语，一种被试被告知有两个车子“撞”在了一起，另外一组被试被告知有两辆车“碰”到了一起。然后这两组被试观看同一个交通事故的录像，在观看这一录像之后，请他们分别描述交通事故现场的情况。结果发现，那些认为自己看到了两个车“撞”到一起的被试，描述了更多血淋淋的场面，比如，玻璃的破碎、人的受伤等混乱的场面。而实际上，有些情境是根本没有出现的，也就是说人的期望可以改造人记忆的内容，文化的差异可以产生不同的期望，而这种期望可以导致人组织记忆材料的差异。

4. **相关关系判断的文化差异**

从20世纪30年代开始，心理学家就一直认为人对周围环境中刺激的相互关系的认识是一种与生俱有的、基本的思维能力。比如说，看见天黑就联想到下雨，看到白雪就联想到寒冬。由于对这种相关关系的认识非常普遍，心理学家就一直认为，在这种判断相关关系的思维能力上，应该没有文化差异。但是，我过去的一些研究发现，中国人和美国人在相关关系的判断上，存在着很大的文化差异。

我们给中国的被试两组随机分布刺激材料。在计算机屏幕的左边随机呈现各种物体的图像，比如字典、手机、笔记本、铅笔等等；在计算机屏幕的右边，随机呈现的是各种数字。数字与图像的相关对应程度，则是由计算机程序随机控制的。被试的任务是估计这些图像和对应数字的相关关系。如果双方相关关系高，则图像与某一数字同时出现的次数较多；如果它们之间的相关关系低，那么这对图像和数字共同出现的次数就要低。我们想知道对关系的敏感程度，是否会影响到人们对环境中存在的相关关系判断的准确程度。

结果我们发现，我们中国人相对于美国人而言，能够更为准确地估计两种事物之间的相关程度。而且与美国人相比，中国人对自己所做的相关关系判断的准确程度更为自信，事实上，这种自信的判断程度也确实较好地反映了数字和图像之间的实际相关关系。与之相反，美国被试对两种事物之间关系的判断，相对不够准确，而且明显地受到了首因效应的影响，也就是说他们对图象和数字之间的相关关系判断，更多地受到了最初几对刺激出现次数的影响，而中国人基本上不会受到首因效应的影响。

中国被试唯一容易出现的错误在于把一些毫无相关的对应认为是有意义的相关关系，在心理学中这是犯虚假相关的错误，即我们倾向于将本来并不相关的事物判断为相关。我们总是认为，世界上没有无缘无故的事情，因而倾向于将一些实际上无关联的事物也判断为有关联。例如，我在买东西时候，总是想排到比较快的队伍以便早点付钱结束购物，而我却常常排到那个费时最久的队列中去。我常常批评自己每次总是能挑到最慢的队，或者是我将最快的队变成了最慢的队，而实际上是不存在这种相关关系的。挑选的队伍是否快，不是由你决定，而是由前面排队的人和收银员决定。另外，我们常常发现，一洗车就会下雨，一超车就会被警察逮住，我们一干坏事，就会露馅。这些都是虚无相关。**实际上，这些事件对应的相关程度并没有我们想象的那么高。**

虚无相关的判断在中国人中非常常见。另外一个常见的例子就是，很多父母教育孩子，如果好好学习就能考上名牌大学。好好读书是上名牌大学的必备条件，我们很多人都认为二者之间确实存在相关关系。但要从科学概率上证明两者之间的相关关系，需要考虑四种情况的概率，即两种事件同时发生，两种事件同时不发生，或者一个事件发生而另一个事件不发生。而我们往往只考虑了两个事件同时发生的概率，如某学生好好学习考上了名牌大学的概率，或者两个事件同时不出现的概率，例如，某学生没有好好读书也没有考上名牌大学的概率。但是在判断相关关系时，也应该考虑某学生好好读书了却没有考上名牌大学的概率，以及某学生没有好好读书却考上了名牌大学的概率，这些概率都应该考虑进去。而实际上，我们常常只考虑一种或两种情况的概率，而不是四种。

5. 因果关系判断的文化差异

中国人的因果关系判断受到哪些因素的影响？休谟认为，因果关系是宇宙最基本的组成，我们对外部事物的了解和认知是建立在对因果关系的判断上。在现实生活中，相关关系的判断显得十分重要，但是更为重要的是因果关系的分析。这种因果关系的分析在心理学中被称为归因研究。我们通过研究发现，归因方式在很大程度上是受文化影响的。美国社会心理学家长期以来都认为西方人的归因特点是把人的行为主要归结于其内在特性，例如性格、动机、意愿等，而忽略外部因素的影响。这种误差后来被定名为“**基本归因误差**”。

所以，对因果关系的分析是人最基本的需求，也是人最基本的行为活动。我们对此的研究始于一个悲剧。1991 年，一名名叫卢刚的中国青年留学生精神失常后，提枪闯入其指导教师的办公室，开枪打死指导老师和系里其他几位老师，并在枪杀了其中国同学和爱荷华大学副校长后开枪自杀。对这个悲剧发生的原因进行探讨，便是一种因果关系的判断，行为科学中称之为归因，即人如何理解一种行为的原因。卢刚曾与我同为北大校友，并且他曾与我朋友的室友是恋人关系，因而我们都为卢刚感到非常惋惜。同时，我们都认为，如果卢刚当时已经与以前的女朋友结婚，也许悲剧不会发生。我将这个推论告诉我的美国同事，他们的反应却令我非常吃惊。他们认为，应该为那位女孩感到庆幸，如果卢刚与之结婚，那位女孩也会惨遭毒手。

1991 年卢刚杀人事件震惊了全美国，伯克利加州大学心理学家彭凯平教授和哥伦比亚大学的心理学家莫里斯教授对此事件做了一系列的研究，发现中国人与西方人在反现实归因上有着巨大差异。

这是一个非常有意义的文化差别，我和我的美国同事都对这一事件进行过反现实思维，即根据与现实相反的假设来进行推理和判断。在进行反现实思维时，我认为如果卢刚已经结婚，那么他会是另一个人，而不会走到现在的这一步；而我的美国同事则认为，即使卢刚已经结婚，他仍然会开枪杀人，而且就连他的太太也会惨遭毒手。这个现象暗示我们：也许我以及其他中国人对情境的变化更加敏感，而美国人则对情境变化则不那么敏感。

行为科学在过去的研究中一直认为，我们在进行因果关系判断时常常关注个人原因，而不是情境原因，这被我们称之为最基本的归因误差。例如，在领导决策中，我们往往认为领导的成功来自于其个人特质，而一般不会将其归因为时势造英雄，这便是一种基本的归因误差。基本归因误差是行为科学中的一个经典假设，而刚刚所提到的现象，则是对这一经典行为学假设的挑战，说明在一些文化中可能并不存在这种基本归因错误。

当然这只是一种假设，还需要用科学的方法来证明，为此我们特地选用了一些反现实思维的实验来证明这一假设。其中一个实验就是对卢刚所处的情境进行变化，例如如果卢刚已婚，其杀人的概率是多少？如果他有孩子，其杀人的概率是多少？如果他是在中国或其他地方，其杀人的概率是多少？我们假设出所有可能的情境，请中国人和美国人对各种假设分别做判断，看他们是否会因为情境的变化而做出不同的概率判断。另一个实验则对卢刚的个人特性进行变化，例如，如果卢刚是一个开朗的人，其杀人的概率是多少？如果他没有精神失常，其杀人概率又是多少？同样请中国人和美国人对各种假设进行判断。实证结果与先前假设完全相同，中国人对情境的变化非常敏感，中国人普遍认为，如果卢刚在中国就肯定不会杀人，因为他无法获得枪支；另外，如果他有孩子也肯定不会去杀人。美国人对这种情境变化则不是很敏感。

这是一个很大的文化差别，但这一研究存在一个较大的缺陷，那就是我们假设的对象是一个特定的人——一个中国人。通常当我们自己犯了错误时，我们倾向于认为这是环境导致的错误，而不是个人的原因。因此中国人可能更倾向于认为，卢刚这一悲剧是因美国特定的文化和环境造成，而不是我们中国人自身的问题。如何控制和排除这种可能性？我们发现一个与卢刚事件非常类似的美国枪杀案，凶手同样枪杀了 6 个人，包括同事和老板。我们把这两个案件同时呈现给被试让其进行反现实思维，观察中国人和美国人对两个案件的概率判断是否会有不同。结果发现，无论对于卢刚案件还是美国枪杀案，中国人都认为情境非常重要，大部分人认为如果凶手已经结婚或是已经有小孩，就不会杀人。这说明，被试的中国人并不因为卢刚是中国人就做出这样的判断，而确实是因为我们非常注重情境因素，注重情境与个人的交互作用，而不是注重个人内在原因。这一发现改写了行为科学有关基本归因误差的假设。

但即使如此设计，这一实验仍然存在一些问题，因为人的社会特性和外表特性都会影响他人对其的判断。实验的两个对象，卢刚和那个美国凶手，长相都不像坏人，中国人在判断时，可能会受到他们面相的影响。因此，我们决定用非人类的动物来进行实验以排除这种可能性。我们用鱼的活动图片进行实验。鱼是一种较为特殊的动物，我们一般都是通过水平面来观察鱼，所以我们能通过二维平面图像来认识其三维图像。因此，我们可以在计算机二维平面上模拟鱼的真实状态，提供给被试进行判断，而这样模拟其他动物则有困难。我们通过计算机模拟出各种鱼与鱼之间的运动轨迹，让被试者判断不同运动轨迹所代表的意义。第一种情况有 4 幅图：第一幅图是一群鱼游向一条鱼，第二幅图是一条鱼游向一群鱼，第三幅图是一群鱼离开一条鱼，最后一幅图则是一条鱼离开一群鱼。我想大家理解这些图并没有困难，因为在日常行为中我们已经形成了对这些情境的认知模式，因而能够充分理解这些鱼的运动轨迹。我们要求被试者判断每幅图中，那条鱼是高兴还是不高兴。例如，第一幅图中，一群鱼游向一条鱼，那条鱼是高兴还是不高兴。75%以上的中国人认为中间的鱼高兴，而 75%的美国人则认为它不高兴。因为中国人会联想到家庭聚会中，大家簇拥着家中的长者，或是一群下属簇拥着他们的头目，这个长者或者头目肯定是高兴的。而美国人则联想到，个人空间被侵犯了，因而他是不高兴的。**这说明，我们对日常行为的了解和认识已经形成了一种认知模式，影响到我们对事物的判断。**

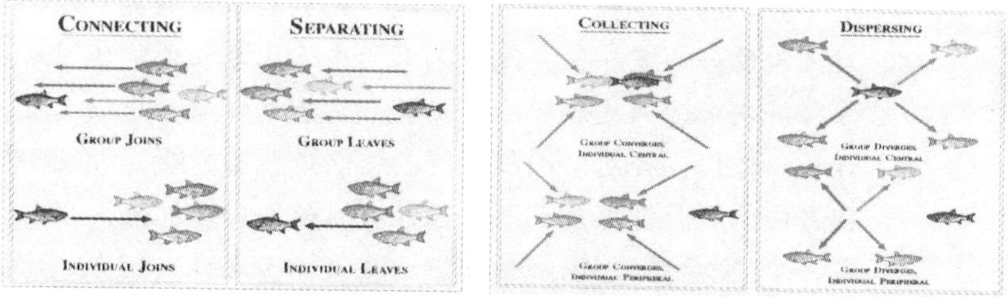

伯克利加州大学的心理学家彭凯平教授和哥伦比亚大学的心理学家莫里斯教授创造了利用计算机产生的鱼的运动轨迹，来模拟各种社会互动的跨文化研究。

对中国文化和美国文化的归因研究，实际上是研究不同认知模式对人判断的影响。同时我们发现，一些文化中的人对某一种模式的联想很多，而另一些文化则较少。例如，对于一群鱼游向一条鱼和一条鱼游向一群鱼的图，中国人所想到的故事更多，反应更快。而对于一群鱼抛弃一条鱼和一条鱼离开一群鱼的图，美国人想到的故事更多，反应更快。因为对于前者，中国人更为熟悉，而对后者则较为不熟悉。这一研究的意义在于，我们第一次将文化变量变成了一个可以客观测量的时间变量，即用反应速度来测量人内隐的文化价值。有的人可能宣称自己受中国文化的影响很大，但如果他在实验中表现出对右边的图反应更快，可以说他受美国文化的影响更大。我们进行的这些实验都论证了这一点，即中国人在因果关系判断中，更加注重一些外在情境因素。

6. **概率判断和决策的文化影响**

一项与大家的文化成见相矛盾的研究发现中国人在对一般知识判断方面过分自信。例如，问中国人，是扬子江更长还是密西西比河更长？不管中国人的答案是哪一个，他对自己判断的自信心相对于欧美人会高出很多。菲利浦和怀特(Philps & White)比较了英国被试和中国被试对一般知识正确性的概率判断，他们询问中国被试和英国被试一个第三世界国家的人口是多少；土豆是在低温下生长得快，还是在高温下生长得快，请他们判断答案。研究发现英国被试更喜欢用不确信的表述来描述他们的回答，中国人更容易用两极化的概率估计例如"百分之百肯定是"或"没有一点可能性"来描述他们判断的自信心。

这些研究更得到了密歇根大学的耶茨教授(Yates)的证实。耶茨认为中国人在概率判断上的过分自信可能与中国人缺乏证伪习惯有关。他的这种假设得到了近期一项研究的支持。在这项研究中，中国被试和美国被试都被要求对每一项判断问题提出它可能不对的证据。耶茨发现，中国被试在这项测试上落后于其他国家的被试。

概率的另一种特殊判断是风险知觉。韦伯和奚凯元比较中国和美国对风险偏好的差异，发现与大家的文化成见相矛盾的现象：中国人其实在经济决策方面更敢冒险，但在社会决策方面，中国人就显得更为小心谨慎。他们同样对中国和美国的谚语进行了分析，发现中国的谚语在金钱方面的冒险性更多一些，在社会风险偏好方面要少很多。他们俩提出了一个"**安全垫**"理论，认为生活在集体主义社会的人，比如中国人，更可能在困难的时候得到家庭和朋友的帮助。因此，集体主义文化就给在其文化下成长的人一种心理上的保险或安全垫以防备经济上的损失。这样，中国人对同样的风险判断就和美国人不一样了，不会太看重经济风险。但是在社会风险判断方面，由于关系的重要性，中国人就很不愿意在社会风险判断上冒很大的险。

西方心理学家一直认为理性的选择是建立在概率判断基础之上的。但是我们发现不同文化中的人不完全是根据利益的概率最大化来做出选择的，有时候选择反而会影响到被试的利益。最起码选择和控制并不一定总能够提高人的工作效率和心理健康。几年前，我们做了一项棍棒测验和相关关系判断测验，我们发现中国被试在能够控制刺激的条件下反而不如在没有控制条件下做得好。与之相反的是，美国人在能够控制刺激条件下比在没有控制条件下更加自信。

因戈尔和莱帕尔(Iyenger & Lepper)在斯坦福大学幼儿园观察美籍华人儿童和白人儿童玩计算机游戏的成绩。在一种条件下，学生可以选择这个游戏的设置，比如说飞船的颜色或者是宇航员的姓名等。

在另外一种条件下，这些孩子被告知他们的妈妈已经选择好了最适合他们的设置。研究发现，美籍华人儿童在妈妈选择的条件下玩游戏的成绩最好，美国白人儿童在妈妈选择的条件下成绩最差。在自己选择的条件下，美国白人儿童的成绩最好，中国美籍华人儿童的成绩不如在妈妈选择条件下玩游戏的成绩。由此可见，让被试对一些很小的事情进行控制，能够提高美国白人儿童的成绩表现，但是不能够提高美籍华人儿童的成绩。

在另外一项研究中，因戈尔比较了中国工厂的工人和美国工厂的工人对工作条件环境的意见，发现很难与中国工人讨论个人选择的问题。

在回答每天工作中作了多少次选择时，美国工人报告的选择次数要比中国人所报告的多出50%。当问到什么情况下他们不会根本不想作出选择时，30%的美国人回答说他们根本不可能想象这样的情形。而100%的中国人都能想象出不愿意做出个人选择的情形。

我们还发现，中国人的道德和责任判断受到结果的影响。如果某一事件结果很明显，那么道德判断相对来讲就非常明显。“成者王侯，败者寇”，这在法律上称之为道德走运错误，是一种不理性的判断。例如，大家花费时间来听一个讲座，发现演讲人完全是胡说八道，于是非常生气并决定像卢刚一样要杀了演讲人。之后到农贸市场买了把斧头，打听到演讲人的住址后企图杀害这个演讲人。这是有动机、有准备的谋杀，但是可能因为斧头的质量并不好，以致杀人未遂。当不存在结果的时候，这个人是否有罪？虽然从法律上来讲，即使没有结果也是。但如果仅从结果出发，则很可能认为其罪不足以刑罚，而放其一马，从而造成“道德走远”的错误。但是为了证明中国人的道德判断是否理性，是否会受到中国文化影响？我们设计了一个 2×2 的实验来验证这一假设。

我们让被试阅读一个案例：有一名叫王艳的中国女子，发现丈夫与其他女人偷情后非常愤怒，跑出房间上了自己的车子，丈夫立即追出来解释。这时可能出现4种情况：一种是她看见了丈夫在车后，故意开车去撞丈夫；一种是她伤心过度而没有看见丈夫在车后，不小心倒车撞了丈夫。因此可能会出现两种结果：一种是丈夫被撞死，另一种是丈夫没有撞死。结果发现，中国人的判断会受到结果的影响。如果人没死一切都好商量，但是如果人死了，不管其动机如何都是有罪的。美国人的判断则相对来说不受后果的影响，而受动机的影响。这说明，中国人的道德和惩罚判断受结果决定论的很大影响，并不是十分理性甚至不符合法律规则。

言为心声，也就是说文化的沟通根本上来讲是思维上的沟通。因此，不同文化在思维方式上的差异，一定会导致沟通上的差异，而这也正是跨文化沟通中最大的障碍。语言的障碍相对而言是可以通过学习、经验或是专家的帮助来克服，而思维的障碍，则只能通过学习跨文化沟通心理学来克服。

第三部分　技巧篇

第九章　影响的技巧

从本质上讲，跨文化沟通是指人际之间的影响，它同样遵循影响的心理学原则。只不过跨文化沟通中，被影响的对象和试图影响别人的沟通者来自不同的文化背景。

从某种程度上讲，我们都是影响的专家，因为我们生活在一个充满社会影响的世界。我们不妨做一个简单的心理学试验：数一数每天所遇到的企图对你的思想和行为进行控制的人和事物，你会意识到你的生活就是社会影响的产物。这些影响源包括要求你做事的人，强迫你做某种选择的客观条件，暗示你买东西的广告，指引你去某个地方的标志，告诉你如何考虑某一问题的宣传……我们生活的世界是一个多元文化的世界，这些影响源在某种程度上是跨文化沟通的影响源，很多这样的社会影响实际上也是跨文化的影响。

第一节　影响的过程

亚里士多德是公认的研究影响的大家，他的《修辞学》在人类历史上首次纪录了说服和影响的原则。人类社会是在不断探索发现、定义和创造成功的社会影响方法和技巧。社会影响可以说是任何社会都关注的技巧，因为影响他人的能力以及抵制他人影响的能力，与一个人的成功与否紧密相关。

懂得如何说服别人和与他人沟通的人，在社会活动中的收益也较

亚里士多德（前 384—前 322），古希腊斯吉塔拉人，是世界古代史上最伟大的哲学家、科学家和教育家。他是公认的影响研究大家，在其著作《修辞学》中首次纪录了说服和影响的原则。

亚里士多德是柏拉图的学生，亚历山大的老师。图为亚里士多德与柏拉图在一起。

多；能有效地与自己伴侣沟通的人，往往会有快乐的婚姻生活；成功的沟通者往往也是成功的管理者。成功的管理者通常会把 80％的工作时间用于与上下级进行沟通；能够流利、鲜明、自信地表达自己看法和思想的政治家，往往更容易激励他人及下级去实现自己的政治目的；聪明的广告往往更能够吸引人的注意，达到商业上的成功。总而言之，对影响技巧的研究，与我们的生活是密切相关的。

对影响的系统科学研究，始于耶鲁大学的卡尔·霍夫兰（Hovland & Others），20 世纪 50 年代他建立了一个庞大的耶鲁沟通研究计划，并取得了丰硕的研究成果。霍夫兰用心理学的学习理论来解释影响的过程，他相信如果一条信息的论据能够让别人相信，那么采纳该信息的立场就会得到强化，信息相对而言就能比较成功地改变听众的态度。信息中的论据可以表示为什么所提倡的观点是正确的，采纳这一立场为什么会带来好处，比如说会得到社会的承认和拥戴。那么影响到底有哪些过程呢？霍夫兰的研究

一个优秀的管理者，会把主要工作时间用于与上下级的沟通上，同时他会清楚地认识到赞扬对于提升执行力的重要作用

发现，要使一个信息对人的行为产生影响，一般要经历以下六个心理阶段。当然，各阶段之间不一定是明确区分的，有些阶段也可能不会发生。

1. 接受信息

如果人们不能接触到某一信息，那么这一信息的影响就不可能存在。这就是说在跨文化沟通中，如果你的信息不能为对方所接受，那么你的沟通就没有意义。多数情况下人们都是匆匆忙忙的，不可能注意或是接受所有信息。这就要求在跨文化沟通中，一定要让对方在第一时间接受信息。

但是，让对方接受信息，会经常遇到障碍，即信息传播心理学中的选择性接受，也就是说人们通常只接受已经认同的信息。这种选择性接受与我们生活和社会结构中的信息过滤系统有关系。在某些情况下，由于这种信息与我们已存在的价值观有矛盾，还会出现认知上的不协调，它会使人们有意回避那些不愿意了解的信息。

日常生活中的过滤系统有哪些呢？这种过滤信息的存在是非常广泛的。我们的生活方式导致了信息的选择性曝光，所受教育、社会体制、生活方式、语言等都决定我们所能接受到的信息。生长环境决定我们会接触到什么样的朋友，孟母要三迁，因为她知道环境的变化能改变人们所接受的信息。我们的生活经历也决定我们会遇见什么样的人、朋友，了解到什么样的观点。

更为普遍的是，我们的生活经历、朋友都是自我选择的结果。我们的背景，包括社会背景、家庭背景、价值观念，决定了我们选择什么样的生活方式。我们所接受的信息，很可能是与我们已经接受的信息相关联的。因此，具有自由主义思想的人，就很难接受到保守主义的信息。同样，我们中国人的生活环境，决定了我们所接受的信息是我们自己所能理解的信息。而别人所接受的信息，是他们所能理解的信息。

还有一些更为严重的过滤信息的生活方式，就是无意识和下意识的自我审查。我们的社会体制会对一些信息加以审查、排除，政府与媒体经常把与我们观念不一致的信息排除出去。即使在崇尚言论与思想自由的西方国家，也有很多信息的自我排除及审查制度，把与大众或者与社会价值相矛盾的信息或多或少地排除出去。这样的审查制度在集权社会表现得更为明显。

除了选择信息，对信息的管理也会影响我们自己。这种信息管理，通常是用一些评价的方式或是舆论宣传的方式。在报道信息的时候，我们的价值观念会下意识地对信息加以评价、分析。舆论的引导者经常决定信息的接收程度，他们能够控制新闻的传播及所传播新闻的内容，这在很大程度上影响了信息被传播的程度。教育的意图和目的也会影响到对信息的评估，各种文化中的教育系统、体制，在一定程度上其实都是对信息自我选择的界定和限制。

2. **注意信息**

在跨文化沟通中，不同文化的人所关注的信息是不一样的。广告从业人员都知道，在广告中如果出现一个关键词、概念或者事物就能引起大家的注意，这是信息影响过程中的一个关键阶段。如果让人们开始注意、保持注意并且延长注意，那么信息的影响过程就有了一个好的开头；如果没有让别人注意到这个信息，就起不到丝毫影响作用。在现实生活中，大量信息会穿越各种障碍呈现在我们面前。虽然有些信息是令人不愉快的，而且有些信息即使暴露在我们面前，我们也不可能完全注意得到。注意是决定性的，也是最重要的影响过程。在广告商的宣传中，他们经常用一些漂亮的人，一些煽情的广告词来吸引受众的注意。广告商都知道性感的形象能吸引到人们的注意，这是影响的关键。

普拉达（Miucia Prada）的每一期广告大片，总是很具有煽动性和刺激性，吸引我们的眼球以达到影响目的。

媒体是指传播信息的介质，通俗地说就是宣传平台，一般是根据国家的现行政策，引领社会潮流与主题，包括排除与我们观念不一致的信息等。

舆论的引导者经常决定了信息的接收程度，他们能够控制新闻的传播及所传播新闻的内容，这在很大程度上影响了信息被传播的程度。

3. **理解信息**

信息传播的学问，就是对市场、听众进行分析，知道他们所关注的事物及特点是什么。如果对市场没有足够的研究，我们就无法得知受众关注的焦点。在跨文化沟通中，我们经常遇到的问题是对文化市场缺乏研究，也就是说我们不了解人们关注的热点问题。如果不能给听众以足够引起注意的材料，我们的宣传就起不到预期的效果。电视广告商在这方面做得很成功，他们知道人的注意力是有限的，因此在播广告时要尽量地让人们注意到他们的广告。在信息爆炸的社会，商家每年花费在广告上的费用数额巨大，如果你计划花很多钱做一则广告，那么你就应该了解人们所关注的信息热点是什么。

4．**同意和接受结论**

在注意心理学方面，很重要的一点是选择性注意。比如有两组人，一组人环境保护经历丰富，一组人环境保护经历较少。让他们同时阅读关于环境保护的文章后，两组人会有非常不同的反应。前者更多地坚持他们自己的立场，甚至通过有力的反驳抵制影响，用他们的相关知识来挑战信息（Wood，1982）；而后者容易受到负面信息的影响，立场倾向于中立。

这就说明态度明确、坚定的人不大可能受信息影响而轻易改变自己的判断。总体原则是，如果清楚自己的感受，外界的压力就很难改变你的看法和态度。但是，坚定的态度一定会让人们对影响有所抵抗吗？旧的认识一旦形成就没法改变吗？也不尽然，相对于经验较少的人，那些对影响态度有更多直接经验的人，其实更容易受到特定信息的影响。例如，某些信息跟他们的观点不一致时会遭到他们的辩驳，但是在比较极端的时候，也会改变他们的态度。比如："我同意你的看法，但是你了解的还不够深入，在我看来，还有如此这般的理由……"这样的陈述很容易影响那些态度比较顽固的人。一般来讲，这些人对信息有着特殊的思考和认知过程，而且能够利用很多的信息、经验来进行判断，如果我们能够有针对性地进行沟通和宣传，往往就能够改变这些人的态度，给他们提供新的信息和帮助。

总而言之，对对方的深入了解，是保证沟通信息能够产生影响的关键。有一项研究，把被试分为两组，一组是尊重法律的人，另一组是信奉宗教的人，然后看不同的信息对他们支持堕胎态度的影响。结果发现，尊重法律的人比信奉宗教的人更容易相信那些从遵守法律的角度来讨论堕胎问题的信息，但是如果这个信息用的是宗教的态度，它的效果则正好相反（Cacioppo 等，1982）。因此，在确定你影响的方式之前，一定要很好地了解听众，了解他们的价值观、原有的态度、希望和志向，这是达到良好沟通效果的关键。

要达到影响听众的目的，首先要了解听众的价值观、原有的态度、希望和志向等，这也是达到良好沟通效果的关键。

5. 态度的保持

在跨文化沟通过程中，如果你所施加的影响，不能在受众和听众那里得到保持的话，你的信息就无法在未来产生作用，让你的影响和宣传效果保持下去，是这一阶段要关注的问题。心理学研究已经发现如下的三个重要原则可能影响到沟通和宣传的效果。

第一，熟悉导致喜欢。一个事物在我们面前曝光的次数越多，我们就越倾向于喜欢它，社会心理学家已经在这些方面积累了很多证据。例如，罗伯特·赛因对此做了一系列的研究（Zajonc，1968），他把一些平淡的、新颖的、复杂的刺激短暂地呈现给被试，其中一些刺激只呈现一次，一些刺激呈现几次，一些刺激呈现多次，每次呈现时间为两秒钟。给美国被试所呈现的刺激，有些是美国人不熟悉的中文词汇，有些是毫无意义的、生编乱造的音节或是一些无意义的符号。在一个实验中，他把不同的中文字呈现一次、两次、十次和二十次。呈现结束后，要求被试在贬义、褒义这一维度上猜测每一个汉字的含义。结果发现，呈现次数越多的中文词汇，被试将它评为褒义的概率越大。对于很多不同的刺激来说，这种评价都是存在的。人对艺术品的评价，比如一些抽象的艺术作品，熟悉的程度决定了人们喜欢的程度。

当然这里还有另一种心理过程在起作用，这一过程有助于理解人们对这些问题的态度的改变。关于这一过程的证据来自于人们对已经持有的相关态度刺激物的喜欢程度，这就解释了一个有趣的心理学现象——**激化现象**（polarization）。重复呈现人们先前比较喜欢的事物可以导致比较积极的评价；反之，重复呈现人们先前比较不喜欢的事物可以导致更加消极的评价。实验中，他们把一些抽象的艺术品分别呈现给被试一次、两次、五次和十次。在艺术品首次曝光的时候，要求被试报告是否喜欢这幅画。随着观看次数的增多，研究者发现被试对喜欢的抽象画的喜欢程度提高了很多，而对不喜欢的画变得更加不喜欢。对其他刺激物的研究，比如单词中的积极词汇和消极词汇，也出现这种倾向性。当刺激物变成了一些讨人喜欢的男性或者是一些不讨人喜欢的男性形象时，这种反复的曝光，也导致了激化现象的发生。人们变得更喜欢他们先前喜欢的人物，也更加不喜欢他们先前不喜欢的人物。

激化现象产生的原因是因为重复的曝光增加了人们对刺激物心理联想的数量，大多数联想与人们对刺激的初始态度具有相对一致的评价倾向性。一项情绪性刺激的研究证实了这一点：以一些情绪型词汇为刺激呈现给被试，在呈现每个单词的时候，被试需要对这个单词进行言语联想，写下他们可能联想到的任何单词。饺子可能联想到美味，或者是面包；麻风病就可能引起对可怕的、肮脏之类形容词的联想。向被试呈现刺激词，让他们进行联想，再要求其在贬义和褒义的量表中对自己的联想情境评定。通过考察被试的评定，研究者发现，随着呈现刺激的增加，被试对言语联想的评价变得更为极端。对先前就喜欢的单词的联想变得更加积极，对先前不喜欢的单词的联想变得更加负面。

食物、鲜花或者是刚出生的婴儿，会让我们联想到美味、芬芳或者是希望；而地震、麻风病或垃圾，就可能引起我们对可怕的、肮脏之类形容词的联想。向被试呈现刺激词，让他们进行联想，再要求其在贬义和褒义的量表中对自己的联想情境评定。通过考察被试的评定，研究者发现，随着呈现刺激的增加，被试对先前就喜欢的单词的联想变得更加积极，对先前不喜欢的单词的联想变得更加负面。

第二，思考。对某一个问题进行简单的思考后，大多数被试的态度都会出现激化的现象。最初的赞同者在思考后变得更加赞同，而最初的反对者在思考后也变得更加反对。由此可以看出思考可以让人产生比较激化的态度。

第三，一致性原则。不论刺激是否被呈现，对信息的思考都有两种情况，一种是与已有的态度在评价上相一致，另一种是使已有的认识变得更加一致。这种趋势产生的原因是每一个态度都部分地反映了我们为理解态度客体形成了一个心理图式（scheme）。那么，关于态度客体的思考，很大程度上是在已存在的图式引导下完成的。这一思考过程进而引发了那些知识所能带动的记忆和联想，这些记忆和联想又与心理图式相匹配。因此，我们思考和联想得越多，一致性的思维就积累得越多，态度也会变得愈加极端化。这种一致性原则，为引入极端态度提供了有用的策略，这一策略的诀窍在于首先引发听众对某一观点或客体产生略微喜欢的反应，然后再想办法努力使听众对这一客体进行思考甚至进一步反思。如果这个客体是一个社会问题，可以用包含论据的信息来取得被试的初步正面反应，再激励被试做进一步的思考和联系，通过这种方式使被试的态度更加强烈。

前面谈到了信息的重复能够产生较好的影响保持作用。对于人物、艺术品、汉字及英语单词，这种重复是有意义的。但是对于复杂的信息，重复出现具有意义吗？有两个研究间接证明了这种意义存在（Cacioppo & Petty，1979）。这个实验分别以一次、连续三次和连续五次向大学生呈现了包含八条信息的录音带。结果发现，相对于呈现一次的信息，信息呈现三次以后，被试对信息的评价更高。很明显，影响效果伴随着曝光的次数而增大，支持了一致性原则的基本假设，对高品质论据信息的积极反应，随着曝光次数的增加而增加。但是当被试听了五次相同信息后，情况就会发生变化，也就是说呈现次数从一次到三次，影响的效果是正面的，但是当信息继续反复呈现后，影响效果反而降低。

为什么一些复杂信息重复超过一定次数以后，对其赞成程度反而降低了呢？我们知道物极必反，当一个刺激呈现太多次，人们不得不对其重新评估时，就很容易将一件好事变成坏事。你一定听过**过度曝光**的例子，信息呈现得过于频繁时，人们就会对它产生一定的敌意。这其中的原因很多，其中一种原因就是思维的饱和，也就是说对信息的多次分析可能会导致个体不以一致性的原则对其进行评价，从而导致被试对信息产生消极的反应。当曝光次数由三次增加到五次时，被试就会产生消极的情绪和行为，从而导致影响的减弱。还有一种可能性就是厌恶感会增长这种消极的情绪。当这些信息呈现出过多的刺激时，人们就会产生厌烦情绪，从而导致一种心理的阻抗。在人们感到自己的选择自由受到外界力量的反复挑衅和威胁的时候，会自然而然地产生一种抵抗心理或逆反心理，通过做出与外界力量期望相反的选择来重申自己的选择自由。这是一种很普遍的人类倾向性，我们习惯称之为**逆反心理**。就像当你被别人欺负时，你内心的反应就是，“我才不想按照你说的方式去做”。

重复多少次才算过度呢？这没有一个标准的答案，要取决于信息本身。在通常情况下，信息越复杂，所需要曝光的次数愈多，因为在这个信息中，有更多的东西需要进行评价和反应。通过呈现一些稍微不同的信息，就可以避免这种积极反应向消极反应的转变。我们接受信息的一些方式，也可能会促使我们用自己的知识、信念和经验来建立新的联系。

除了过度曝光效应外，总的来讲对一个信息做出的认知反应越多，我们对这个信息的态度就会越极端，我们的心态、信念和知识建立的其他连接也就越多。

信息效应的保持，有时也决定于影响的来源是首因还是近因，如果影响是被试所能接受的第一个印象，就会产生一种首因效应（the primacy effect）。也有一些研究发现，如果影响源最后一个出现，那么由于熟悉程度更高，就会产生一种近因效应（the recency effect）。

在辩论比赛和法庭的辩论中，我们经常会发现辩论的最终结果受首因效应和近因效应的影响。

那么在辩论比赛和法庭辩论中，首先呈现观点的一方是否更有利？研究发现，这取决于被试的态度和他做出反应的时间（Miller & Campbell，1959）。当信息与被试的态度有矛盾，而且这个态度的测量之间有一定的时间延迟的时候，首因效应经常发生作用。也就是说首先呈现的是赞同方的意见，再立即呈现反方的意见，其中最初犹豫不决的一半被试在第二个信息也就是反方信息呈现后，立即进行投票，而另外一些被试在一周后才进行投票。研究者发现那些一周后投票的被试倾向于赞同第一个信息，这就是首因效应。但是那些立即投票的被试，或者没有受到信息的影响，或者是稍微倾向于接受第二个信息，这就是近因效应。

为什么延迟反应会产生不同的效果呢？这是因为在第二个信息呈现后，立即对被试进行测量，第二个信息的印象应该是非常鲜明的，也就是说第二个信息仍然存在于听众的工作记忆系统之中，这就是近因效应存在的主要原因。但是在延时测量中，记忆的鲜明优势就会逐渐地消失。由于第一个信息产生的联想多于第二信息产生的联想。因为人们有进行连续加工的倾向性，因此第二个信息会逐渐地融入第一信息之中，这就是首因效应产生的主要原因。

6. 改变态度

影响过程的最后一个阶段，就是将被试的态度变为行为，从而最终影响被试。这个影响过程受到很多因素的干扰，我们的态度和行为并不总是一致，我们并不总是根据自己态度和信念相一致的原则来决定自己的行为。例如在从众实验中，很多被试就受到团体压力的影响，当团体与自己的判断不一致时，人们很可能会服从团体的判断，出现与自己的看法、信念不一致的行为。一般情况下，什么样的信息可以保证对被试的影响转化为行动？我们认为有如下两个因素。

第一，强烈的情境因素。比如，受重要他人的影响。社会情境对人的影响非常大，如果要使被试的行为受到外界他人的影响，这个“他人”就应该是对我们比较有意义或是比较重要的人。他人的看法和评价对我们有意义的时候，我们往往会保持这种影响作用的存在。如果他们的看法与我们不一致的时候，保持自己态度和行为的一致就比较困难。

在很多情况下，我们会发现行为与态度是不一致的，很多时候我们做了很多原本并不想做的事，其原因之一就是不好意思说“NO”。

有的时候，强烈的情境因素也可能导致我们的行为与态度不一致，这种现象在著名的旁观者干预研究中表现得更加明显。在这种研究中，态度和行为的不一致性更具戏剧性。在达利和巴森(Darley & Batson，1973）的研究中，被试从一栋大楼走向另一栋大楼去录制一段演说，而演说的素材是他们在研究第一阶段思考过的内容。被试对自己穿过校园到达录音棚所需要时间的预测，是通过主试的指示语来操纵的。研究者把被试随机分为三组，告诉第一组被试有足够的时间来到达录音棚，告诉第二组被试需要加快速度才能到达录音棚，告诉第三组被试他们已经迟到了，需要匆忙跑到录音棚。路途中，每一个被试都会从一个衣衫褴褛、不停咳嗽的人身边穿过，这个人明显需要他人的帮助（此人实际上是研究者的助手）。我们感兴趣的是被试是否会停下来帮助这个人，结果研究者发现，那些时间充裕的被试中，有63%的人会停下来帮助别人；那些已经迟到的人中，只有10%停下来帮助别人；那些能够准时达到的被试，有45%左右的人伸出援助之手。就此看来，很多情况下，行为与态度并不完全是一致的。

第二，强烈和明确的态度。要是人的行为与其态度一致，除了情境要支持这种行为以外，还要求个人的态度是强烈而且明确的。强烈和清晰的条件包括，这个问题是人们思考过的，同时是经过反复试验的。也就是说，他应该暗示出比较明确的行为倾向。一般而言，由经验所形成的态度对人们的行为有更准确的预测作用。有研究发现，那些有过被母乳喂养经历的女性，对母乳喂养的态度能够预测她们将来会采取母乳喂养还是奶粉喂养。而那些没有过被母乳喂养经历的年轻女性，她们对母乳喂养的态度基本上不能预测她们将来是否会用母乳来喂养孩子。这就是为什么电视商业广告往往采用让观众身临其境的图像来提高商品的吸引力，想象你在海南岛三亚的沙滩上惬意地欣赏蓝天、白云、碧海黄沙，就比简单的文字宣传更有吸引力。

根据自己经验形成的态度，对人们的行为会有更准确的预测作用，比如说有过母乳喂养经验的人，对这一事物的态度能更好地预测她们将来是否会用母乳喂养自己的小孩。

身临其境的广告宣传，就会比简单抽象的文字宣传更有吸引力。

人们的态度有时是整体性、概括性的，这种整体和客观的态度有时候不太能够预测特定条件下的特定行为，但它能够预测人们的一般态度。比如，如果你倾向于采用民主选举的方式来挑选领导人，虽然不一定能够预测你在某次选举中的偏好，但一般而言，你的行为是与你的原则相一致的。再比如说，你对中国男足持基本的否定态度，那么可以预测你可能会抵制收看中国男足的各种赛事或宣传活动。但是，当中央电视台决定封杀男足的电视转播时，你不一定会支持中央电视台的行动。因为，其他的态度这时候也会出现，比如，你可能觉得中央电视台的行动违反了一般公众的知情权和欣赏男足比赛的权利。虽然你本人有抵制的倾向，但是你不想侵犯别人观赏的权利。

还有一个影响态度与行为一致性因素，就是这个态度是不是人们所关注的问题。道理非常简单，如果涉及的问题对人们的生活非常重要，那么人们的态度与行为就会有很强的一致性，如果问题不是那么重要，那么情境因素就会起更大的作用。所以在跨文化沟通中，要影响到对方的行为，一定得强调问题对双方的重要性。由于问题的差异，不同文化的人对问题的重要性判断很可能是不一样的。这就需要我们在沟通中发现和强调各种问题的自我攸关性，使得说服和态度能够变成直接的行为。

第二节　影响的两种途径

前面我们谈到影响的过程，尤其是接受和理解的过程，在很大程度上受影响策略的影响。采用什么样的影响策略，与我们影响的信息和目的有很大关系。选择人际影响策略的时候，首先要知道自己的信息是否有足够的吸引力和正确性。如果你觉得沟通、交流的信息不具备足够的说服力，你要想方设法使自己的影响信息与其他讨人喜爱的边缘信息结合起来，从而到达影响效果。两位社会心理学家贝迪和卡乔波（Petty & Cacioppo，1986）对这一问题做了一系列研究，他们发现影响是通过两种途径来起作用的，一种是中央路径的加工途径，另一种是边缘路径的加工途径。**中央路径**的说服指的是人们主动、系统地思考一个问题，他们对观点、论据、证据、理论更感兴趣，如果这些信息很弱，人们就很容易找到反对理由，从而达不到影响的效果。如果这些信息很强，他们就很可能被说服。

有时候一个论点的证据可能不够强，或者人们对这个信息论据的强弱不感兴趣，或者由于各种原因人们对信息不太关心、不主动地进行思考，或者他们受到干扰，或者是太忙，这就需要我们使用影响的第二个途径，也就是**边缘路径**。边缘路径的说服不需要人们关注论据本身，而是去关注那些不需要动脑子的线索。如漂亮的模特，动听的音乐，如画的美景，令人激动的词等。广告牌和电视广告通常使用的就是边缘路径，因为听众、观众只有很短的时间对宣传和影响做出反应，这些线索通常使用以视觉形象为基础的边缘线索。很多产品，比如，食品、饮料、衣服、香烟等，都没有足够强的证据和道理要求受众对它进行思考。在这种情况下，它需要的是人们的感受，而不是逻辑分析，这些广告通常采用的是一些视觉性的边缘信息。例如，香烟广告，它绝对不会谈一些支持吸烟的观点，或反对吸烟的观点，但它又需要影响人们去购买香烟，这时候它就不得不采用一些边缘路径，将香烟与美丽、苗条和快乐生活联系起来。很多饮料广告，采用的也是这些边缘信息，比如可口可乐、百事可乐，他们没有足够的理由要求人们一定要喝，甚至在某种程度上，真正理性的行为应该是不喝这样的饮料。但是，它需要人们对它做出正面的评价，因此往往会采用边缘路径来影响人们的行为，这些边缘路径通常是使用一些年轻、快乐、积极、活泼、运动的人或动物。

与此不同的是计算机的广告，它需要人们花较多的时间去想各种品牌、功能和配置等问题，这些广告通常不会使用好莱坞明星或著名运动员做代言，他们要给人们足够多的关于计算机功能的信息和性价比，将信息的种类与信息接受者通常所能够要走的路径相匹配。二者的一致通常能够最大限度地增加信息对人们的影响。

即使那些愿意花时间来思考问题，或者有个人观点，容易受中央路径信息影响的人同样也会受边缘信息的影响。因为我们习惯使用一些简单的思维捷径，喜欢简单、明确的答案。而这些简单、明确的影响路径在很大程度上，实际受边缘路径的影响。

一个很重要的边缘信息就是人们的心情或情绪。研究者经常发现，如果我们高兴，我们受信息的影响就要大，而我们不大高兴时，我们就会对信息进行反复的推敲。比如说，人们发现，在听音乐或者吃饭的时候，我们相对容易接受对方的影响（Janis & others，1965）。这也解释了为什么很多生意人愿意在餐桌上或在轻松音乐伴奏的环境中来谈生意。

有时候，负面情绪也能让影响变得更加有效（Banks & Salovey，1995）。比如，当人们希望劝阻他人做某件事情时，像停止吸烟、定期刷牙、打免疫针，有时会用一些恐怖的形象来提高说服力，比如用一根香烟加上干枯的肺或是一个骷髅来提醒那些吸烟的人。这是一种非常微妙的影响作用，一般只能引起很少的恐惧感，因为过多的恐惧反而会让人们的反应更加强烈，从而使影响的效果减弱。最近的一些研究发现，呈现恐怖信息，在禁烟或是禁止酒后开车方面，还是有很大作用的，被试通常会受到这些形象的影响，从而改变自己的行为。

腐烂的肺部、骷髅的头像、漆黑的牙齿等是国际惯用警示图标，这些印在香烟外包装上的标志以吓阻那些烟民们减少甚至最终放弃自己的吸烟念头。

中央路径和边缘路径分别在什么情况下起作用呢？这主要取决于人们的动机和能力，如果讨论的问题远离听众的个人兴趣，或听众没有足够的动机去进行系统分析，这时直觉就会起主导作用。当信息难以获得，或信息太复杂难以自行对其进行判断，又或缺乏系统分析的技能和训练，我们就会采用边缘路径来决定是否接受这个信息。多数情况下，如果我们发现某条信息来源于某个领域的著名专家时，会无意识地使用专家是可信赖的这个捷径，接受该信息的结论并受它的影响。这些都是在没有进行系统分析的情况下发生的，也就是说很多时候我们受到的是边缘信息的影响。这些边缘信息包括：专家的观念是可信赖的、大多数人都相信的事情是有道理的、存在是合理的、老人或政府是正确的、老师比学生更正确等。

聚焦：心理学研究

在贝迪和卡乔波的实验中，他们经常用一些实验方法来验证两个信息影响路径的存在。实验中，被试坐在一间屋子里，发现学校管理层正在讨论是否实行让学生通过一个高级综合考试才能最后获得学位的政策。这个研究中，这些被试的任务是要对“陈述这一政策的人的传播质量”做出评估，陈述者是支持学校做法的一个人，而所有其他的学生都是反对这一政策的。被试分为四组：第一组的被试所听到的录音信息是具有很强说服力的论证，我们称之为**强信息**；第二组被试听到的是毫无根据、很容易被反驳的论证，我们称之为**弱信息**；第三组被试得知**反对的意见**来自专家，比如说是由一位德高望重的普林斯顿大学教授担任主席的卡耐基高等教育委员会提出的；第四组被试得知**反对的意见**来自于非专家，来自于当地的一群高中生被试一共听到四种版本的信息：基于专家的强信息，基于专家的弱信息，基于非专家的强信息和基于非专家的弱信息。在听取这些报告、信息之前，一半的被试被告知，大学管理层明年开始实施这项高级综合考试，其他的被试则被告知十年后才可能实施这一政策。不同的被试对这一政策与自己的相关性有不同的评价，一些可能在不久的将来受到这项政策的影响，而一些即将毕业的被试则不会受到影响。

研究结果发现，信息与自我的相关性对人们受信息影响的程度非常重要。被试在听完录音后，做了各种不同的回答。从他们的回答来看，信息相关组的被试对强信息的反应，远比对弱信息的反应更强烈。因此，他们更容易受到强信息的影响，而信息来源的权威程度，对这些高相关的被试来讲反而不太重要。

因此，政府的政策对人们的说服和影响，也受这些政策与人们相关联程度的影响。那些受政府政策影响较大的人，对有利信息的反应要强于对不利信息的反应，而且他们也不太在乎信息的提供者是否为权威或者专家。但是，对于那些低相关组的被试而言，信息本身的质量对他们的态度影响很小，而信息来源的权威性则对他们的态度影响很大。对他们而言，专家的信息比非专家的信息更有影响力。

我们以西方人对中国西藏问题的态度作为例子来说明这些现象。总体来说，中国西藏问题对普通的西方人士而言是意义较小的问题。也就是说，这一问题实际上与他们的相关很低。对于低相关的人来讲，信息的质量对他们而言影响很小，而信息来源的权威性则影响很大。这就能够解释为什么我们有很有利的证据和论点，对西方人来讲并没有多大的影响力。但是，如果我们能够提高中国西藏问题与他们的利益攸关性，也就是说使得他们关注这一问题的时候，质量较好的信息就会产生较大的作用。当然如何提高中国西藏问题与西方人的相关度，不仅是一个知识的问题，也是一个宣传策略的问题。只有当中国西藏问题与西方普通民众的日常生活发生直接关联的时候，他们才会关注信息的质量。

研究表明，高相关组的被试，有一定的动机去仔细考虑信息的内容，因此对论据的强弱更关注。如果是较强的信息，他们会比较赞同，若信息比较幼稚、甚至愚蠢，就容易引起一些消极的反应，最后信息中的建议会遭到抵制；相反，动机比较低的低相关组的被试，不理会信息的质量，他们采用的是边缘的影响路径，完全根据信息的发布者是谁来决定是否接受这一信息，也就是说他们更相信专家而不是学生。

在什么时候即使没有有说服力的信息，也会对被试产生影响效果呢？两名研究者发现多种不同影响的存在，有时候会使无效沟通也产生影响力，只要被试没有动机去对论据进行系统分析，信息源的可信性可以使一些低水平的信息产生影响作用。

使弱信息也能产生作用的另一个办法就是干扰被试分析信息的能力，如果信息没有受到斟酌，它的弱点、无效性就不会被人们注意到，也就不会引起听众的消极反应。因此，只要信息论证的表面要点被理解，就会引起态度改变的正面反应。其中一种干扰的方法是分散听众的注意力，比如伴随背景音乐或其他可以让人分心的活动，当然这种干扰不能太过分，否则会妨碍被试的理解。

为了检验这一观点，研究者让一半被试听一段学校主张上涨学费的强信息，而让另一半被试听一段学校主张上涨学费的弱信息。在聆听信息的同时，研究者还要求被试注意在屏幕上快速闪现的X字母的次数。为了在不同水平上操纵注意力的分散程度，实验者变换了字母的闪现频率，一组被试从来没有看到闪现的字母，这是没有干扰的实验组；另一组被试看见字母每五分钟闪现五次或者十次，是干扰较低或者中等的实验组；最后一组被试看见字母每分钟闪现二十五次，是高干扰实验组。听完信息或数完字母X后，让被试回答是否赞同涨学费的提议。

结果发现当没有干扰时，强信息要远比弱信息更有影响力，但是这种优势随着干扰程度增加而消失。干扰越强，弱信息就越有影响力，而强信息就变得越来越没有影响力了。为什么会有这样的结果呢？因为注意力的分散阻止了深度心理加工，这种加工通常会是由强信息激发的积极思维和反应，注意的分散恰好成了一个平衡期，它可以把好与不好的观点都隐藏起来。

边缘信息对人的影响有很深远的意义，对于那些很少有时间、有意愿、有能力去对信息进行系统分析的人来讲，任何直觉信息都可以成为精细加工的替代途径。

第三节 下意识的影响

跨文化沟通和文化内部沟通一样，有些人际影响的技巧是通过下意识或无意识的方式来进行。很多销售人员都采用这些影响方式，它的影响往往是被试意识不到或者注意不到的。相对于有意识的、受到注意的影响，那些无意识的影响所产生的效果比较长远，而且这些影响不容易让人们觉察到。

通过下意识或者无意识的方式来影响别人，毫无疑问销售人员是这方面的高手。

什么是有意识的影响？什么是无意识的影响？意识就是指人对事物的觉察。在清醒正常的条件下，我们意识的工具包括视觉、听觉、其他感知觉、情绪和思维活动等，我们对这些活动和过程的觉察就是意识。意识流指的是日常生活中，我们不断地对周围的事物进行觉察，形成的一个不间断的感觉和思维源流。在意识到自己的心理活动时，我们往往会用下意识的活动去控制，因此意识的影响是能控制的，是我们自己能够进行分析、理解、批判的影响。

尽管觉察对人自身行为有积极帮助作用，但是我们并不需要意识到这些心理活动的存在。也就是说在有些情况下，我们会有无意识的心理活动，会存在自己没有觉察到的心理活动。在心理学中，这种意识与无意识的心理活动同时存在，通常我们把它叫做**平行加工问题**。大多数的注意和全部觉察通常会被一些非常明显的环境刺激所吸引和消耗。还有一些信息依赖于无意识的分析和觉察，我们对这些信息有时候也进行心理加工，使其进入到觉察和记忆中来，但是我们经常不能明确地意识到这些加工的存在。当你读一篇文章时，有些章节对你更有吸引力，但你可能并没有准确地意识到自己对这些章节的注意。你的周围环境里可能有些音乐，让你觉得非常耳熟，这也是无意识产生的作用。

一篇引人入胜的文章，一首耳熟能详的乐曲，都是无意识心理加工的结果。

很多心理学家认为，信息并不一定要被觉察到注意到才会对人的行为和思维产生影响。人类的判断、评价、问题解决和信息加工等高级的心理过程也可能发生在意识之外。因此，有时候我们意识不到对我们产生影响的、难以觉察的刺激，甚至没有察觉到这些刺激是怎样进入到行为和判断中来的。

心理学家早就注意到人的意识并不是形成心理反应一个必不可少的要素。巴甫洛夫的经典条件反射就是一个很好的例子，他把一个中性的刺激（条件刺激）与一个能够自然激发情绪的刺激（非条件刺激）进行足够的匹配后，中性刺激就会获得诱发相同情绪反应的能力，甚至当它单独呈现时，也能产生同样的情绪反应和生理反应。由此可以推论出这样一个心理学原则：通过合理安排条件刺激和非条件刺激的呈现，我们能够觉察到的任何刺激都可能诱发它所能做出的任何反应。

华生（John B. Watson，1878—1958），美国心理学家，行为主义心理学的创始人。华生受巴浦洛夫条件反射法的启发，研究生物学、生理学和动物行为。之后通过对儿童行为的研究，他认为人类只是在程度上比动物要复杂，二者遵循一样的操作原则。

行为主义心理学家华生（John B. Watson）曾经运用这一思想使一个根本不知道害怕的婴儿变得害怕任何带皮毛的事物。他的研究表明，通过对任何中性刺激（如白鼠）与一个非条件刺激（如刺耳的噪音）进行匹配，可以迅速地使例如恐惧这样的强烈情绪条件化。一旦这种条件化的恐惧建立起来，就可以幻化到猴子、皮毛大衣、甚至是带胡须的面具等这些并不会让人害怕的事物上，使儿童对这些事物产生条件反射式的恐惧。

经典的条件反射，是广告商们特别喜欢的一种技术，他们常常是在富含强烈感染力、情绪化刺激（如有吸引力的性感明星、怀旧的歌曲）的背景中呈现他们所需要展现的产品。实验室研究表明，这些条件反射策略很有效，而且效果持久，通过将一些中性的词语、无意义的音节、名词、概念，与一些具有情绪倾向的刺激重新配对，可以让人们喜欢或不喜欢这些中性的词语。在一项著名研究中，与消极词汇反复配对的民族概念和与积极词汇同时出现的国家概念之间，人们更倾向于喜欢那些与积极词汇配对的国家概念。问题在于，很多被试都不一定能意识到他的态度（比如对某一个民族的评定）受到了这些匹配的影响。这说明在跨文化沟通中，如果某一种文化经常与一些负面消息相联系，这个文化就会很自然地引起人们的负面反应。这就是为什么在跨文化沟通中，要经常使本民族的文化与一些正面的词汇和报道、一些能引起人的自然反应的条件与刺激紧密结合起来的原因。

让我们来做一些简单的自由联想实验，我们就可以意识到很多熟悉的概念所赋予的下意识意义。如果这些联想是正面的，这个概念本身就能对我们产生积极意义；如果是负面的，说明这些概念恐怕会在心理上给我们带来负面的意义。

还有一个经常被利用的联想刺激材料——广告的音乐。当我们经常将某种音乐与恐怖事件相联系时，那么当音乐单独出现时我们还是会感到恐惧和不安。电视电影经常使用音乐作为激发我们情绪的工具，它可能产生正面的、积极的情绪，也可能产生负面的、消极的情绪。广告也大量地使用音乐来激发我们不同的联想和反应。

聚焦：心理学研究

在一项心理学研究中，研究者让商学院的学生观看一则与圆珠笔有关的广告，一部分学生观看的画面伴有很受欢迎的音乐；另一部分学生观看的画面伴随的是不受欢迎的音乐。实验还附带另一个特性，即出现在广告中的圆珠笔有淡蓝色和棕色两种，在观看并判定这些广告后，学生被告知作为评定这则广告的报酬，他们将免费获得一支自己喜欢颜色的圆珠笔。结果发现，学生们的选择与音乐有很大的关系，无论广告中圆珠笔的颜色是什么样的，当配有令人喜欢的背景音乐时，近 80%的人选择了广告中的圆珠笔；当背景音乐不受人喜欢时，70%的人拒绝了与音乐相匹配的圆珠笔颜色，选择另一种颜色的圆珠笔。尽管音乐在选择行为上有决定性影响，但是后来要求被试列出自己的选择缘由时，205 名被试中只有 5 人提到了音乐的影响。

音乐并不是能够在影响与积极反应之间建立条件反射的唯一刺激。研究还表明，在被试聆听某种信息时给他们提供可口的快餐，他们变得更加容易受到信息的影响。进食体验的积极特色被泛化到了与之相伴的信息评价，即便信息本身与事物或者进食毫无关系。

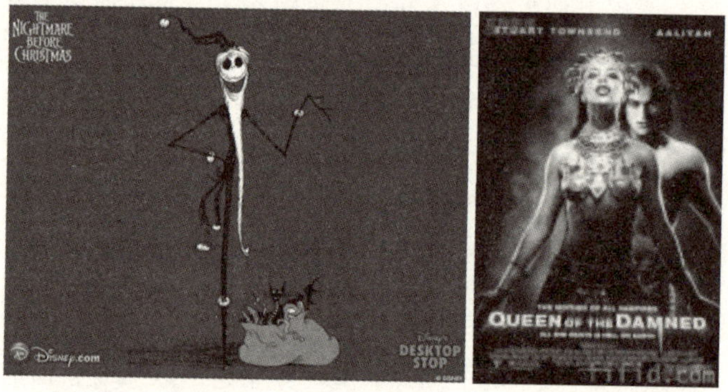

电影电视经常用音乐来激发观众的情绪，它有可能产生正面的、积极的情绪，也可能产生负面的、消极的情绪。

无意识不光出现在条件反射时，还可能出现在人们的高级心理过程中，这是密歇根大学的里斯比特（Nisbett）在做一系列的研究后发现的。他们发现，当被试在作出非理性决策时，他们实际上是不知道自己被什么东西所影响的。在一项研究中，他们要求逛商店的人参加一个消费者调查，要求他们对从左到右摆放在桌上的4双长筒袜进行比较，并选出他们认为质量最好的一双，实际上这4双袜子都是来自同一品牌。研究者发现这些购物者的选择中有一个明显的趋势——放在桌子最右边的袜子最容易被认为是质量最好的袜子，选择最右边袜子的购物者人数是选择最左边袜子人数的四倍。购物者们都没意识到物品摆放位置对他们的选择所起的影响，甚至当被告知物品摆放的位置可能会对他们的觉察有影响时，他们仍拒绝相信这个影响作用的存在。

美妙的音乐、可口的食物可以让被试更容易受到信息的影响，因为这种积极的体验已被泛化到与之相伴的信息评价中。

另一个实验中，研究者给学生观看一位大学教授的采访录像。采访录像有两个版本：一个版本中，教授微笑着热心地回答学生的问题，并不时夸奖学生的表现；另一个版本中，同一个教授对学生的态度非常粗鲁，而且很不耐烦。两个版本的教授穿着完全一样，有着相同的举止习惯和相同的欧洲口音。但两个版本中，学生对教授的评价有明显的区别，对他的外表、举止习惯和口音评定完全不同。绝大多数观看热情版教授的被试认为，这位教授年轻、英俊、和蔼可亲，而且口音非常动人；观看了冷漠版教授的被试一致认为，这位教授举止粗鲁、声音非常令人讨厌。相同的特性输入，却产生了不同的印象输出，这就是一个关于人们的态度和行为受到无意识影响的一个经典例子。这种现象在心理学上称之为**月晕效应**。也就是说，一旦我们对要评价的目标人物形成了一个总体评价，不管是积极的还是消极的，我们很可能会用与总体评价相一致的方式来评价其他各个具体方面。

这个实验的巧妙之处在于被试是根据他们喜欢或讨厌这位热情或冷漠教授的联想，来报告对这位教授外貌体征的判断。大多数被试认为是这个教授的外貌体征导致了他是喜欢还是讨厌这位教授，而并不是由于他们喜欢或是讨厌这个教授导致对其外貌体征的不同判断。当然，也许是教授的外貌体征在热情或者冷漠条件下是不同的，比如说我们可能对喜欢的教授会有更多的观察，对不喜欢的教授观察就比较少。但是这个条件下，被试对教授的观察实际上在某种程度上是被控制的。

里斯比特的这项研究表明，在很多情况下，我们实际上并不知道受影响的原因和过程，但是我们往往认为自己知道这一过程，因此很容易把一些无关的或是不存在的影响源当成了真正的影响源。在跨文化沟通中，这种主动地、创造性地构造影响源的过程，可能导致我们做出错误的判断。

另一种下意识的影响是那些自动化的行为对我们的影响。汽车驾驶就是一个很好的例子，在初学驾驶时，你必须全神贯注，专注于自己在做的每一件事情，而一次最细微的分心都会导致严重的错误。但是当你驾车一段时间后，驾驶本身就变成了一件小事，你可以与别人聊天、哼歌、改换收音机的频道，甚至可以打电话，驾驶成了离你意识最远的事情。当另一辆车突然冲到你面前时，你会很自然地踩刹车。这一系列过程中，你的行为完全自动化了，这就是下意识的影响。这种下意识的影响是如此的自动化，以至于我们都没有细想它是否真的存在。哈佛大学的心理学家兰格曾经做过一个有趣的实验，一个主试走到一群正在排队等候使用图书馆复印机的学生身边，并询问自己是否可以插队。当他只是简单地要求帮忙的时候（比如他只是说“我能用一下复印机吗?”），60％的学生都同意让他插队，这一结果表明大多数学生都遵循了给予要求者帮助这一基本的从众策略。

聚焦：心理学研究

如何增强这一效应呢？研究者发现，同一个主试如果在试图取得其他同学的帮助时稍微改变一下说话方式，就会得到很不一样的效果。比如他说：“我能使用一下复印机吗？因为我有一些东西必须要复印一下。”，同意他插队的学生比例就会达到93％。这是一个令人吃惊的变化，仅仅是加上一个没有意义的原因就能很大程度上影响人们的行为。显然，“因为”这个单词发挥了它的作用，由于这个词太普遍、太明显，以至于大家想都没想这个原因是否真实、是否有意义。就像说“我喜欢这辆车，它可以飞奔”，我们可能就没有意识到，很多车都是可以飞奔的，或者“我喜欢这只鸟，因为它的声音很动听”，其实很多鸟的声音都很动听。很多情况下，这些原因都是不存在的，但是仅仅因为**原因**这个词本身，在我们听众身上产生了一个自动化的反应，结果一不留神就变成了一个判断的误区。这也是为什么心理学家发现，很多时候这些无意识的影响，是与社会行为的自动化紧密地联系在一起的。

第十章　说服的技巧

跨文化沟通的一个惯用的影响模式就是说服性沟通。听外国的客户介绍他们商品的性价比和优势，或听外国人在中国西藏问题上的立场，或听中国的历史，这都是说服性的沟通，这个技巧就是说服，也就是以言辞的方式说服别人。说服包括了陈述、论据、事实、推理、做结论或说明所推荐行为方式的正面效果，所有这一切都是为了让听众相信并按照你所期望的方式来行为。

第一节　说服在日常生活中的应用

说服在日常生活中的应用非常广泛，社会上很多影响都是说服性的沟通。当前社会是一个高度语言化的社会，说服是我们影响别人的首选武器。当你即将与一位外国同事交谈时，很可能的结果就是你说服他，让他接受或改变某一种态度、观点和信息，或者是让他改变自己的一些态度、观点和信息。研究发现，当要求人们说明如何让他人按照自己的意愿行事时，大多数人都会使用说服这一策略，而不是采用谈判、奉承、强迫或是恐吓的策略，因为说服能唤起或者改变他人的意愿。这是一种更为长久的而且被社会接受的影响人的方式。

对说服力量的信奉由来已久，早在两千多年前亚里士多德在自己的著作《修辞学》中，就尝试着说明说服的原则。亚里士多德指出了说服诉求的要素，这些要素在20世纪得到了科学、系统的阐述。例如，亚里士多德谈到了演讲者的性格，听众的心理结构及演讲本身如何构成了听众是否接受某种说服信息的决定因素，这种谁对谁说了什么的三要素理论，恰好是现代说服研究的重点。说服听起来简单易行、历史悠久，但是，我们对它还是缺乏足够的了解和研究。

日常生活中，很多人对我们的说服影响很大。归纳起来，说服有如下几个主要目的。

说服的研究历史悠久，早在两千多年以前，希腊哲学家亚里士多德就在著作《修辞学》中尝试阐述说服的原则及其要素。

第一，说服可以让我们获得一些有用的信息。相对于其他的沟通方式，说服沟通是比较直接的信息获取方式。当我们身处在一个陌生的城市时就需要通过言语的沟通和说服，来获取别人的帮助。

第二，说服能够获得一种社会的允许，以建立合适的社会关系。通过说服别人，我们可以得到一定的接受、允许。说服可以让别人去为我们做一些事情；说服能改变别人的看法，或者是让其产生某一行为；说服是买卖的主要工具和手段，在向别人推销某种商品时，我们所使用的技巧和方法就是说服；说服可以用来改变现有的关系，比如说当我们爱上某人，很多爱都是要通过说服来传递或者是交换的，相处很长时间的情侣在报告自己如何影响对方时多数采用的是说服的策略；说服能够改变某些人的个人习惯，最常用的说服就是对孩子的教育。企图改变人们行为、生活习惯等的宣传、公益广告，也都是试图改变个人习惯的说服。说服在使用不当时，也可能会使别人做一些违背他人利益的事情，这就是恶意的说服。例如，邪教组织就是利用说服手段让别人去做一些违背他人利益的事情。

对孩子的教育是最常用的说服方式。

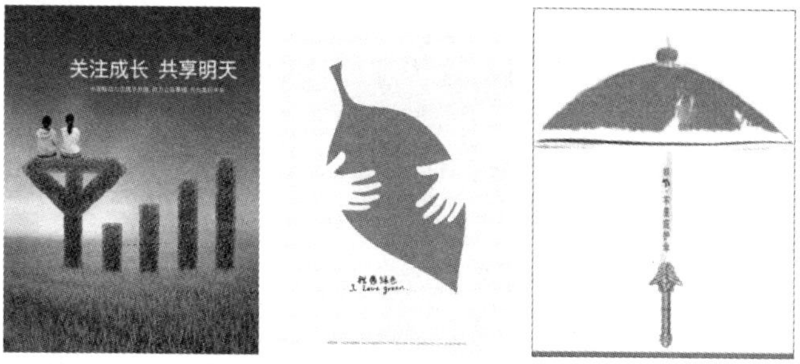

公益广告作为说服表现形式中的一种，也是试图改变个人习惯，以促进社会的良性发展。

为什么说服是最常用、最受欢迎的影响他人的策略呢？一个心理学假设是：我们是愿意进行社会比较的动物，因此与他人的比较和沟通往往是我们生活的一个主要方面，我们有时候会主动寻求他人的说服信息以听取他人对某一态度、事物或问题的看法，来强化、改变或取得我们对这些事物的态度和看法，这就是社会比较。

社会比较理论是由美国心理学家费斯汀格（Festinger，1952）提出的，这一理论认为我们需要关注自己是否拥有正确的态度、信念和观点。社会比较理论认为预测和控制是人类的基本需求之一，我们希望能够预测和控制周围的环境及自己的行为。正确的信息和观点，可以使我们对人和事物进行准确的预测；相反，错误的信息和观点会误导我们，造成比较重大的损失。确定我们的观点是否正确，就是把自己的观点与他人的观点进行比较。鉴于许多重要观点都有主观性，这种社会比较往往是对观点进行评价的唯一途径。当然，当我们自己拿他人做比较时，并不能确定他们的观点与自己的观点是否具有一致性。因此，通过社会比较来评价自己态度的正确性时，我们的观点就很有可能被说服改变。

我们会和谁进行比较呢？费斯汀格提出，我们倾向于与自己相似的人进行观点的比较。什么是相似性？费斯汀格并没有清楚地说明。社会心理学三十年以来的研究证明，在进行比较的时候，有两个方面更受到人们的注意：第一，在重大问题和事物上，是否有相同的观点；第二，在其他方面，尤其是与自己有关的特性上，是否相似？这两种相似性，都会引起社会的比较。

1. 重大问题观点的相似性

有趣的是人们虽然需要通过社会比较来确定自己的观点，但常用的比较对象基本都是与我们观点相同的人。即使立场最坚定的人也会寻求社会比较，他们需要证实自己的观点，而不是评价自己的观点。通过与自己观点相似的人进行比较，忠于某一立场的人可以避免发现支持对立观念的好的理由，这些理由可能与自己坚守的立场相矛盾，因此他们还可以获得一些额外的支持自己态度的理由，由此来增强自己的自信心。

2. 个人相关特征的相似性

假设你认为自己喜欢百货商店在最近一场时装秀上所展出的服装，但是你不完全确定是否真的喜欢，那么你可以从看过时装秀的人那里寻求意见，你会选择询问那些生活方式和品味与自己相近的人。一般来讲，这种选择也是合理的，因为如果与你相近的人赞同自己原本没有把握的判断，那么你会更加相信自己的判断是正确的。如果与你有相同时尚观的比较对象都喜欢这些时装的话，那么就一定是你自己的时尚观，而不是心血来潮或者不相关的环境因素（比如模特的漂亮外表）引发了你对该时装的积极心理反应。如果与你相近的人不赞同你的看法，而且表现出对新款式的厌恶，那么你就会仔细反思：为什么自己喜欢，而与你风格相近的其他人却不喜欢。随后你可能会发现这些时装并不是你的风格，不能突出你的优点。

相关特征的相似性决定了你对时装款式的态度，会引入那些生活方式或品味与自己相似人的观点。

如果选择的询问对象是与你相异的人，而这个人碰巧赞同你对这些时装的观点，你会有什么样的感受呢？支持你的观点是否就是正确的时尚感呢？在那个与你有着不同品味的人的意见背后，当然不会是与你相同的时尚感。而如果这个人不赞同你的观点，你会认为这可能与你的喜好有关，也可能无关。研究表明，在主观性问题上，我们想知道与自己最相似人的看法。有个研究要被试把自己已做出判断的观点与其他人进行比较，比较对象中，一部分有着与被试相似的个人价值观；另一部分与被试的价值观不一致。结果发现，超过80%的被试选择的是同与自己有着相似价值观的人进行比较。

这一发现及其背后的社会比较原则有助于解释为什么在观看种种辩

论后，我们非常希望听到那些与我们相似的人的评论；也有助于解释为什么在经历一个重大事件，或者是观看某一部电影的时候，我们非常希望听到那些与我们相似的人的评论。尽管这些人和我们一样，也带有某种立场和偏见，但我们还是愿意找来他们的信息，来确定和强化自己对这一信息的态度和立场。

有没有把相异的人作为比较对象的情况呢？心理学家认为，有两种特定情况会促使人们选择与自己观点不同的人进行比较。第一种情境是：当某一种观点是事实的时候（是一个可以证伪的信念，而不是简单的评价和偏好），与自己心态不同的人对某一事实与你有相同的看法时，会给你更多的自信。因为这是你没有想到的，这样就容易把相同性归结于事实，而不是归结于你和他之间判断的一致性。和相异的人比较，可以排除你因思维定式而产生的偏差，因为一个与你思维方式不一致的人在某件事情上与你的看法一致，你会把信念的原因归结为对象而不是你个人的偏见。当然这种与你相异的人的吸引力，主要表现在你寻找客观事实的时候。第二种情境是：当我们担心自己的看法不妥当时，也会与相异的人做比较。我们在发表自己的作品前，不仅应该向有相同观点的心理学家征求意见，还应向有不同观点的心理学家征求意见，因为你必须能够预测自己的作品能否发表，并能使自己获得同行的尊重，所以你需要一个更为广阔的视野。

聚焦：心理学研究

一个有趣的研究清楚地说明动机如何影响对社会比较对象的选择，是选择与自己相似的人，还是选择与自己不同的人？研究要求被试对两个候选人进行评定：看哪个候选人更有资格被录取为临床医学研究生。每一个被试都有机会看到另一个被试对两个候选人做出的书面评价。一种实验条件下，被试被告知其最初的评价是不可更改的，他们必须在其他被试面前对自己的评价进行答辩，大部分被试（74%）选择查看那些与自己选择了相同候选人的被试所做出的解释。另一种实验条件下，被试被告知可以更改自己的评定，而且如果做出了正确的选择，将得到金钱奖励。这种情况下，大多数被试（67%）决定去了解那些做出不同选择的被试所给出的解释。为了忠于自己的选择，第一组被试需要对自己的选择寻求支持和证实，然而第二组被试需要做出正确的选择，他们害怕犯错误，被激发去创造最佳的观点。

初步比较是人们寻找信息影响的过程，但是我们看到，从广义上来讲，人们是在寻找两类信息：一类是证实性信息，证明自己观点是正确的或者是接近正确的信息；另一类是评价性信息，能真正知道自己的主观态度是否完美的信息。总的来讲，这两种信息都可以从与自己最相似人的社会比较中获得；而与相异的人比较，通常只发生在评价性需求很高，而且通常可以获得客观事实的时候。

第二节 说服的要素

说服包括几个基本的要素，这些要素构成了说服影响的单元，因此改变这些要素的结构和质量，就会影响说服的效果。这些要素包括以下几个方面：

1. 沟通者的特质

说话本人的特质决定了听众对信息的判断，因此即便两个来自不同政派的人使用了同样的语句，他们的成员也往往会倾向于接受自己人的观点。

“说了什么”，在很大程度上影响到人们受说服影响的程度。但同样的话，由不同的人说出来，影响的效果是不一样的。当我们听到一个声音说到“当任何政府变得欺压人民的时候，人民有权力去改变和抛弃这个政府，这是他们的权力和责任，去推翻政府”，对美国人来说，如果这句话出自于共产主义者之口，人们很容易把它理解为“左派”的激进言论。而实际上这句话来自于美国的独立宣言，美国人将其尊为圣典。为什么这样呢？因为心理学家发现，说话者的特质，在很大程度上决定了信息是不是被听众所接受。在一个试验中如果两个来自不同政派的人使用了同样的语句，他们各自的成员往往倾向于接受自己党派的人的观点，而认为对方成员的同样语言没有什么说服力。因此，不是因为信息本身的重要性，而是说话人本身的特质，决定了听众对这些信息的判断。那么，有哪些因素使得一个信息的传播者比另一个传播者更有说服力呢？

第一，信誉。大家都会认为在有关健康和科学的问题上，科学家所说的话可信度肯定比一份八卦报刊上的话高很多。有声誉的专家往往让大家觉得可以被信赖，在表达的时候毫不犹豫，没有明显的自私自利动机。这种情况下，他们言辞带来的影响效果，往往会比一般人高很多，这是一个很明显的边缘线索的影响，这个边缘线索就是专家的话，应该是值得信赖的，因为他们是有信誉的。

但是心理学家也发现，很多情况下，一个不可信的人所带来的效果也会存在，而信息传播者声誉所带来的效果，通常在一个月以后会逐渐消失。如果一个可信赖的人的信息是有说服力的，那么他本人的影响往往很快就会减弱，特别是当信息源被人们遗忘或是与信息分离时，那些不可信人的信息相应会逐渐增强，当我们记住了这些信息，而忘掉了最初的那些不可信的理由时，这些信息的说服力就是我们心理学家常说的“潜伏效应”。

第二，相貌。很多广告都用娱乐明星和体育明星来做形象代言人，因为大多数人容易受到信息沟通者形象和外貌的影响。当然，这个形象不一定是说绝对的漂亮，但一定是可亲近的，可以引起受众的正面情绪反应。我们喜欢接受可亲近传播者的信息，因为当中央路径不大起作用时，我们往往接受边缘路径的影响，特别是当这种边缘路径能够激发一种积极联想的时候。这些情绪化的信息，包括个人的偏好、衣着、食品等，由漂亮的人来谈个人选择的情绪化的问题时，影响作用往往更大。另外，一个与相貌可亲有关系的因素是形象代言人与受众有着某种一致特性。在中国做广告，其形象代言人应该是中国人觉得相一致、相似的。由中国的娱乐和体育明星来代言产品，它的影响就比由外国人代言产品更有效果一些。有研究发现，如果给黑人做牙医广告，选择黑人模特其广告效果更强。因此一般而言，人们对自己认同的、接近的、相似的人所传递的信息反应要更好一些。

明星作为产品的代言人，往往是以其形象和外貌来吸引人，以唤起受众的正面情绪反应，从而对商品产生好感。

2. 信息的质量

说服不光要看“谁说了什么”，也要看“究竟说了什么内容”，“说得有多好”。如果你需要别人思考某些问题或者是做某些事情，你肯定要使用逻辑性强的说服方式；如果你要宣传某一观点，特别是当你的观点与听众的观点有出入时，中央路径的效果往往会更好；如果你只是希望人们对某一事物有比较好的印象，或者是希望他们马上做出行为反应，那么采用边缘路径的方式效果就会更好。信息的质量主要受到传播信息内容的影响，这一方面也需要做一些决策，这些决策主要涉及你希望被试的反应是理智型的，还是情感型的。如果希望被试做出理智型的反应，你信息的内容应该是逻辑性强和理性的。如果你希望被试做出情感型的反应，那么你的信息应该是煽情的和敏感的。

信息的质量也是由听众的特性决定的。如果听众是受过教育的，分析性很强的人，那么他往往对理智的呼吁更敏感一些；没受过教育、分析性不强的人，一般对情感的呼吁更敏感。爱思考问题的人，或者是比较关注某一问题的人，他们往往更喜欢走中央路径，对理性的分析兴趣更大；而对问题不感兴趣的人，他们倾向于走边缘路径，通常受到对信息传播者喜爱程度的影响。很多跨文化宣传都要考虑到听众的特色，如果你宣传的问题听众不感兴趣，那么你可能不得不采用一些边缘性路径的方式；如果你的内容是听众感兴趣的，你就可以尽量采用理性宣传方式。

3. 听众特质

同样重要的信息要素考虑到信息接受者的特点，除了我们通常所说的其他跨文化特点，还有两个特点需要注意：一是对方的年龄；二是他们的思维习惯。由于年龄的不同，他们可能有不同的生活经历、生活态度和政治社会态度。社会心理学家对这种影响有两种解释，一种是生命周期的解释，即随着人们年龄的变化，人们的社会态度也会随之改变，可能变得更加保守和谨慎；另一种是年代解释或同年代解释，即年龄较大的人在年轻的时候所接受的态度，大部分不会变，因为他们与那些年轻人的态度不一样，代沟也由此产生。

现在的证据大多数支持年代差异解释，也就是说老年人的态度变化不大，要改变是较困难的，而年轻人态度的变化则较多一些。不过，在生命周期的末期，老年人也变得更加容易受到影响，部分程度上是因为态度的强度在逐渐减弱。老人并不是最顽固的，很多五六十岁以上的人，他们的态度可能比三四十岁的人更加开放、更加容易受到影响。这

老年人真的是像我们想象中的那样顽固不化吗？

也就是说，没有人可以做到不受文化变化的影响。青少年时期是最容易受影响的，因为他们经常要注意到他们选择的社会影响，比如说他们的朋友、所喜欢的媒体及他们所担任的角色的影响。

青少年时期的影响很重要，部分原因是它能对个体的生活产生深远的影响。让大家简单回忆一下对自己影响最大的事件（一个或两个国际国内的事件），很多人回忆到的通常是他们青少年时期所经历的事件。同样，让我们谈谈对自己影响最大的人，很多人会列举自己的父母亲和小时候的老师，这些影响作用都是发生在青少年时期的。

听众易受说服影响的第二个特点是他们的思维方式。听众是如何进行思维的呢？他们是倾向于采用中央路径的思维，还是倾向于采用边缘路径的思维？如果信息能够产生正面的联想和思维，它通常就容易起到说服的作用；如果它让我们联想到的是负面的论据，就起不到说服的效果。

青少年时期的经历与影响很重要，一般而言它对人生的影响是深远而重大的。

思维的一个作用是预警。当你对影响和说服你的人有着戒备心理或者防御心理的话，说服就很难产生效果。什么样的事情容易起到预警作用？最直接的就是警告。例如，有人想说服你，当你要告诉别人某件事情时，你会猜测到他们的反应，并去仔细思考一些反驳的对策，这样的预警作用通常会使说服的影响降到很低。另外，态度的预警提示，对那些关心该问题的人更有效果，比如说给几分钟提前警告，那些关心此问题的人就会准备各种防御性观点。但是，当呈现的只是一个小问题时，即使最直接的说服方式都会起到作用。想一想，你什么时候对两种不同品牌的牙膏提出过反驳意见？同样，如果在轻松的交谈中，突然插进一个观点时，人们通常比较容易接受这个观点。例如，和朋友聊天、吃饭时，你突然被告知，张三对李四最近的所作所为有点过分，你通常就会容易受到这些轻松背景下小观点的影响。

对一些微不足道的小问题以及日常生活用品等，我们一般很少会对它们的不同品牌提出反对意见。

干扰能够消除人们的反驳意图，口头的说服也可以由于干扰听众而得以加强，特别是当干扰的事件能够引起人们注意的时候，人们往往没有时间去思考信息的正反两方面。政治广告在宣传某个人时，就会呈现很多视觉形象，让人无暇细细思考这些言辞，这样人们就在不知不觉中受到了这些言辞的影响。

一般的政治选举广告都呈现出很多的视觉形象，让人无暇仔细思考，以期人们受到潜移默化的影响。

4. 信息传播方式

信息传播方式的效果，既取决于受众的特点，也取决于传播的内容。采用中央的传播路径还是边缘的传播路径，既要看听众是否关注传播的信息，也要看信息本身是否重要。对不关心某个问题的受众，人们大多采用边缘信息。大家想想，我们前面说到影响的两种途径，即系统的中央路径和直觉的边缘路径，它们就像一个城市的道路一样，中央路径有起始和终止；然而就像人在分析某些观点和形成某种态度，边缘路径通常是一个快速的路径。那些喜欢分析、认知需求高的人，通常喜欢用中央路径，而那些认知需求低的人，通常喜欢采用边缘路径。

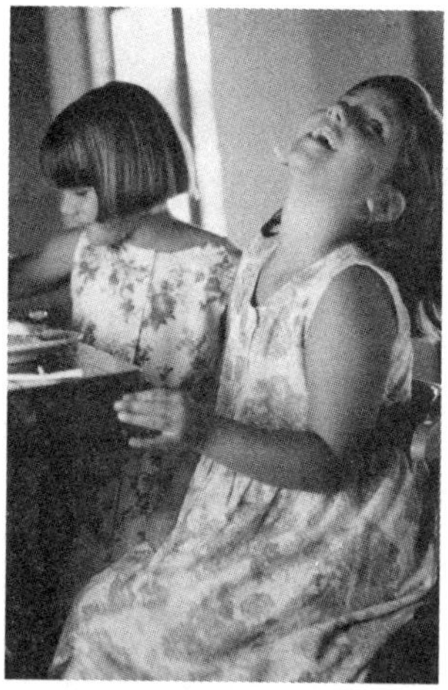

听众的特点及传播的内容，都决定了信息传播方式的效果。对那些认知需求高的人，往往是中央的传播路径的影响效果显著，而针对那些认知需求低的人，边缘的传播路径则更能起到影响作用。

问题的重要性，也能够影响到人们到底是采用中央路径，还是采用边缘路径。有一些方式能够帮助我们去增强信息沟通的作用。比如说，能够让人进行思维的一些方法，大量使用的修辞策略，或者用反问的方式让人进行思考。有的时候，可以使用多个信息沟通者，而不是一个信息沟通者。让三个沟通者每人谈一种观点，而不是让一个沟通者谈三种观点，就会让人感觉到沟通者对这个问题很关心，就会让人们有责任要做出评价、判断和传播。有时让人感到放松的坐姿，也能够影响被试对信息重要性的判断。或者是让人不断重复这一信息，也能得到人们更多的关注。使用任何一种技术都能刺激人们的思维，让强信息更有说服力，弱信息更没有说服力。

有效的说服者，不仅要关心自己的形象和信息，同样也要关心他们的听众会有什么反应，一个好的教师真正做到教书育人、为人师表，尤其需要如此。

这些方法同样也具有实际意义。有效的说服者，不仅关心他们自己的形象和信息，同样会关心他们的听众会有什么反应；好的老师倾向于让学生积极思考问题，而这种技巧，会增加信息的中央路径的可能性。那些不太好的老师，提供的只是自己的中央加工，而不是让学生进行中央加工。有很多宣传影响的例子，都说明激起被试一定程度的思考，能起到较好的说服效果。

第三节　说服的技巧与原则

日常生活的沟通中，我们经常会使用一些技巧，来达到说服的目的。例如，如果我们需要说服别人，可能会使用说理的方式，常用的表达语句是“我希望你做这个事情，因为……”这些表达方式就是试图通过数据、事实和逻辑来说服别人。有的情况下，我们采用的是以情动人的方式，比如，“我们都是朋友，我对你很好，你也应该……”这就是以友谊来说服别人，这种技巧我们中国人应用得尤其多。还有的情况下，我们可能使用战略联盟的方式来说服别人，比如“我们有共同的目标，因此我们必须做什么事情”。还有一种交换的方式，比如“我做了这个事情，你就应该做另外一件事情”。有时候由于时间的关系，我们希望简单明了地让对方接受我们的观点，就可能讲“领导说了，交代下来你该这样做”，或直截了当地说“你必须这样做”；也有的人用的是直接的压力，要求别人改变行为，或做某种事情，或使用直接的奖赏和交换的方式，来达到说服的目的。

心理学家发现，说服实际上使用了三个原则，即说理、互惠、奖赏。

1. 说理原则

这一原则通常是让别人明白“为什么”或“是如何”通过接受说服的信息，来为自己的利益和价值服务。这种方式产生的效果比较长久也比较直接，但这种方式比较费时。有的时候，沟通者的目标和利益不一定与听众的目标和利益相一致，因此说理也就不一定能够产生正面的效果。

采用一些技巧以增强说服、沟通效果，这是我们一贯的做法。

首先，说理能够让人受到信息的影响，它所遵循的心理学原则，就是**心理一致性原则**。这种心理一致性原则是影响个体行为的一个很重要的观点，因为我们不太愿意接受我们的态度和行为与我们的目标和利益不一致的方面。为什么说理能够产生说服的效果呢？因为我们要求自己的行为、态度与自己的目标、价值观念相一致，而不太能够容忍双方之间存在矛盾。因此，如果我们对某些问题就有比较鲜明的态度，我们的行为相对而言就比较明确和一致。

说理同时也依赖于问题与对方的关联程度，如果关联比较大，就容易产生说服的效果，关联比较小产生的效果也就比较小，这也是使用了一致性的原则。一般来讲，依赖于中央路径所形成的说服效果，比由边缘路径影响的效果更大。一项以威斯康星大学学生为对象的研究，研究者测量了大学生关于环境保护的态度和知识，几周以后，研究者对被试的如下行为进行观察：一是看被试是否在一个支持环境保护的请愿书上签名；二是参与一项新的废物利用计划的情况。结果发现，对这些问题的知识较多的学生比那些知识较少的学生更倾向于表现出与以前所表露的态度相一致的方式来行事。

从对大学生的环保态度及其行为的测验结果看，被试对环保问题知识的多寡，直接影响到他们的被说服程度及行事方式。这说明说理遵循心理一致性原则，它依赖于问题与被试的相关联程度。

其次，说理所依赖的另一个心理学原则，就是**自我效能感**。即是说，如果我们能够以说理的方式，激发人们的自我期望和自我认识，相对而言人们就有一种对自我的正面认识和一种完成、实现目标的积极主动精神。这种自我效能感，通常会引起人们的积极反应和行为，同时自我坚持的时间也会更长。这一理论是由斯坦福大学心理学家班杜拉（Albert Bandura）提出来的，他发现那些低自我效能感的人，通常会有一种回避的倾向性，而且这种回避越长，产生的预期就越低，同时自己的努力也就越不够。高的自我效能感，说明内部的一些信念、目标、看法可以影响行为，而这些行为又可能影响环境，由行为引发的环境事件又反过来影响个体的自我印象。因此，个体、行为和环境三者之间的作用就会持续不断循环，在这一过程中，其中一个因素会受到另外两个因素的影响，反过来对另两个因素产生作用，这就是为什么说理能够起到影响的效果的原因。

再次，说理的另一个规则是**承诺规则**。承诺规则就是要求我们必须恪守自己的言行，这同时是说服技巧和常用方法的心理学基础。“一诺千金”和“人如其言”都反映了我们文化中的一个行为准则，这一行为准则就是遵守自己的诺言，违背诺言会让人们产生厌恶和不信任感。那些言行不一致的人或是违背诺言的人，会让人觉得难以预测，我们把他称之为“伪君子”或“不守诚信的小人”。因此，忠实于自己在自由选择情况下所做的决定，是我们从小到大就接受的一个规范。言行一致是每种文化都欣赏的社会价值观。

阿尔伯特·班杜拉（Albert Bandura，1925—）：新行为主义的主要代表人物之一，社会学习理论的创始人，认知理论之父。他认为积极、正面的自我效能感，能引发人们做出积极、正面的反应和行为。

这一关键的心理过程，是初期承诺背后所产生的行为效应，在前后一致的心理要求下，后期行为自然会跟随先期的行为，尤其当先期行为是公开的、自由选择的。在说服的这个研究领域，大家所接受的一个结论是公开陈述自己关于某一社会事件的观点，能够帮助个人更好地抵御那些倡导相反观点的信息。从众试验也表明公开地表达对某一事情的看法，对一致性有推动作用。如果被试首先陈述了他的判断，然后再听到一个与自己意见不同的多数判断意见时，即使被要求重新考虑自己的意见时，他也很少会改变自己的判断以求与多数人的判断一致。但是，如果他是最后一个表达自己看法，相对而言，他就容易表示出从众的行为。

在实践中，**公开的承诺**是那些销售商、经营者甚至我们自己惯用的说服的技巧。当你对别人公开表明某一态度时，你的行为就会受到影响，比如你公开告诉朋友，你开始减肥了，在和朋友约会时你就会经常地控制自己的进食；如果你向朋友表示，每天晚上你都不看电视，那么你就可能更多地表现你所承诺的行为；我的儿子迈克在今年暑假前，公开承诺自己不喝饮料，结果在过去的两个月里，只要是与我们在一起，他都是喝凉开水。

公开承诺是我们惯用的影响说服技巧，无论是针对自己还是针对他人。比如说，你开始公开承诺减肥，也就意味着你在朋友的约会中需要控制自己的进食，否则便会有言行不一致的嫌疑。

承诺的社会应用可以体现在如下一些常用说服技巧中：

第一，虚报低价技巧。通常是销售员首先向某人承诺一个非常有吸引力的交易，比如卖一个东西或一个商务安排，然后再找一个借口，将交易变得不那么有吸引力。销售人员尤其擅用虚报低价的技术，一旦顾客与销售人员在一个比较诱人的低价上达成协议后，销售人员就会说自己必须与经理确认一下，然后花费一定的时间，假装他在这样做。等他回来后，他会很抱歉地说老板或者经理不同意这个价格，为了生存他们必须有些赢利，然后他可能会提出一个略微高的价格，这个价格可能不是那么有诱惑力，但还是可以被顾客接受。汽车经销商知道，容易受骗的顾客，通常会接受一个更高的价格，原因在于如果那些顾客已经同意购买这一汽车，也就是做出了一个承诺，虽然不是以最新价格同意购买的承诺，但是也必须做出一个决定。反悔可能导致认知不协调的产生，并且可能违背了履行诺言这一根深蒂固的习惯，因此顾客的变卦可能让他自己感觉很糟糕。对顾客而言，难道因为价格上的细微差异，就放弃自己的汽车？而且最初的那个价格确实有点占便宜，而这一新的价格也还能接受，比较现实，于是顾客就倾向于接受后一种较高价格的销售。几乎很少有顾客会意识到，销售人员从来就没有想过要以第一次达成的协议价格来卖出自己的商品。

许多研究表明，虚报低价是非常有效的说服技术。由查尔蒂尼和他的同事所做的一项研究发现，要使俄亥俄州立大学的学生在早上 7 点就担任心理学实验的志愿者是一件很难的事情，除非事先让学生同意参加这项实验，但不告诉他们具体时间，这就是采用虚报低价的技术。当学生同意参加实验后再告诉他们实验的时间是早上 7 点钟。那些同意参加实验的学生，有 56％的学生自愿参加了心理学的实验，并且几乎都按时参加了第二天的另一项实验。但如果在事先告知实验开始的时间，就只有 31％的学生决定参加实验。

虚报低价所必需的一个条件是虚报低价技术的受众必须觉得他们自己是在自由选择的情况下达成这种协议的，协议的达成是为了履行自己的诺言。如果消费者意识到自己是被迫选择其中较高价位的话，他们反而容易产生敌对的情绪，虚低报价技术就失败了。销售人员是如何使顾客产生这种虚假的自由选择的感觉呢？通常的说法是“我并不知道我为什么要这样做，但是交易就是交易”，或者是说“情况就是如此，你看怎么办？”

第二，登门槛的技术。这也是采用了承诺原则，利用人心理的一些弱点，来让人们受到影响。上门推销的销售人员，通常有一个信念，如果我能让我的脚踏入门内，我就能做成这笔生意。心理学家的研究不幸证实了这些销售人员的信念。研究者发现，对一个较小请求的答应，比如让销售人员进入自己的家中，就能增加答应较大请求的机会，如购买一些东西等。弗里德曼和弗雷泽在斯坦福大学周围进行的实验，最早证明了登门槛技术的有效性。

我们发现人们在同意捐款后，建议其捐款的数目小，实际捐款中的数量会大，为什么会出现这样的现象呢？

在这个试验中，实验者随机抽取了一些家庭作为实验组。实验人员挨家挨户地请求家庭主妇帮个小忙，为保证加州的美丽风景和促进安全驾驶这两个良好的目标签署一个请愿书。而对照组是另外一些被随机抽取出来的家庭，在实验之前，实验者与对照组的家庭没有任何接触。两个星期后，另一名研究者拜访了两组家庭，并提出了一个更大的请求，他请求每一个家庭主妇在自家房前的草坪上放置一个写有“小心驾驶”的广告牌，而广告牌又大又丑，研究者还提出这些广告牌至少要在她们的草坪上放置两周。研究者发现，那些没有相互接触过的被试，相对而言不大愿意答应这个请求；而那些先前接触过的人，也就是答应了第一个小的请求的家庭主妇多半都答应了这个大的请求。

很多情况下，如果我们发现人们为承诺做了一件小的事情后，很可能会在后面比较大的请求上做出积极回应。捐款也是如此，如果你让他们答应为某一慈善团体捐款，那么你建议捐款的数目应该越小，在后面的实际捐款中他们捐的数量可能反而会更大。而对于那些事先没有承诺的人，无论你建议捐多少，他们实际捐的都会比较少。承诺使人产生主观效能感，使人们主动地去验证自己的承诺，从而产生积极的行为。

2. 互惠原则

通过给被试提供某种回报，而得到他们的承诺，通常是以交换的方式来影响别人的行为。这种影响技巧通常容易对被试进行解释。但有时这种行为的过分功利性会影响人们的积极性，或由于社会规则方面的顾虑，人们不愿进行赤裸裸的社会交换。这一技巧背后的心理学基础就是互惠原则。

人类学家、道德哲学家和社会学家已经详细地阐述了互惠原则的作用。作为一种社会规则，它要求我们去帮助那些曾经帮助过我们的人，这一规则可以看做是一个人性的普遍基础，很少有人会对此提出异议，而且我们很多人已经习以为常地使用这一规则来影响和说服别人。

这是遭人诟病的另类互惠互利原则。

心理学的研究证明了互惠原则存在的普遍性。某实验中，心理学家要求成对的被试对图片进行知觉判断和美学判断。一种实验条件下，每对被试中的一个人（实际上其中一个是主试的实验助手）在实验间隙离开实验室，几分钟后他拿着两瓶可乐回到实验室，并将其中一瓶赠送给另一名被试（真正的被试）；另一种实验条件下，没有发生赠送可乐的事情，在图片判断任务完成后，主试的助手会询问真正的被试，是否能帮自己一个忙，以每张 2 元的价格买一张或者是几张彩票。研究结果发现，那些接受可乐的被试购买彩票的数量几乎是没接受可乐被试的两倍，得到人们的帮助就引发了一种义务感，同时产生了报答这一友好行为的动机。

具体使用互惠原则达到说服有很多技巧，主要有以下方面。

第一，闭门羹的技术。这种与社会规则有关的策略是这样进行的：首先提出一个几乎一定会被拒绝的请求，结果门当着你的面砰然关上。但是当请求被拒绝后，你可以再提出一个小的请求。研究人员发现很多情况下，这比直接提出那个较小的请求，更容易取得说服的效果。很多销售人员都使用这一技巧。一些与商业有关的研究发现，如果你在路上拦住一些行人，希望他们答应自己的请求，完成一份保险公司进行的关于住房安全的调查，实验者对行人保证，这份调查只需要 15 分钟就能完成。对其中有些人，实验者很有礼貌地直接提出要求，希望他们能够完成这份简单的调查。由于大学的教授和学生都很忙，而且这些保险的调查又很枯燥，所以只有大概 29%的人答应了请求。但是，如果你使用了这种闭门羹技术，你可以要求这些被试，首先请他们完成一份需要 2 小时才能完成的调查，被拒绝后，实验者询问这些人是否至少可以帮助完成这一马拉松调查中最为重要的部分，即那只需 15 分钟来完成的部分，53%的被试都会答应这一请求。

这种先拒绝后答应的闭门羹技巧，往往可以带来意想不到的效果，因此也经常被推销员们所采纳。

在其他条件下，研究者也发现了这种先拒绝后答应的效应，为什么互惠原则会以这种方式发生作用呢？一种解释是，请求者从最初的请求，转向第二个更为温和的请求，会让请求的对象看作是种让步，这一转向非常有利于第二个更为温和的请求，为了报答这一让步，请求对象必须从一个毫不服从的立场变为一个更为温和的立场；与这个解释相一致的是当一个较小的请求没有被视为真正的让步时，闭门羹效应就不会出现。例如当一个请求帮助的人提出一个较小的，但是非常可疑的不同行为的要求时，人们可能会说“这个家伙原来一直在想着第二件事情”。

近年来，捆绑销售越来越被各大商家所青睐，因为它是将可视的利益或有形的物品来激发消费者的购买欲望，进而扩大销售额。

第二，折扣技巧。与闭门羹技巧具有某种相似性的另外一种策略，也涉及互惠原则，但是这个策略不需要在答应前做出拒绝的反应。这种折扣技巧，就是试图让被试讨价还价。有一个实验是这样进行的，研究者要求在面包店工作的学生以 75 美分的价格卖出一个由蛋糕和饼干捆绑起来的食品。采用的一种方法是，简单地以 75 美分的价格销售这个捆绑食品；另一种方法是，首先以 75 美分的价格销售蛋糕，但被同伴售货员短暂打断，同伴与他商量后，给出一个修订后的销售方法，在原有商品中，再加上两块饼干，但是价格保持不变。在直接销售条件下购买率为40%，而在优惠销售条件下，由于使用了折扣技术购买率，上升为73%。互惠式让步再次起到了作用，在商品中加入一些其他的东西，对客户而言是种协商，这就让潜在的客户感觉到必须通过购买这些优惠的商品进行报答。

在闭门羹效应和折扣效应中，互惠原则可能不是唯一起作用的因素，另外一个因素可能就是知觉对比。在与第一个大的请求相对比的情况下，第二个请求就会显得更小一些。相对于可能需要2小时的问卷填写，15分钟可能只是一个小小的牺牲，这样的知觉对比可能也是被试受到说服影响的一个原因。

3. 奖惩原则

在谈到说服的技巧时，我们也要谈到奖励和惩罚。作为说服的原则之一，它的应用也很多。很多情况下，人们依靠的是威胁，奖励等来说服别人遵守或者满足你所提出的要求。奖惩原则的心理学基础，实际上是两个理论：一个是行为主义的学习理论；另一个是社会学习理论。

B. F. 斯金纳（1904—1990），美国行为主义心理学家，新行为主义的代表人物，操作性条件反射理论的奠基者。他认为人所有的态度、意向、信念和情感等等的内部事件，都可以是说服的产物，也就是说刺激和反应之间的联系，都可以通过行为主义的学习理论来加以成立。

行为主义的学习理论是由已故的心理学家斯金纳（Skinner）提出来的，他的理论原则实际上非常简单，主要强调行为的后果对行为的影响。在说服的情况下，说服者试图唤起个体对后果的关注，而达到影响个体行为的结果。这种行为的后果，对行为的影响，主要由两种方式体现：一种是当行为的结果出现时，情境的刺激能起到正面强化物的作用，这种正面的结果通常会增加先前行为发生的频率，但是当它作为负面惩罚结果的时候，它就会降低先前行为发生的概率，主要的心理学基础就是在结果、刺激和反应之间建立一定的关联，这种关联就是条件性反射；第二种结果，情境刺激能够通过其信号功能来对行为进行刺激，这种刺激提示我们被强化的事件何时何地会根据行为来发生，因此只要我们给出某种信号，它就会得到某种结果。斯金纳是非常激进的行为主义者，他认为人所有的态度、意向、信念和情感等等的内部事件，都可以是说服的产物，也就是说刺激和反应之间的联系，都可以通过行为主义的学习理论来得以成立。

学习理论有两种学习：一种是工具性学习。这种情况下，行为主体的行为改变了环境，即行为的结果对环境产生了影响。当行为的结果是令人满意的、或是令人愉快的时候，相应的行为就会不断地被重复，并最终可能成为一种习惯。人们喜欢重复那些能为自己带来好处的行为，工具性学习就是这一原则应用的直接结果。当行为成为获得益处的工具时，这些益处就是一种正面的强化、影响；如果这个行为带来负面的结果，我们就会试图逃避这种行为，这就是惩罚带来的结果。说服有时候能够起到作用，就是因为我们使用这种强化，和避免惩罚这种人类的基本行为倾向性，来达到改变行为的结果。

教育孩子，你能恰如其分地使用奖赏原则吗？

当获得强化的行为比较复杂时，或个体难以学习到这种行为的时候，这就必须依赖第二种影响方式，即塑造。塑造是一种渐进学习程序，在这一学习程序中，最初对任何与目标行为相类似的行为都给以奖赏，然后逐步地提高标准，只对与目标行为越来越相似的行为才给予奖赏，最后只有在目标行为真正出现时，才予以奖赏。例如，如果我们希望孩子能够主动地做家务，在刚开始的时候，只要孩子表现出做家务的意向，你都可以予以奖赏，最后你根据做家务的效果或者是频率，有选择地给予奖赏，这就是一种塑造的行为。

第二种对于人类行为产生影响的奖惩原则是利用人是社会动物这一基本观点。我们是社会动物，因此在某种程度上需要通过学习、观察或者模仿他人的行为，来对自己的行为进行一些规范和限制。社会学习理论是由斯坦福大学的心理学家班杜拉提出来的，他发现在很多情况下，人的行为实际上是个人、环境和行为三者之间交互作用的结果。因此只有当社会规范被内化为我们自己的行为时，我们的行为才会有真正的变化。

聚焦：心理学研究

使用奖惩来改变人的行为有很多实际的例子。例如，卢森研究了销售人员的强化，即奖励强化对他们的影响。他们首先连续 4 周对 16 个销售部门的销售人员进行观察，包括销售人员的销售工作、库存工作、出勤情况和其他的一些工作行为，然后研究者记录那些达到了公司要求标准的行为频率。4 周以后，研究者提醒这些销售人员要注意公司的标准，也就是公司期望的销售业绩、可允许的离岗时间等等。然后在随后的 4 周里，从 16 个部门随机选取其中 8 个作为实验组，当实验组员工达到或者超过公司的标准时，就给予系统的强化。每周一次的强化包括带薪假期或者是同等价值的现金，或者是获得一次参加抽奖的资格，也就是有机会赢得一次由公司付款的双人游。而另外 8 个组作为控制组，其员工的出色表现没有得到任何奖赏。第二个 4 周以后，研究者再次对员工达到公司标准的行为进行统计。结果发现，两个组达到预期工作行为的频率是不同的，在第一个 4 周中，两个组员工的表现是一样的，也就是我们通常说的基线水准几乎是一样的。但是在第二个 4 周中，实现了奖赏计划的强化组的工作绩效，远远超过了控制组。这就说明，奖赏和惩罚对人的行为有很大的塑造作用，这种塑造作用会影响到我们说服的效果，很多优秀的说服工作者，实际上是不停地用奖罚的原则来达到影响别人的目的。

影响的其他原则还有很多，强奇尼（Cialdini）对这方面做过很多的研究，他归纳出 6 种心理原则和由之引起的心理反应。有两种原则我们已经做了很好的说明，即承诺原则和互惠原则。强奇尼提出 6 种说服的背景和原则，分别是：①责任感背景对应互惠原则；②承诺背景对应一致性原则；③可信度背景对应权威性原则；④竞争背景对应稀有原则；⑤友谊背景对应喜爱原则；⑥社会确认背景对应多数原则。具体而言，创造出责任感的背景，从而使得互惠原则发生作用；创造出承诺背景，则会激发一致性原则。但是，如果创造出沟通者的可信度这一背景时，权威性的原则就会发生作用。因为我们更喜欢追寻一些难以获得而不是容易获得、稀有而不是寻常的事情，所以，如果在人群中激发出竞争的背景时，那么稀有的原则就会起到作用，因为它使我们更加努力去争取获得那些难以得到的东西；在友谊的背景下，所激发的就是喜爱的心理学原则。如果是在社会确认的条件下，我们通常遵循的是多数原则，我们的认同感和自我价值感，很大程度上是建立在他人对自我的评价上，我们希望他人能对自己有好感，就像我们对自己做出积极评价一样。当不知道如何做事情才能获得社会尊重时，我们通常看处在同一种情境下的他人是如何行动的，这就是模仿和学习他，以求得到他人的认同。在这种背景下，我们当然是愿意遵守多数派的意见，也就是对具有社会规范性的信息做出积极反应，这就是多数派的一些原则。

高明的说服技巧是种艺术，能使对方的心理达到一种平衡，从而接受自己的观点。从某种程度上讲，说服力就是种影响力。

总而言之，说服的影响作用在很大程度上，是由影响的背景决定，而背景之后所遵循的心理学原则又不是非常一致的。一般情况下，我们前面所谈到的说理、互惠和奖励是最常用的三种心理学技巧，而互惠、一致和承诺，则是最常见的支配这些行为的心理学基础。

第十一章　发现自我

跨文化沟通的技巧有一个很重要的方面，就是要对自己有足够的理解。中国有句古话“不识庐山真面目，只缘身在此山中”，反映的就是有时候我们的沟通不能达到预期的效果，很可能是我们不知道自己的优缺点，也不知道自己的知识经历和背景，是否与受众和他人的知识背景、价值观念相一致。因此，发现自己的特点，同时了解别人的特点，这是跨文化沟通一个很重要的技巧。能够发现自我、能够对自己有很深的了解、知道自我心理学的规则和原理的人，在跨文化沟通中就会有一定的优势。

“不识庐山真面目，只缘身在此山中”，要想掌握、控制事物的全局或者观看到事物的全貌，必须从事物里钻出来，并能深刻了解自己。应用在跨文化沟通中，我们需要知己知彼，才能真正做到百战不殆。

什么是自我？自我到底代表了什么样的心理学含义？我们的自我认识有着什么样的特点？能给我们提供什么样的信息？这都是发现自我的技巧所必须解决的一些问题。在谈到这些问题之前，我们必须先谈什么是自我。

自我这个概念非常简单，可以自己想想，如果有人希望知道你是什么样的人，有什么样的特点，你如何回答这些问题呢？在心理学中，我们把它叫做“**20个问题的自我申明**”，这就要求你对“我是谁”这个问题回答20次，每一次都是要以“我”来开头，这样我们就可以知道你对自我的认识有什么样的特点。作为一个独特的、复杂的、多样的、主动的人，你肯定有很多不同的方式来完成“我是什么样的人”这样的句子。把这些句子综合起来，其实就是你对自我概念的定义。

第一节　自我的意义

自我为什么在跨文化沟通中有意义？为什么心理学家从一开始就对自我问题有很大的兴趣？对这个问题的回答，在于自我能够帮助我们了解自己的心理特性，能够预测自己的行为，同时解释自己的行为，对我们的感情以及未来的发展有一定的了解和控制，这就是自我的心理学意义。

为什么说自我对了解自己的特性有意义呢？因为我们都知道自我是我们组织自己所处世界的一个心理基础。美国心理学家詹姆斯（William James）曾经提出，自我是人的心灵宇宙的中心点，我们的很多心理活动都是围绕自我展开的，因为我们对自己的身体、智力、能力、意图、目的、兴趣、意愿的认识，都在有意和无意地影响我们对周围世界的加工、了解、控制和反应。这些自我定义的概念，影响我们如何感受和评价周围的人和物以及它们与自己的关系。如果学术活动是你自我概念的核心部分，你认为自己是一名学者，你可能就会关注他人学术方面的能力；如果你是一名运动员，也就是说你的自我概念，是以运动为核心的，你可能就会特别注意他人的身体和技巧，而且很容易回忆出与运动有关的经历，特别能够记住与自我信念相一致的有关信息。对自我的认识构成了我们的自我概念，它可以帮助我们分析、了解、反应周围的世界。

詹姆斯（William James，1842—1910），美国心理学家和哲学家，美国机能主义心理学和实用主义哲学的先驱，美国心理学会的创始人之一。他曾经提出自我是人的心灵宇宙的中心点，我们的很多心理活动都是围绕自我而展开的。

自我定义的概念影响到我们如何感受和评价周围的世界、周围的人以及它们与自己的关系。如果你认为自己是名学者，那么学术活动就是你自我概念的核心部分，学术界的各类活动、动态也就是你最为关注的对象。

心理学中有一个概念叫**自我参照效应**（Self reference effect），意思是当信息与我们的自我概念有关时，我们会对它进行非常快速地加工，而且能记忆得很明确，保存得非常好。提问某个特定的词，比如，内向是否能描述你自己的特点，那么在以后的心理学测试中，那些可以用来

同样地，如果你认为自己是名篮球运动员，那么你的自我概念就是以篮球运动为核心的，你最为关心的很可能就是与篮球息息相关的运动以及技巧等等。

形容自己内向行为的词就比较能记得住。比如不爱说话，比较安静，与内向有关的经历可能都会在我们的头脑中有很鲜明的印象。如果我们把自己和某个故事中内向的人做比较，我们就更容易回忆出那个人和那个事物及与自己内向行为相关的回忆。

鲁迅在著名诗篇《自嘲》中写道："横眉冷对千夫指，俯首甘为孺子牛。"鲁迅先生留给我们的形象也大多都是眉头紧蹙、目光犀利、没有笑容、凝重严峻等等。

中国心理学家朱滢教授曾经做过一个有趣的实验，揭示了自我参照效应也许会有一些文化的差别。他的实验非常简单，让被试选择一些与自我、母亲或陌生人有关的词汇，比如说到鲁迅，相应的词汇就有勇敢、勤劳、犀利、凝重等，然后让被试将这些形容词跟自我、母亲、陌生人等概念挂上钩，在以后的测试中，要求被试判断心理学家提供的词汇，有哪些是他以前曾经接触过的，哪些是他没接触过的。其中心理学家提供的这些词汇中，一半是以前接触过的，一半是新词汇。然后再观察在什么情况下，人的记忆水平更高。结果发现，被试记忆那些与自己有关的词的水平最高；同时也发现中国被试对与母亲有关的词记忆得比较好，而美国被试对与母亲相关的词记忆水平略低于中国被试的水平；但是对于与陌生人相关的词汇，大家能够记住的都最少。

这个研究有两个意义：一是证明了人们的记忆，也就是我们对周围世界的信息加工，在很大程度上与自我有关。如果这些信息与我们很密

自我参照效应也有文化上的差异，比较回忆与母亲相关的词汇，中国被试的水平要高于美国被试的水平。提起母亲的概念，我们中国人很容易在脑海中想到慈母，无私，伟大，尊重，爱戴，和蔼可亲之类的词汇。说母爱深似海，对于中国被试而言也毫不夸张。

切，我们的反应就比较敏捷，记忆比较清楚，而且我们经常会使用这些信息为自己服务；如果这些信息与我们的关系不太大，我们记得就比较差，而且也很少用到它。二是说明了自我概念有文化差异，在中国人的自我概念里，母亲是自我的一部分，因此与母亲有关的信息，中国人记得比美国人清楚，使用得也比较多；而在美国人的自我概念里，对母亲产生的记忆参照效应，实际上与一般陌生人所能产生的是一样的。这表明，在自我的认识还是有文化差别的。

这个研究阐明了生活中的一个基本事实，也就是我们对自我的感觉，往往是处于我们周围世界的核心位置，因此我们倾向于把自己看作世界的核心，同时也会高估别人的行为与自己行为的关联度，也就是我们经常把自己看做某件事情的主要负责人，但实际上自己也许只在这个事件中扮演了一个很小的角色。当我们评判其他人的表现和行为时，我们也经常下意识地将他们的行为与自己的行为相比较；当我们和别人聊天时，突然听到其他人提到我们的名字，我们的听觉马上就会转移到其他人的议论之中。这就是我们对自我有关的信息的敏感程度的真实反应。

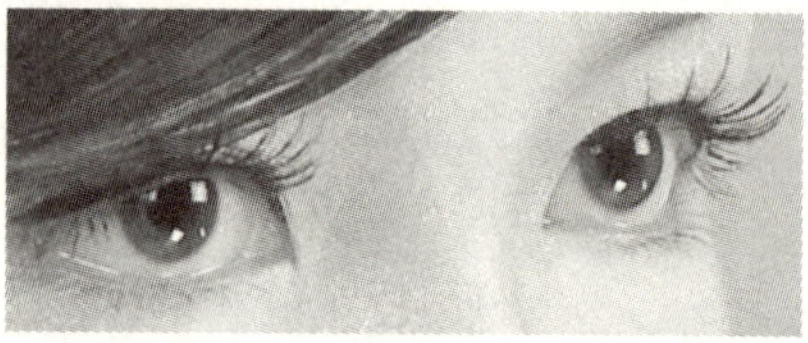

焦点效应：自己比别人更重要。我们人类常常把自己看做一切的中心，并且直觉地高估别人对我们的注意度。在现实情况下，真正注意到我们的人要比我们认为的少得多。

康奈尔大学的心理学家基诺维奇（Gilovich）和他的同事，就通过了一系列的实验证明了这种心理学的**自我焦点效应**（spotlight effect）。他们让康奈尔大学学生穿上一种特殊的上衣，走到一个晚会中去，穿这种上衣的人猜测大概有一半的同学会注意他的上衣，而实际上注意到这种上衣的人只有23%。这种自我焦点效应，适用于我们对自己的服装、发型、焦虑情绪以及吸引力的判断。很多现实的情况下，注意到我们的人要比我们认为的少得多。我们可能对自己的情绪变化很敏感，因此我们常认为，这些感受对别人也是显而易见的。同样的，我们也会高估自己在社交场合上的失误和失态，而实际上我们为此感到焦虑和不安的事情，很多时候别人不会注意到，即便注意到也会很快忘掉。我们的自我意识越是强烈，就越容易相信这种透明性的错觉。

自我除了起到了解心理世界的特性之外，它也能够帮助我们解释自己的行为：为什么你选择买这本书？为什么你对心理学感兴趣？为什么你要与朋友吵架？为什么你会爱上一个特定的人？有时候我们知道原因，有的时候我们不知道这是为什么。可是，当我们被问到为什么会有这样的感觉和表现时，我们会做出一些看似合理的回答，但是当答案很微妙时，我们的解释有可能是错误的。研究发现，人们经常错误地把下雨天与寒冷天气中的抑郁与生活的态度、价值观、人生的意义联系起来，而忘掉了这也许只是天气产生的影响。

一项有趣的研究，让穿过悬索桥的被试回忆参与实验的异性心理学工作者的外貌，发现那些有生理反应的人往往把这种反应的原因，归结于异性的吸引力，而忽视过桥时所产生的自然生理反应。

尼斯贝特和沙赫特在哥伦比亚大学做了一系列研究，以证明人是怎样误解自己的心理。

一项很有意义的研究工作是让那些穿过悬索桥的人，在过桥之后回忆一位异性心理学工作者的外貌，研究发现那些产生很强生理反应的人，常错误地把这种生理反应的原因归结为对方的吸引力，而忽视了过悬索桥所产生的自然生理反应。还有研究发现，我们有时候忽略了具有很大影响的客观因素，同时又把影响很小的因素看得很重要。

聚焦：心理学研究

尼斯贝特和沙赫特在哥伦比亚大学的学生中做了一系列研究，探索人是怎样误解自己心理的。他们给其中的一些被试吃了一片“假药”，并告诉他们一会儿可能会导致心脏的剧烈跳动、呼吸不畅和神经性痉挛。尼斯贝特和沙赫特预计人们会将他们电击的反应归因于药物的作用，这样他们就会比吃药的人更能忍受电击的影响。结果发现吃药的人，所能忍受的电击强度是没有吃过药的人的 4 倍。当告诉那些吃药的人，他们忍受了比平均值更高的电击，并询问为什么能够忍受这么高的电击时，没有一个实验者提到了药物的可能作用。当提醒他们药物可能在起作用时，他们往往会否认药物的影响，他们通常会说，药会影响别人，但是绝不会影响到他们自己，典型的回答就是，“我甚至想都没想到那些药”。

有的时候，人们还会认为他们受到某些根本没有产生影响的事物的影响。尼斯贝特和威尔逊请密歇根大学的学生评价一部纪录片。当他们正在观看电影的时候，电锯声音并不能影响他们对这部电影的评价。但当电锯声在门外响起来，大多数人相信这个噪音影响了他们的评判。实际上却没有，因为他们的评判与那些在控制条件下根本没听到噪音的被试的评判，基本上是一致的。

还有一些更有趣的研究结果，就是让某些人在两到三个月的时间里，每天记录他们的情绪体验，同时记录影响他们情绪的客观因素，比如天气、睡眠质量等。在每项研究结束时，他们要判断在多大程度上，这些因素影响了他们的情绪。令人吃惊的是，研究发现，在被试判断的因素重要性上和这个因素实际对情绪的影响之间基本上没有任何关系。这些研究表明，我们使用自我概念、自我知识来分析自我，不一定能得到准确的自我认识。

我们也常常使用自我概念来预测行为，但是人们在预测行为时，经常会犯比较大的错误。当问到他们是否会因为从众压力而服从别人的时候；或当有很多人在场时，他们是否会帮助别人。绝大多数的人都否认自己会受到环境的影响，但是就像社会心理学家证明的那样，很多的情况下，很多人都不可避免地受到这些客观环境的影响，在场的人越多帮助的人越少；同样，如果权威的压力越大，我们服从权威的可能性就越高。更有意思的是有研究发现，让大学生预测在他们两个月内可能经历不同事件的概率时，比如谈一次恋爱、得病等。他们的自我预测与建立在一般人经历上的基本预测没有多大差别，但是很多人都会认为自己的判断要比一般人准确。

人们经常不能准确地预测关系的发展，处于爱情中的人由于过于关注正面的经历，往往觉得他们会永远地相爱。

人们在预测关系的发展方面，也经常犯错误。谈恋爱的人，经常高估他们关系的时间长度；恋人们由于过度关注正面的经历，往往觉得他们会永远相爱下去。然而很多的研究者发现，父母亲和朋友在这类关系问题的预测上，往往更准确。

在预测负面行为方面，比如对痛苦和欺骗自我的预测，我们的预测通常要比父母亲、朋友们来得更准确。不管怎样，我们个人的前途很难预测，即使对自己来讲也是如此，自我能帮助我们做出预测，但这是不准确的。

我们还用自我预测我们的感情，生活中的很多重大决策，牵涉到我们对情感的预测。是否要与这个人结婚？是否要申请这份工作？是否要去度假？所有这些都是需要我们做感性的判断，因为这些事情的结果，可能给我们带来快乐、幸福，也可能给我们带来厌倦、失望。

有的时候，我们也有可能知道自己将来的感受。比如说你考试不好，或者是你赢了一场重大比赛，那么你可能就知道未来的感受是怎样的。但是最近的一些发现表明，人们经常错误地预测他们在爱情关系破裂后的情绪体验，或者是被人侮辱后的情绪感觉。路温斯顿和夏克特提供了这样的一个研究范例，当年轻的男性先观看一些带有性刺激的照片，然后再让他们想象自己处于一个很亲密的性爱情境中，在这个情境中，他们的女朋友让他们停止，他们会承认他们有可能不会停下来。但是如果他们不是首先看到这些性刺激的图片，他们经常会否认他们性冲动的可能性。当这些男性没有处于兴奋的时候，他们会经常错误地预测在兴奋状况下他们如何能够控制自己的感受和行动，正是这些现象导致了很多没有计划的怀孕。同样，饥饿的购物者经常冲动性地买东西，而吃过饭的人则不会有那么强的购买冲动。当饥饿的时候，人们会错误地高估那些点心提供给我们的满意程度；当吃饱的时候，我们又错误地低估了点心好吃的程度。

人们往往也会高估他们的快乐心情，例如体重的变化、自由时间多少对自己心情的影响。即使很重大的事件，比如赢得彩票对人的长期快乐和幸福感的影响都不如一般人所想象的那样强。

面对超市里琳琅满目的食品，饥饿的购买者经常因错误地预测点心的美味程度，而冲动性地买一大堆点心，而吃过饭的人则相对比较理智。

我们还经常错误地预测，如果我们得到一个好的结果时，我们会高兴很长时间，或者说我们同时会感到幸福。但是一项又一项的心理学研究表明，得到我们向往的好消息时带来的愉快和幸福感受，消失的比我们想象的要快得多。

如果说我们错误地预测了正面事情可以延续的程度，那么同时我们也可能倾向于高估负面事件的长久性。我们对负面事件的抵抗，实际上比我们想象的要更加坚强。曾经有一项研究，对象是那些被检查出有艾滋病的患者，预测他们得到结果后五个星期内的感受。事先预测的是，当人们听到坏消息时一定会非常悲伤；当听到好消息时，他们一定非常高兴。然而在5个星期以后，心理学家发现那些得到坏消息的人，并不像想象中的那样难受和悲伤；得到好消息的人，也不像想象中的那样快乐和高兴。同样，当心理学家请大学教授预测他们在得到终身教职时的幸福感，很多人相信一个好的结果对未来的幸福有很大的影响。但实际调查结果发现，这些教授的幸福感

当我们真正赢得彩票大奖时，我们能高兴多久？

与那些没有得到终身教职的人相比，没有太大的差别。

我们不妨自己做一个简单的心理学实验，即预测一下在未来你对一些事情发生的可能情绪感受，在这些事情过去之后，再记录自己的实际心理感受，你会发现你可能远远高估了这些事情对自己心理感受的影响。

第二节　自我与文化

如果你还记得在本章的开头我们提到了“我是谁”的描述，你可以数数你的描述有多少是关于个人特性，比如说性格、长相、志愿、兴趣等；有多少描述是关于你的社会特性，比如说你的国籍、出生地、家庭、人际关系以及社会认同感等。你可能很快就会意识到，你对社会特性的描述要远远多于对个人特性的描述，为什么会这样呢？

心理学家发现，文化对自我的认识有很大的影响。在很大程度上，西方社会是强调个人主义的社会。在个人主义社会中，很多自我认同是独立型的，因为青春期是人们与父母分离的时期，在成年以后，西方社会鼓励个人的自力更生、独立，也就是说建立独立的自我。因此相对而言，西方文化强调个人的控制能力以及自我独立性。举一个简单的例子，大家想想西方的文学在很大程度上都是宣传个人主义的，比如说强势的英雄依靠自己的努力，战胜了社会对他们的压制。西方的电影描述的是那些反抗社会压力的英雄，歌颂的是“我行我素”“我是我自己”的一些生活方式。

西方文化中的英雄强调个人主义，依靠自己的努力去获得成功。自力更生、我行我素是他们奉行的方式。

与之相反，东方文化强调的是团体主义，这种文化对相互依赖的自我比较欣赏，因此，它更多的是强调人如何适应社会环境，而不是强调个人的独立性。我们东方很多谚语，都是与强调依赖关系与自我有关，同时还强调社会关系对自我的重要性，例如，“枪打出头鸟”“众人拾柴火焰高”“一个篱笆三个桩、一个好汉三个帮”“多一个朋友，多一条路”等。中国传统谚语中有强调独立自我的吗？当然也有，例如，“各人自扫门前雪，休管他人瓦上霜”“事不关己高高挂起”“人不为己，天诛地灭”等。但是你可以很快意识到，后者并不是东方的主流社会规范，往往带有贬义色彩，描述的是不可取的行为特性。西方经济学强调“自私是社会进步的动力”“人各司其职”；而东方社会强调“利他”“家庭”等原则，为国家作出贡献和牺牲。因此，不同的文化价值观念倾向于推行和推动不同的自我概念。

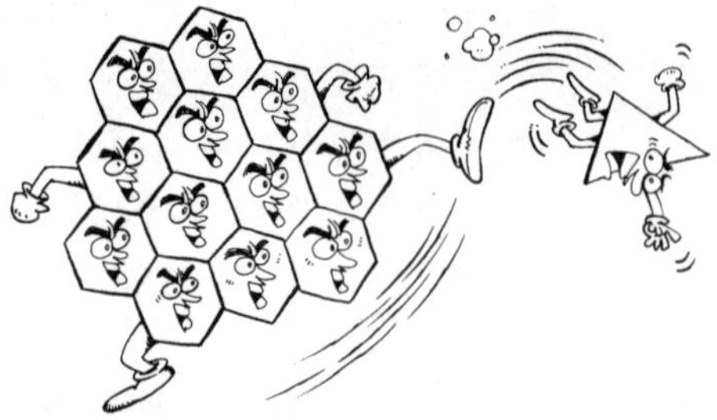
中国文化宣扬的是互相依赖、互相适应的社会环境，是种团体主义的文化。而且，中国传统谚语中强调的自我独立性，如“各人自扫门前雪”、“事不关己高高挂起”等都是非主流社会规范，并且都是被人们所摒弃的行为。

简单地将文化分为个人主义和团体主义，可能过于简化文化之间的差异，因为任何文化中的个人主义，都会在不同的个体身上出现，或者是在不同的时候出现，或者是在不同的地点出现。一个具有相互依赖自我的人，归宿感一般会比较强。相互依赖的人在与家人、同事和朋友分开后，会失去那些定义自己的社会联系。他们不是只要一个自我，而是要很多自我，包括与父母、朋友相处时的自我，还包括工作时的自我。相互依赖型的自我是与社会成员的认同相一致的，社会关系中的直接交谈可能不多，但是社交型的交谈肯定很多。社会目标一般不太强调个性的自我，而是强调支持的社会群体与自我。

团体主义的文化中，自尊及别人对我的评价是与我的团体密切相关的，因此，自我概念是可以改变的，而不是固定不变的。对那些在个人主义文化中的人而言，团体之外的人对自己和自己团体的评价没有自尊重要，自尊更多的是个人的认识，而不是由关系来决定，对个人认同感的威胁，相对而言会起到比对团体威胁更直接的作用。这就产生两种不同的自我概念和自我认识。斯坦福大学的心理学家马库斯（Markus）和密西根大学的日本心理学家可塔亚马（北山忍）认为西方文化里的个人主义观点，提倡的是独立的自我，也就是把自己看做是一个独立的、有自主性的，而且是与他人有冲突性的实体。那么这种实体强调的是自我与社会环境的分离性，这强调的是一种稳定的、单向的自我认识，强调内在的、内心的个人体会，思想和意图，强调生活的意义是追求独特性，表达自我和自我实现，所欣赏的交流和互动是直接的交流，自尊依赖于表达自我的能力，同时依赖于对自我特性的证明。

东方文化的团体主义，提倡的是相互依赖的自我，也就是把自己看做是一个社会网络的部分，而且试图通过维持与社会网络的和谐关系来定义自我；相互依赖的自我强调的是个人与社会的联系，强调的是一种灵活性的自我认识，是一种外向的、公共的自我意识。其生活的任务是追求与社会环境、社会关系的认同，强调适应社会的环境，强调为他人作贡献、为他人服务，他的自尊来自于维持和适应外在关系的能力，来自于控制自己以达到社会集体目标的能力。

两种不同的自我概念，对跨文化的沟通有直接的影响，因为不同的自我概念，对人的认知能力、对人的自我认识、对人的喜好和选择，都有不同的判断。在认知能力方面，相互依赖自我的人，通常在人际关系方面有更多的技巧，更能理解他人的行为，更能在环境中了解自己，对外在客观因素的影响也相对更加敏感。

相互依赖型的自我不是单一的，而是各种社会关系中自我的结合体，而且这种自我与社会成员的认同相一致。

对于强烈自我依赖的人来讲，自我的尊严和价值是与团体的尊严和价值密切相关的，而对于具有独立自我的人来说，自我的尊严与价值主要是个人的，与其所属的团体关系不大，甚至过分强调与团体的联系反而会影响独立自我之人的自尊和自我价值感。当询问具有独立自我的美国学生和依赖自我的日本学生，他们在什么时候感到高兴和得意？北山忍和马库斯发现，对于依赖自我高的日本学生而言，快乐的心情多半产生在与亲人的交往之中，那种亲密感、友好感和互相尊重的感受是日本学生积极的心情来源；而对具有独立自我的美国学生而言，积极的情绪体验是带有排他性的，例如，与众不同的自豪感、出类拔萃的优越感、惊人的自我效能感，往往是美国学生快乐心情的来源。同样，依赖自我强的文化，冲突往往是发生在不同的团体之间，而独立自我强的文化，冲突往往是个人之间的争斗，比如说犯罪和离婚。

独立自我和依赖自我最大的影响是对自我的评价。独立自我强的人，往往会容易产生虚假的独特感，也就是说倾向于低估自己的优秀特点在社会人群中的普遍性。询问独立自我强的学生，他们的学校里有多少学生的学术能力比自己强，结果发现，美国学生的普遍回答是只有30%的其他学生会比自己的学术能力要强；而在日本人中这个比例接近50%。因为对于具有依赖自我的人来讲，个人的独特性会伤害与他人的关系，从而影响到他们对自己的评价。

独立自我与依赖自我所产生的另外一种行为差异，就是在选择和决策上。马库斯和他的学生曾经在旧金山的国际机场，邀请亚洲乘客和美国乘客参与一个心理学实验。首先每个被试必须做一份心理学问卷，作为奖励每个被试将得到一支圆珠笔，心理学家从口袋里掏出5支笔给被试，这5支笔来自同一厂家，样式一样，但是有两种颜色，从数学的排列组合来讲，随机抽出的5支笔，其颜色有两种组合，即一支笔是一种颜色，另4支是一种颜色；或者是两支笔是同一种颜色，另3支笔是另一种颜色（如果出现5支笔是同一种颜色的情况，心理学家就会重新在口袋里抓5支笔出来，直到有不同的颜色为止）。被试要做出的选择就是，是挑多数笔中的一支，还是挑少数笔中的一支？他们很惊奇地发现，亚洲被试习惯挑多数笔里的一支，而美国被试则习惯于挑少数笔里的一支。为什么会出现这样的差异？马库斯认为，这是由于美国被试强调独立自我，而亚洲被试强调依赖自我而造成的。独立自我强的被试，喜欢自己的选择与众不同，而依赖自我强的被试，在选择时容易考虑到其他人和事物。依赖自我强的人会说，“如果我把少数笔挑走了，别人就没有挑选的余地。”

对依赖自我高的日本学生而言，快乐的心情多半来自于与亲人朋友的交往之中。

而对独立自我的美国学生而言，积极的情绪体验往往是排他性的，比如说与众不同、出类拔萃时所带来的自豪感与优越感。

这种以自我为中心和以他人为中心的行为差异，更常见的表现就是在回答问题的时候，是以自己的答案为基准来做出是与否的判断，还是以他人的问题为基准来做出是与否的判断。对于别人的问话，中国人与美国人也呈现出不同的回答方式。中国人习惯采用肯定或者是否定对方所提的问题，再来确定自己的回答是用“对”或者“不对”；而美国人回答对方所提出的问题，更倾向于直接依据事实结果的肯定或否定（用“Yes”或者“No”）。当被试人问起“我想你不是学生，对吗?”，中国人的回答方式会有两种情况，“是的，我不是学生了”，或者是“不，我已经工作了”；但是英语中，倘若别人问“You’ re not a student，are you”，他们的回答总会是“Yes，I am”或者是“No，I am not”。

中国人的文化习惯是以对方为中心，比较倾向于照顾对方的情感，这与传统文化倡导的谦虚、礼让是息息相关的。《学而》篇第十章中就有子贡曰：“夫子温、良、恭、俭、让以得之”（其中“俭”字不是节俭，而是礼让谦虚的意思）。在中国文化背景下，我们更习惯于问：“你想吃点什么?”“你想要看哪一场电影”等等。但是在英语文化中，他们往往偏好于从自身的角度出发，比如“Can I help you?”“What can I do for you?”。

这种差异在商业广告和沟通影响上也会体现出来，西方的商业广告就很强调个人的独特性。比如 IBM 的广告强调“与众不同的思想”，斯勒的碎纸机的广告词就是“与众不同”，房产公司的广告强调“选择自己的视野”，很多的广告更是赤裸裸地标榜“个人化”“独特性”“与众不同”等等。马库斯和她的韩国学生，对韩国的商业广告进行分析，发现很多韩国广告的卖点都是强调集体主义和历史文化。例如某人参的广告就标榜自己是“千年一品”，这样的广告美国人是做不出来的，因为一千年一成不变的东西肯定是有问题、不健康的。但是在东亚国家，这样的广告会很有效果，因为依赖自我强的人，很容易因自己团体的光辉历史而感到自豪。在中国，不少广告都采用了古装形象，因为我们中国人也是以我们的历史为骄傲的。在国外，以历史人物为形象的广告很少，如果有，也往往是嘲弄和搞笑的对象。他们还发现，韩国的广告通常都会有大家庭的形象，而美国的广告经常出现的是没有家庭束缚的、单身的美女俊男，这都反映了独立自我和依赖自我对人类行为的影响。

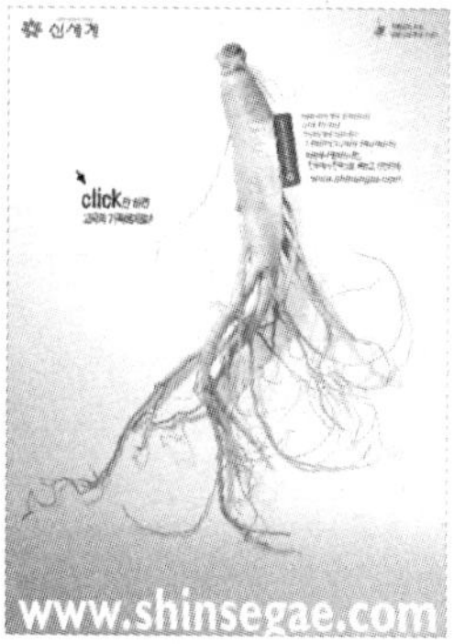

很多韩国广告的卖点都是强调集体主义和历史文化，比如说有的人参广告就标榜自己是“千年一品”，这种宣传方式在依赖自我性强的东亚国家里恰如其分。

第十二章　理解他人

跨文化沟通的一个重要的技巧，就是对来自不同文化背景的人的理解，这种理解在心理学上主要是指发现双方之间的一致性，或者是发现双方之间的差异及其原因。在很大程度上，理解是人际交往一个最基本的技巧。在本文化沟通中，理解有着很重要的地位，在跨文化沟通中，理解的重要性也是不言而喻的。很多跨文化沟通的障碍，就来自于对他人行为、言论和感情的不可理解，这就造成了沟通的障碍。如何提高跨文化沟通的效果，很重要的一点就是要能够理解他人。

在跨文化沟通中，如何真正做到理解他人、尊重他人呢？

第一节　理解社会观念的差异

社会观念是什么？心理学家马斯科维奇曾经指出，我们作为社会的人，每一个行为都需要从社会的角度去加以理解。日常生活中的很多事情，它本身并不一定具有特殊的意义，但如果我们是在某一种特定社会中成长，那么我们就逐渐地在社会交往中学习到这些事件和情形及它们在特定文化里的特定意义。这种学习到的行为意义，就是我们对社会情境和社会活动的一种观念。因此，这种观念多是具有文化特异性的。为什么社会观念非常重要呢？因为它能帮助我们理解本文化其他成员的行为意义，同时根据这种意义做出我们自己的反应。正是因为同文化的人具有相对一致的社会观念，这就使得其社会交往相对而言比较容易。因此，这种社会观念就是我们人类生存、发展以及适应外界环境最基本的生存工具。

什么样的概念能归属为社会观念呢？马斯科维奇特别提到，有四种事情应该归属为社会观念。第一种是社会思想，即对某一种概念、事物特定的解释、分析和思考；第二种是社会形象，即某一种特定的视觉形象，它在社会中代表什么样的意义；第三种是知识体系，这是社会关系的一个重要成分；第四种是特定的思维方式，就是一个社会文化不仅告诉我们有什么样的客观知识，也告诉我们如何对这些知识进行提取、加工和应用。所有这些都是我们所说的社会观念的主要成分，社会观念是一种下意识的体现，存在于我们文化的集体无意识之中。

中华人民共和国国旗旗面为红色象征革命，星星黄色，表示中华民族为黄色人种。旗上的五颗五角星及其相互关系象征共产党领导下的革命人民大团结。五星红旗就是一种典型的、特定的社会形象，其意义是由中国社会形成的。

社会观念的重要性在于能够指导我们的行为，比如什么东西我们可以吃，什么东西不可以吃；什么时间能吃，什么时间不能吃，这都是由社会规范形成的社会观念，这种观念制约我们的行为，同时制约其他人的行为。在跨文化沟通中，一个可能的障碍，就是其他人的社会观念和我们的社会观念可能有很大的差异，这种差异就会造成行为上的差异，从而也会造成理解上的困难。跨文化沟通的一个基本技巧，就是要尽量地学习、了解和理解他人的社会观念。

马斯科维奇还特别强调，社会观念与我们的价值观念和态度是不一样的。在某种程度上，有些价值观念和态度是个人的特点。因此即使是在同一种文化中，每个人可能会有不同的价值观念和态度，有的人认为生活的意义是追求金钱，有的人认为生活的意义是与上帝的接触，这都是价值观念的不一致。态度也有不一样的地方，有人喜欢红色，有人喜欢蓝色，有的人喜欢体育，有的人喜欢音乐，这些都是态度的差异，是个体水平上的心理差异。而社会观念必须是一种集体创造、集体维护并为集体服务的一套观念体系。很多社会观念的存在都要早于个体的存在，即我们出世之前，这些社会观念就已经出现。因此，个体水平上很难有这些社会观念的差异，因为它已存在于我们文化之中，我们下意识地、不自觉地接受了这些观念的影响。有人可能会问，为什么世界上会有伟人，创造出一些观念，而这些观念在这些伟人之前并不存在？其实，对于这一说法我们应该进行科学的分析，从心理学上讲，任何伟人的观点都是有历史的根源，都存在于他所生活的文化和社会之中，任何人都不会创造出一种完全脱离于社会的观念来。

马斯科维奇在他早期的工作中，对社会观念做了很多分析，特别解释了社会观念对人行为的影响。他做了一项研究，发现很多被试在试图理解他人的时候，都是通过社会观念来加以理解的。我们有时候并不一定知道每个人会如何行动，但是从社会观点的角度来讲，我们可以判断他会如何反应和行动。举一个很简单的例子，我们不知道一个陌生人会不会裸体在校园里跑一圈，但是如果我们知道他的社会、文化背景就可以判断出来。如果他的文化背景比较开放、自由、张扬，他们的性观念比较自由，我们就可以判断这个人可能会做这样的事情；但是，如果我们知道他的社会观念，也就是他所在的文化持一种保守的、性禁忌的共同理念，我们基本上就可以判断出他应该不会那样做。这就是社会观念对于我们判断个体行为的作用。

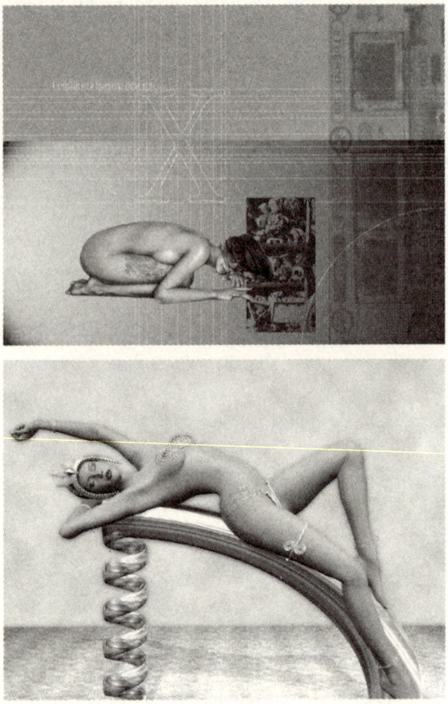

从一个人的社会、文化背景，可以推测出他可能做出的行为和反应。在自由、开放、张扬的哈佛校园，学子有裸奔的传统以减轻学习所带来的压力。但是同样的行为发生在中国，却被媒体炒得沸沸扬扬，引起哗然一片。

社会观念和个体观念到底有哪些区别呢？社会观念和个体观念应该有三种区别。

第一，个体观念在某种程度上是个体特有的；顾名思义，社会观念在某种程度上是一种社会的产物。就像我们前面说到的，个体观念是后天发展出来的，而社会观念在个体出生之前就已经存在。

第二，个体观念在某种程度上是可以改变的；社会观念是由集体来维持的，改变的过程和程度就比较慢，而且很艰难。

第三，个体观念可以通过个体心理学的研究加以了解，但是社会观念恐怕只能通过跨文化的沟通及研究加以理解、发现。这就是为什么在跨文化沟通中，对社会观念的分析和理解，是我们掌握跨文化沟通技巧的基本能力。

社会观念到底有哪些特性呢？哪些文化有特有的社会观念呢？文化

心理学家在过去的几十年中已经发现了很多社会观念的跨文化差异。归纳起来大概有如下四种观念上的差异。

社会观念的第一差异是关于理解现实和获取知识的文化观念差异。几十年来，我和我的同事一直对不同文化之间在如何认识外在世界、了解外在世界和创造知识上的差异很感兴趣。在研究中，我们发现亚洲人的知识和认识体系，在很大程度上可以被看做是朴素辩证主义的整体认识体系，这与西方的线性的分析认识体系是不同的：

第一，亚洲人在认识世界时，强调事情是不断变化的。中国的古代著作《易经》，就谈到了变化的恒常性，也就是说现实世界不是固定不变的，而是不断地变化和改变的。这种思想与中国的道教、佛教和儒教都有很多的关系，从很大程度上讲，儒、道、佛都是强调现实世界的不确定性和变化性的。

第二，亚洲人比较强调的认识世界的观念就是矛盾论，也就是说我们认为世界上的任何事情都不是绝对的，都是有矛有盾，有两极的存在。正是因为有了白天，黑夜才有意义；正是因为有了丑，美才有意义；有了长，短才有意义；有了弱，强才会有意义。世界上任何事物都由这两个方面组成，这两个方面是相互依赖，缺一不可的。这样的社会观念，对亚洲人的认识观有很大的影响。

第三，亚洲人的认识观另一个特有观念就是中庸之道，这种观念强调对任何事情的理解和掌握最好都是走中间的道路，也就是用中间的方式加以判断。

第四，亚洲人强调整体观念。强调世界上的任何事情都是相互关联的，都是互相联系的、缺一不可的。

第五，亚洲人还强调背景的重要性。强调任何事情都有背景的影响，这种背景的影响对决定事物的产生、发展和表现都有很多积极意义。

如果将以亚洲为代表的东方人的这种自然认识观与西方人的自然认识观相比较的话，我们大概可以看出很大的文化差异。这种差异表现在几个方面：

第一，世界是连续的、整体的，还是分隔的、具体的。西方文化在很大程度上，是把世界认作为一些间断的具体所组合起来的整体，哲学上叫做结构主义，就是相信世界是由很多具体的、实实在在的、细小的单元组合起来的一个整体世界。这些单元之间的联系，是由各个具体的本身特性所决定。但是，以亚洲为代表的东方的文化强调自然的连续性，也就是指每一个具体的单元不可避免地与其他的单元相联系，而且这种联系整合起来就是一个自然的整体。因此，以亚洲为代表的东方人谈自然，是一个连续的整体，而不是一个单元的组合。

第二，以亚洲为代表的东方人关注的是整体，看任何事情，都必须整体来看；而西方文化一般强调的是一些具体、单元的特性。例如，为什么一个石头从空中掉下来？亚里士多德的解释，就是认为石头具有一些重量的特性，这种特性决定了它必须往下掉。为什么木头能在水面上漂浮？西方人的解释是认为木头具有漂浮的特性。如果用东方的思维来解释，就会容易认为石头的下落是因为有地球的吸引力，木头的漂浮是因为有水的托力。因为东方人愿意从物体、背景及所在环境之间的关系来理解自然，而不是关注物体本身的一些特性。从某种意义上讲，东方的哲学思想与现代量子力学有很多表面上的相似性，因此很多物理学家错误地认为，东方的哲学思想是现代量子物理学的先驱。当然这二者之间是不同的，但是他们确实有着对场的共同兴趣。

解释木头能够在水面上漂浮的原因，不同的思维方式可以带来不同的解读答案。西方的思维方式会认为木头有漂浮的特性所以能够浮在水面；而东方人本质上是会认为木头的漂浮是因为水有托力。

第三，东方自然认识观与西方认识观的差别，本质上是到底应该着重事物之间的相似性，还是着重事物之间的本性。也就是说，我们对事物进行归类的时候，是看它与另外一些事物之间的表面的相似性，还是要找一些内在、本质的一致性。前面提到过一个有趣的心理学研究，比较了东方人和西方人的归类差异。在牛、草和鸡之间，你认为哪些事物应该归在一类？东方人的普遍归类是把牛和草放在一起，而西方人的习惯归类是把牛和鸡放在一起。因为东方的归类着重的是牛和草之间的相互依赖关系，而西方人的归类是牛和鸡之间，作为动物的本性决定了他们类别。这种根据关系和根据本性来进行归类，也反应在东方的医学和西方的医学之间的差异上。西医谈到的是一些本质的问题，因此在解决疾病问题的时候，要找到疾病的源，然后单独处理这些源所带来的问题；而东方谈到的是整体性，因此处理某一种疾病，不是只针对这种疾病下手，而是要根据它在整个系统中的关系，来整体地调整人的身心状态来治疗某一种具体的疾病。

第四，东方的自然认识观与西方认识观的差异，还表现在是相信辩证的思维，还是相信逻辑的思维，东方的思维特性可以用普遍辩证法加以解释。北京大学哲学系张光年教授就曾经提出过，东方人的思维对变异、矛盾和联系都非常关注，这就与哲学里的朴素辨证认识论有很大的相似性。我曾在多年研究基础上，提出了东方人思维的辩证特性，**认为东方人思维与西方人的思维有很大的差别，这种差别主要体现在东方人的思维很接近朴素辩证的思维特性。**

但必须指出的是东方的朴素辩证认识论和马克思主义的唯物辩证论存在着根本的差别。马克思唯物辩证论实际上是建立在西方思维基础上的辩证认识论，也就是相信矛盾是一种冲突，冲突必须加以解决。因此，他的辩证认识论是一种螺旋式的发展态势，也就是说有立论，有反论，最后是要解决立论和反论之间的矛盾。而东方的朴素辩证认识论，认为立论和反论是不可分割的两个方面，没有必要也不可能解决这两个方面之间的冲突，因为彼此是互相依赖、互相存在的，就像前面所说的没有白天就没有黑夜，没有长就没有短，没有丑就没有美，这种思想与马克思的辩证认识论是不一致的。

马克思的辩证认识论还强调冲突是一种常态，而东方的朴素辩证认识论认为和谐是一种常态，阴和阳之间没有敌对的冲突，没有必要以阴来战胜阳，也没必要以阳来战胜阴，因为它们之间是一种和谐的整体存在。反应在对现实的认识上，东方的思维习惯和认识方式是要尽量寻找事物的两个方面，同时尽量寻找事物的中间妥协点。而西方的认识是强调事物的斗争状态，而且强调最后解决矛盾的方式。如何解决人的认识矛盾呢？西方是广泛地采用逻辑思维的方式，也就是认为如果人的思维里有矛盾，那么思维肯定有错误，逻辑就是验证思维错误一个最基本的认识方法。

东方和西方的朴素认识论差异，已经得到了很多心理学研究的证明。密西根大学的心理学家尼斯贝特和伯克利加州大学的心理学家彭凯平在这方面做了一系列的研究，发现东方和西方的很多思维特性，其实与这种自然认识观是一致的。他们发现，在对事物的注意分配方面，东方的注意分配就是对背景的关注，而西方的注意分配就是对物体本身的关注。如果让东方人和西方人，看一个鱼在池塘里游泳的动作，西方人关注更多的是鱼的本身特性，它的大小、鱼鳍分布及嘴的特点；而东方人不仅关注这些方面，同时也很关注鱼与池塘的关系、有什么样的其他的鱼存在及池塘的图形是什么。也就是东方人注意分配：一种是对物体的关注，一种是对背景的关注。

东方人和西方人看一个鱼在池塘里游泳的动作时，西方人关注更多的是鱼的本身特性，比如说它的大小、鱼鳍分别以及嘴的特点；而东方人不光关注这些方面，同时也很关注鱼与池塘的关系、有什么样的其他的鱼存在以及池塘的图形是什么等。从这个研究中发现，东方和西方的很多思维特性都是与他们的自然认识观相一致。

基于这个特点，东方人和西方人在解释事物的因果关系时，也表现出很大的文化差异。西方的解释关注的是内因的决定作用，东方的解释关注的是内因与外因的交互作用。如果要解释一个人为什么要做某一件事，西方人关注更多的是个体本身的特性，比如，人格的特点、个人的欲望以及个人的经历；而东方人的解释不光涉及这些内因，同时也涉及一些情境的原因，比如，家庭的背景、社会的影响以及环境的特点等等，这就是东西方不同的自然因素观对东西方人心理感觉上的影响。

第二节　理解时间观念的差异

社会观念的第二个大的差异是对时间的认识方面。时间是我们生活的一个重要维度，我们每时每刻都与时间的变化有密切联系。不同文化的人有着不同的时间观念，这种时间观念首先体现在两个主要的维度上，即将时间看作是一个稀有资源，还是一个无穷尽的资源。有的文化把时间看做是一个无穷的资源，也就是说我们不需要刻意地控制和掌握时间，把自己的生活交付于命运，同时在命运中随意地生活。

有的文化把时间看做一种稀有资源，而且是可以瞬间即逝的。因此在我们的生活中，应该尽量地利用时间，要不然就不可能在有限的生命里做出有意义的事情。这种时间资源观念，影响了很多文化中人的行为。在这个问题上，中国人和美国人有比较接近的认识，就是都把时间作为一种稀有资源来对待。但是也有一些文化不太珍惜时间，而更多的是珍惜个人的生活。

时间文化观念的另一个差异就是认为时间是否是固定的，或者说是否可以改变，是否还可以延续。在很多偏远地区，人们甚至认为时间是可以伸展的，因此有的时候，时间感觉过得很快，而有的时候感觉很慢。在某种程度上，爱因斯坦的相对论涉及时间是可以变化的观念。很多工业文化包括现代工业社会，认为时间是一种固定的单位，它是不会随着人的心态变化而变化的。这两种观念对人的行为都产生了很大的影响。美国心理学家罗格·勒温曾经在全世界不同国家做了很多的调查研究，发现在各种文化之间，对时间的认识有着很大的差别。这种差别与这些文化的经济发展水平有着很大的关系，经济发展水平较高的文化，强调时间的固定意义，强调时间是种稀有资源；而经济发展较为落后的南美和非洲国家，强调时间是种无穷尽资源，并且时间可以随着人的心理体验而伸展变化。

时间观念上的文化差异还体现在另外一个维度上，就是时间的宽度。是一种长期的时间观念呢？还是一种短期的时间观念？霍斯帕德曾经发现，不同文化的人对时间、时间知觉的框架是不同的。东方的儒家文化就强调长期的时间观念，强调人的生活是为了远大的目标，因此他的工作态度和工作精神体现了坚忍不拔的原则；霍斯帕德的研究发现，西方文化的时间观念，是比较强调短期的时间观念，也就是比较强调近期目标的实现。如果询问一位印度人和一位美国人，未来的时间有多长？美国人把未来定义为 5 年之后，而印度人则把未来定义于 20 多年以后，因为他们的时间观念是不一样的，美国人是短期时间观，而印度人是长期时间观。

桑伯格 1983 年做了一项调查，对象分为印度、美国和奥地利的 15 岁青少年，让他们列举将来要发生的 7 件事情。结果发现，与美国、奥地利的青少年相比，印度青少年的时间观念平均来讲要长很多。当然，也有研究者发现，让被试谈未来的故事时，具有短期观念的人更愿意谈将来的事情，而具有长期观念的人更愿意去谈现在的故事。也可能是因为，具有长期时间观念的人认为未来太远，结果反而不愿去想未来该发生的事情；而具有短期时间观念的人认为未来不是特别远，反而容易去想未来的事情。因此，时间观念长短的差异，对人的行为影响比我们想象的要复杂得多。

这种未来时间观和现在时间观的差异，在很大程度上与工业革命有关系，因为工业革命强调未来的变化是可以很快实现的。因此对具有工

时间观念的长短差异对我们行为的影响，远比我们想象的复杂。1983 年，桑伯格分别调查了印度、美国和奥地利的青年，发现印度青少年的时间观念要长于美国和奥地利。这表明印度人更愿意谈现在而不是将来，因为长时间观念的人认为未来太遥远而不愿谈及；美国人和奥地利人则相反，因为短时间观念的人认为未来不是特别远故而也愿意谈及。

业革命背景的文化来讲，未来不是遥不可及的事情，是可以做到的，因此改革和变化一定是积极的、正面的事情，改革和变化对未来的影响很重要。具有较强未来时间观念的人，也比较容易欣赏有生命力的事物，因为他们可能会认为青年期是一个短暂的现象，我们应该珍惜。具有长期时间观念的人，不太欣赏剧烈的变化，也不是特别在意年龄的差异。还有的人认为，具有长期时间观念的人，在某种程度上可能有比较强烈的满足延迟的倾向性，他们知道如果能够延迟自己的需求满足，未来的回报可能会更大。具有长期时间观念的人更强调节省，因为他们思考问题的时候，容易想到未来的作用及影响，因此愿意为未来做出打算，因此他们会更加强调节约的倾向性。

与长期的时间观念相反的是短期时间观念。持着这种观念的人，可能更加容易接受奢华的事物，因为他们更关注现在的满足，也更容易强调自我的放纵，因为他们更关注现在的生活，而不是未来的影响，他们也不愿意为未来的发展做出准备和积蓄。因此美国出现的信用卡危机，也许与这种短期时间观念有关联。在一定程度上，西方社会的后现代主义，对个人欲望的满足，对奢侈品的追求，对自我的放纵，可能也与这种时间观念的差异有关系。

短期的时间观念，到底从多大程度上影响了美国人？信用卡危机是不可避免、无可救药的吗？

第三节 理解人格观念的差异

社会观念的另一个方面就是对人的认识和对人格的看法。心理学家一直认为，我们每个人都是朴素的心理学家，也就是说我们对人的心理活动和性格，都有一套自己的理论和看法。这些理论和看法影响到我们对别人的认识，同时也影响到我们对自己的认识。不是所有的人都知道别人是如何思想和感受的，但是我们或多或少地都知道，什么样的人会做什么样的事情，也知道他为什么会做这些事情，这就是我们常说的朴素人格理论。

朴素人格理论是我们每一个人在日常生活和社会发展中所形成的对人格的看法，这种看法比较固定而且比较共同。对某一个人的具体看法，可能每个人都不一样，但是对什么样的人应该具有什么样的特点，这些看法是共同的而且具跨文化的特征。例如，一个善良的人很可能也会被认为是一个大方的人，虽然没有证据证明善良的人一定大方，但是在很多文化中，人们容易相信这种人格理论的存在。还有一个不一定正确的、但是很普遍的认识，就是一个成功的人也是一个雄心勃勃的人，没有证据证明这二者之间一定有关系，但是朴素的人格理论容易认定这种关系的存在。

跨文化沟通的一个问题是，不同文化的人格理论可能是不一样的。社会心理学家哈弗曼就曾经发现，中国人和美国人对一些人格特质的认识及它对行为的影响的看法是不一样的。西方社会有一些人格特性可能与东方社会不一样。举一个很简单的例子，就是美貌的行为意义。在西方社会里美就是好，也就是说西方人普遍认为一个长相漂亮的人，一定是内心善良的人，容易认为这种具有杰出的外在美貌的人，一定是上帝的宠儿，因此她们更可能具有一些正面的心理特质。

在西方，一个长相漂亮的人往往是美丽、善良的化身，同时也是上帝的宠儿。

但是如果你了解东方文化，就知道东方人的辩证认识论可能会得出完全相反的结论。因为中国人认为，外表漂亮的人会有一些负面作用，这种作用对外就是会影响周围人的生活和生命。“红颜祸水”实际上就反映了中国人的辩证人格认识。还有一句中国的古话，讲的是男人的三大幸运事，叫做“丑妻、薄田、破棉袄”，实际上也反映了这种辩证的认识，认为长相丑陋的妻子实际上是对男人的帮助，因为这个丑陋的妻子可能更容易具有一些正面的心理特性。当然现代心理学研究的发展，可能更容易支持西方的朴素人格理论，而不是东方的人格理论。漂亮的外貌相对而言容易产生积极的心态，丑陋的外貌可能更容易产生消极的心态，但这个结论还没有得到一致的、普遍的认同。不管怎么样，不同文化的朴素人格理论，对人的行为有很大的影响。

哈弗曼还特别研究了文化特有的人格理论。比如，西方社会认为具有艺术特性的人，应该具有一些独特的人格特点，例如更加自由奔放，更加放纵，更加具有创造性，而这种人格理论不一定是东方人所能接受的。还有一些东方人特有的朴素人格理论，也可能是西方人所没有的。比如说，中国人更相信官员可能具有比较强的能力，因为中国社会很早就强调选拔官员凭借的是德和才。在西方社会，官员只是一项工作，而且容易认为从事官方工作的人，往往是才能和德识比较平庸的人。因此，对于官员的人格认识，东方和西方很容易发生冲突，在行为上也会有一些不同的表现。

人格观念的差异，还可能体现在对人格本性的认识上。斯坦福大学的心理学家德沃克就曾经提出两种不同人格观念，一种是认为人的性格是固定不变的；另一种是认为人的性格是可以变化的。这两种不同的人格观念，影响到我们对人类行为的理解和认识，如果我们认为人格是可以变化的话，相对而言就愿意从环境的角度去考虑问题；如果我们相信人格是一种固定不变的特性，我们就会强调和接受它对行为的决定性作用。那么这种不同的人格本性理论，可能在不同的文化表现出不一样的形式。有研究发现，东方人倾向于强调人的个性可以变化；相对而言，西方人更倾向于强调人的个性是不变的。中国有句古话：“三岁看大，七岁看老”，好像也是在说人的性格可能很难变化。总而言之，不同的人格观念影响到我们对人类行为的分析、判断和理解。

社会观念对人类社会关系的认识恐怕最为千差万别，有很多关于人类关系的认识，在不同文化中的体现是不一样的。前面我们谈到的个体主义和团体主义，在某种程度上就是对人类关系的认识。是强调个体的决定性和独特性，还是强调团体的重要性和决定性；是强调个体的满足，还是强调关系的和谐；是强调个体为他人做出牺牲，还是强调他人为个体做出服务，这都是个体主义和团体主义在关系认识上的差异。除此之外，不同文化的社会关系观念，还体现在如下几个方面。

1. 平等的观念

平等的观念是西方文化一直强调的社会观念，这种观念根深蒂固，影响到西方人行为的方方面面。从某种程度上讲，东方社会是比较容易接受社会差异的，因此我们东方社会的平等观不如西方社会强。在跨文化沟通中，这种观念的差异有时就会体现在跨文化沟通的方式上，如果是强调平等的社会观念，那么具有这种观念的人，在沟通过程中可能就会比较随意而不是正式。因此，他们使用名，而不是姓来称呼对方，而且容易表达出接受随便的沟通风格；他们的握手也不会是那么正式，很可能是一只手，而不是两只手；他们沟通的方式和风度可能也是比较随意的，表现出更多的友善行为，而不是尊重、敬畏的行为；在沟通的关系方面，可能不太强调内外的差别，他们对待自己人和对待外人的行为，可能看不出非常明显的差异；他们可能也比较忌讳一些个人化的问题，特别是容易引起差异心理的问题，如收入、年龄、长相等；这种具有平等社会观念的人在沟通过程中，可能更强调积极的、自由的参与，可能愿意想方设法去缩短双方社会等级的差别，在某种程度上，可能也更容易对权威做出挑战和批判。

强调平等的西方社会，在跨文化沟通方式上可能更加随意而不是正式。他们的握手很可能是一只手，而不是两只手，其行为表现更多的是友善而不是尊重、敬畏。

具有平等社会观念的人，在很多方面相信人的社会地位是可以变化的，更欣赏那些自我奋斗成功的英雄，对异性比较尊重，能够接受双方之间的互惠，同时也更容易开对方的玩笑。

2. 实用关系和亲情关系

实用关系和亲情关系是人际关系的另外一种社会观念。西方文化的人际关系理论实际上是建立在实用主义基础之上的，强调的是关系的功利性。因此在跨文化沟通中，我们往往发现西方人在处理问题时，非常直接、坦率，而且功利性非常强，欣赏直截了当的回答，属于低情境的交流风格。这种观念的优点在于非常坦率，而且比较诚实，也可能比较随意；在商务沟通中，更强调合同；在关系的预期方面，更强调平等和对等的交换，可能更强调社会关系的变化和提升。相对于功利的关系论，东方社会可能更强调关系的长远意义，在交流中更加礼貌，更愿意采用高情境的交流风格；在回答问题时可能有更多的尊敬、间接、隐讳的表达方式，也会更加正式；在商务沟通中，更愿意强调关系的建立；对关系的预期，不会像西方那样平等，有时甚至也会以牺牲自己的利益，来达到关系的稳定。所谓的“吃小亏占大便宜”，是只有东方社会才能接受的关系理论。

第四节　道德观念的文化差异

道德观念指的是人们判断他人行为是好是坏的内在标准，这种标准在很大程度上是由社会和文化形成的，有着比较强烈的文化特性。中国的道德观念有著名的七项，也就是忠、义、礼、智、信、孝、廉（耻）；西方的道德观念有著名的《摩西十诫》：除了耶和华之外，不可再信奉别的神；不许雕刻和崇拜任何偶像；不许妄称耶和华的尊名；当守安息日（星期六）为礼拜耶和华的圣日；当孝敬父母；不可杀人；不可奸淫；不可偷盗；不可做伪证；不可贪图他人的一切。

弗洛伊德一直认为，人类的道德观念是控制个人性冲动和攻击冲动的社会规范，它的形成主要来自于内心的恐惧和对权威的尊重。根据他的观点，没有社会的道德观念，我们就会放纵自己，而不能够实现社会所赋予的责任和义务。

1. 科尔伯格道德发展阶段论

对道德观念的心理学研究，主要是由科尔伯格所提出来的。科尔伯格在他的道德的发展心理研究中，提出了著名的三个阶段理论，认为人类最初的道德观念，是建立在对惩罚的恐惧和满足自我需要的基础之上，他把这种叫做前习俗水平的道德观念，即第一个阶段；第二个阶段称为习俗水平的道德发展，这种道德观念建立在对社会法律、规定的遵守和服从；第三个阶段的道德发展水平是后习俗水平，也就是比较全面地对人的责任、义务的基本认识。

在前习俗水平阶段的人，所遵守的道德观念首先是热爱父母，并焦虑那些可能来自于父母亲的惩罚。

在习俗水平阶段的一般都是青少年，这种水平的道德观念主要是避免被社会抛弃和惩罚，而且开始以法律和规定为标准。

科尔伯格提出的三种道德水平的差异，与人的年龄有很大关系。

第一，在前习俗水平是儿童所遵守的道德观念，首先是对父母亲惩罚的忧虑，形成于对父母亲的热爱；其次是满足自己的需求和对自己利益的保护。因此，处于前习俗水平的道德观念中的人，判断一个行为的好坏主要是看自己会不会有麻烦。为什么不能偷东西？前习俗水平的道德认识认为如果偷东西，父母会不高兴，或者如果我干坏事，就有可能会去坐牢。

第二，习俗水平的道德判断，通常是由青少年所表现出来，这种水平的观念，主要是坚持不受到社会的抛弃和惩罚，很多的回答都是以法律和规定作为标准。这个水平的道德认识，会认为我们不偷东西，是因为大家都认为偷东西不对，或是如果偷东西，那么有些人就会受到伤害。这种水平的道德认识，考虑其他人的反应和需求，因此是比前习俗水平的道德观念要高级一些，但是它也只是停留在对社会规范的认同方面。

第三，高级水平的道德观念，是科尔伯格所描述的后习俗水平的道德观念，这种道德观念通常是要对行动的所有可能性做出分析，然后在满足个人需求与遵守社会法律之间做出平衡。因此，处在这个道德水平认识中的人，在涉及是否偷东西这一问题时，首先会考虑偷东西的后果是否严重。科尔伯格在他的研究中，特意使用了一个他称之为道德两难的困境，这个困境是牵涉到各种道德观念冲突的情境，然后由被试对情境中人的行为做出道德判断。

这里有一个有名的道德两难例子：汉斯的太太得了癌症，需要一种很贵的药来治疗她的疾病，但是这种药还没有在市场上销售，只有发明药的人才拥有这种药，而且他要很多钱，才肯把这药卖给别人。但是汉斯没有这么多的钱，于是他请求化学家先把药给他，自己要用所有的财

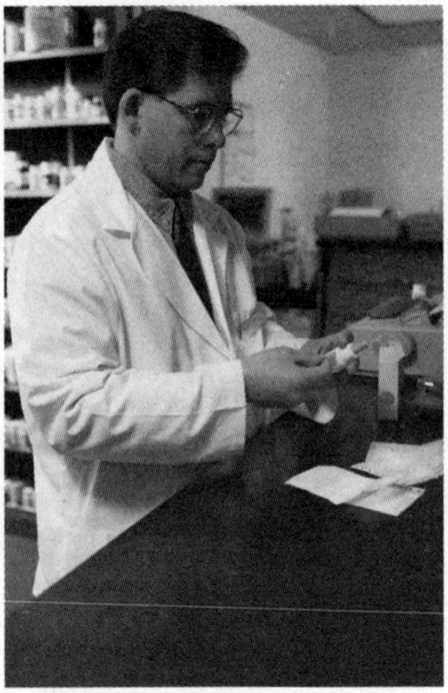

汉斯先生该偷药以救自己的太太吗？不同道德发展水平中的人在分析这个问题时的看法不尽相同。

产来买这种药，其他的钱等太太病好以后再一起还，但这位化学家拒绝了汉斯的要求。于是，汉斯就面临着一个道德的困境，**他要不要偷这种药来救自己的太太，为什么？**

根据科尔伯格的道德发展的三种水平，处于第一种水平的人会说，汉斯不应该偷这种药，因为他可能会被抓去坐牢；或者是他应该偷药，否则他太太就会死掉。第二种水平的道德判断，就会认为他应该偷药，因为他的太太希望得到这药来救命；或者说不应该偷药，因为这违反了社会的法律，会受到惩罚。第三种水平的认识，就会试图对这种行为的各种可能性进行分析，然后判断是否应该偷药，一般情况下，在后习俗水平的人会普遍回答应该偷药，因为人的生命比金钱更加重要；也许有人会认为不该偷药，因为如果偷药了，就可能会影响到化学家去发明更多新药为社会服务的动机。不管怎样，科尔伯格的研究不是想要找到对这个问题的正确答案，而是要判断人在分析这个问题时，到底使用了哪种道德判断标准，这种标准与一个人的道德发展水平有很大的关系。

科尔伯格的研究，引起了心理学家对道德研究的广泛兴趣，但是也引起了很多人的批评。对科尔伯格理论的主要批评是，他的道德困境涉及的主要还是人的思维，而不是人的行为。他也没有纳入其他的道德考量，因为他关注的行为主要是公平、公正、社会伤害等这些与传统的法律有关的道德问题。还有一些人认为，科尔伯格的研究基本上没有涉及其他文化的道德观念，因此只能看作是对西方道德观念的分析。

对科尔伯格的研究批评最早的是心理学家纪勒根（Gilligan），她认为科尔伯格的研究反映更多的是男性的道德观念。在很多情况下，男性关注的是公平的问题，而女性关注的则是关心和关怀他人的问题。因此纪勒根认为，有关关系和仁爱问题的道德判断，在传统的道德研究中，基本上受到了忽略，因此，她试图找到一种女性所特有的道德观念。但是，纪勒根及其合作者，到现在为止还没有提出女性特有的道德观念到底有哪些。

2. 非斯克关系道德理论

洛杉矶加州大学的心理学家菲斯克（Fiske），在这个问题上做了进一步的研究。他发现关系道德判断大概有四种，这四种道德观念与常见的四种社会关系是一致的。

第一类是资源共享的社会关系。在这种社会关系中的人，有共同的生活资源，面对共同的社会挑战和需求，是一种互相依赖的社会关系。例如父母和孩子的社会关系，就是一种明显的公共享有关系。资源共享社会关系的道德标准就应该是共享的道德标准，也就是说你和我应该共同享有这种资源。如果你不遵守这种资源共享的道德，你就违背了这种关系所要求的行为规范。

老板与员工、老师和学生遵循的就是以尊重和责任为道德标准的等级社会关系。

第二类的社会关系就是权威等级关系。在这种社会关系中，人与人之间有等级差异，比如说老板与员工，老师和学生就是一种等级有序的社会关系，指导这种社会关系的道德标准是尊重和责任。也就是说，下级应该尊重上级，上级应该对下级负有道义上的责任，违背了这种尊重和责任的道德原则，人的行为就会被认为是与这种关系不相匹配的。

第三类的社会关系是平等。在很大程度上，这种社会关系就是普通人之间的社会关系，指导这种社会关系的道德标准就应该是公平和互惠。也就是说，如果一个人为他人做出了服务，而没有得到类似的回报，这就违背了这种社会关系的道德标准。例如，我为你洗了碗，而你不为我洗衣服，那么这种行为就会被判断为不公正和不合适的。当然，如果双方之间的关系不是一种平等的关系，这种道德原则就不一定适合了。

第四类的社会关系是市场估价关系。这是在商业社会普遍存在的关系，每个人的劳动和服务，都是由市场的价格决定的。例如，我工作了八个小时，就会得到八个小时的报酬。指导这种社会关系的道德原则就是公正和比例，也就是说根据贡献的大小来决定报酬的多少。违背了这种道德标准，人的行为就容易被看做是不公平的、贪婪的，或者被认为是剥削。

菲斯克的发现，主要是证明除了传统法律认识上的道德判断以外，还有根据人类相互关系的道德判断，他发现这种判断有很大的跨文化相似性。也就是说，在很多文化中这四种道德判断都存在，当然不排除有些文化缺乏其中一类或者几类社会关系。例如，在非洲部落里市场估价的关系可能就不存在，因为他们还没有市场经济的存在。

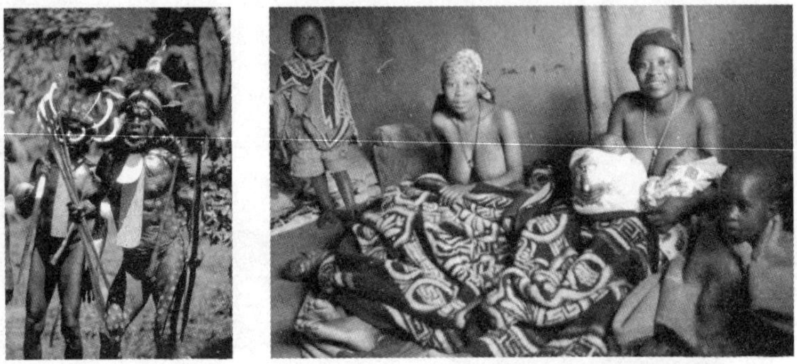

由于不存在市场经济，因此在非洲部落里市场估价关系也不存在。

即使在家庭关系中，在不同情况下，也会有这四种社会关系的表现。比如说，父母与孩子既可能是资源共享的关系；但是也有一些等级差异的关系，因为父母亲的权利一般是要大于子女的。作为普通的人，他们也应该是一种平等的社会关系。在个别情况下，父母亲也可能使用市场的估价来对待儿童，例如请他们打扫卫生，而付给他们一定的报酬。对四种关系的行为判断，可以由这四种道德标准来进行。

聚焦：心理学研究

道德的观念对人的影响到底有哪些行为差异呢？对这一研究最早做出分析的，是心理学家米勒（Joan Miller，1984）。米勒对印度人和美国人的道德判断做了一系列的分析，发现美国人的道德判断，更多使用的是法律基础，用公平标准进行的判断；而印度人的道德判断，更倾向于使用个人关系的道德标准。米勒特别设计了一些道德两难的困境，在这种困境中，人的行为是可以同时用社会法律公平的标准和关系义务的标准来进行判断的。

其中的一个道德两难困境例子是这样的：阿本在洛杉矶出差，在出差完成后，他必须赶到旧金山去参加好朋友的婚礼。因为他是伴郎，必须亲手把戒指交给新郎，然后由新郎转交给新娘。可是不巧的是，当他赶到火车站时，他突然发现自己的钱包丢了，在钱包里有去旧金山的火车票。这个时候，只剩下最后一趟去旧金山的火车，他必须要赶上这趟火车。可由于阿本是一个外地人，没有人愿意借钱给他买票。正在他百般无奈的时候，发现旁边有一个衣冠楚楚的有钱人不小心把外衣放在椅子上，从外衣的口袋上，看到他刚好有一张去旧金山的火车票。阿本该不该去偷这张票呢？

米勒认为，对这个问题的道德判断有两种，一种是坚持法律公平标准的道德判断。也就是说，阿本不应该去偷火车票，因为偷东西违反了法律和社会的道德标准，在这种情况下，对朋友的承诺没有对社会的承诺重要。另外一种建立在关系义务基础上的道德判断认为，阿本应该偷这张票，因为如果不偷票的话，他就不能够履行自己对朋友的承诺。由于结婚戒指不能交给朋友，新郎就会在没有戒指的情况下与新娘结婚，这有可能影响到朋友的夫妻关系。

米勒在印度和美国分别对这一问题进行研究，发现了非常大的文化差异。在印度，有90%的三年级学生认为阿本应该去偷这张票，因为他对朋友的承诺非常重要；有80%的七年级学生认为阿本应该偷票；也有80%的印度成年人认为阿本应该偷票。可是，在美国认为阿本应该去偷票的比例低于40%，而且年龄的增加与同意偷票的人数成反比的关系，也就是年龄越大的人，越认为阿本不应该去偷票。这就是一个很鲜明的道德判断的文化差异，美国的道德观念强调社会法律的重要性，而印度人的道德观念是建立在关系义务基础上，传统的法律责任对他们而言不比关系义务的道德更为重要。

某种程度上，我们中国人甚至东亚人，对这些问题的回答，可能更接近于印度被试的回答，因为我们都属于团体主义文化的社会，而且对人际关系的责任和重要性非常重视。中国古代一直就强调“三纲五常”，其根本含义就是强调社会关系的道德判断标准。在君臣关系上，君主的意识就是道德判断的标准；在父子关系上，父母亲的意志就是儿童行为的基本规范；在夫妻关系上，丈夫的意志就是妻子的义务。

既然道德观念的文化差异，有这么大的区别，我们又是如何进行跨文化的道德判断呢？

3. 雪韦德关系道德理论

人类学家雪韦德将人类的关系道德分成三大类，第一类是自主性道德，这种道德体系关注的是个人的尊严、权力、自由和个体的伤害及对这种伤害的惩罚，强调法律意义上对个人的保护和公平；第二类的道德观念体系，是社区道德。这种道德体系关注的是人与集体的关系，包括个人的责任、集体的责任、个人在社区的义务和等级；第三类是神圣性道德，主要涉及的是宗教判断体现，包括纯洁、严谨，对信仰和精神的尊崇。

心理学家罗赞（Rozan）对这三类道德体系的具体行为标准，做了许多跨文化的研究，发现对这些道德体系的侵犯，可以引起个体不同的情绪反应。违反第一类道德体系的行为在日常生活中经常可以看见，一个小孩打另一小孩，就是对个人自主性道德的侵犯；或是一个男人醉醺醺地回家后，殴打自己的太太；或是一个人偷盲人的钱包；或是在非吸烟区抽烟，而影响到他人；或是政府官员偷取纳税人的财产，这些都是对自主性道德的违反。在听到和看到类似违反这类道德的情况下，我们普遍的情绪反应就是愤怒。

第二类的道德体系违反行为包括，一个八岁的小孩像对待朋友那样对待老师；或者是在吃饭时，一个小孩在别人之前就开始动筷子；或者是一个员工，没道理的批评自己的老板；或者是某公司的总裁，拒绝与自己的员工坐在一起。那么，这样的道德违反行为就是对社区性道德体系的违反，主要是破坏了与他人之间所有的社会关系的道德标准。对违反这种社区性道德的行为，我们普遍的情绪反应就是轻蔑。

当听到或看到殴打妻子的醉酒丈夫，偷盲人钱包的小偷，在非吸烟区吸烟的人以及贪污受贿的官员时，我们的普遍情绪反应是愤怒，因为这都是对自主性道德的违反。

第三类的道德体系违反行为，就是对神圣宗教规律的侵犯。比如和尚偷吃荤食，或者是亲属之间发生乱伦，或者是对人的尸体进行猥亵，等等，这都是违反宗教的纯洁精神，对这种行为人们普遍的情绪反应应该是厌恶。在一些跨文化研究中，罗赞发现在对这些行为的判断上，虽然有一些文化差异，但是普遍的情绪反应有很大的跨文化一致性。在神圣的宗教场所，撒尿、呕吐、癫狂都是会被看做是对宗教的侮辱，普遍的反应都是对这样的行为非常厌恶和恶心。尽管人们的宗教信仰不一样，但是所体现出的行为判断，却惊人的一致。也就是说由人的心理反应所建立起来的道德判断，更容易具有跨文化的一致性，尽管这种道德判断的理论原则可能会大不一样。

弗吉尼亚大学的心理学家海德（Jonas-han Hiede），对这个问题做了更进一步的分析。他主要关注那些没有在法律上违规的人的行为，这些行为不涉及对他人的侵害，也不侵犯别人的权力，也没有任何明确的宗教限制，但是我们还是容易认为这样的行为不合适、不符合道德标准。这些判断的心理基础是什么呢？海德在南美和北美的很多国家做了一系列的研究，他曾经给这些不同文化背景的被试一些所谓的微犯规案例，比如说一个小姑娘在自己的家里用国旗来清扫厕所，或者两个八九岁的男女小孩在树后接吻，或者是一个人吃了自己家里的狗，或者是一个奇怪的人在超市里亲吻冰冻的鸡鸭，然后把它放进自己的篮子里。从某种意义上讲，这些行为不违反法律，也没有宗教的界定及谴责，但大家都会认为这些行为不合适，是需要加以劝阻和批评的。为什么会出现这样的道德判断呢？海德发现，主要的基础是人们对这些行为普遍都会有种情绪上的不安感，会让人从本能上觉得别扭，因此需要找到一些原因来加以制止。而这种天然的情绪反应，恐怕是我们道德判断的一个基本

无论是各宗教的教徒还是普通民众，都普遍认为宗教场所神圣不可侵犯，因此，任何与这些场合不相时宜的行为都令人厌恶。

的心理基础，也就是说如果你从情感上本能的觉得不妥的话，那么在道德判断上，很可能会找到一些理由，来指出这些行为的不道德原因。

这一发现可以很巧妙的解释两个历史上的道德难题所带来的困惑，一个道德难题就是著名的“**缆车难题**”(trolley dilemma)。它的故事是这样的：

一个著名的哲学两难问题：缆车难题

一辆缆车失去了控制在轨道上狂奔，在轨道上绑了五个人，如果这个缆车不改变方向的话，这五个人就会被撞死。幸运的是，你可以控制这个轨道的扳手，将缆车引导到另一条轨道上；但不幸的是，在另一条轨道上，还有一个人绑在那里。你该不该扳动这个扳手？如果你不扳，这个缆车会杀掉五个人，但如果你扳，这个缆车就会杀掉另外一个人。你会怎样选择？

很长时间以来，心理学家、哲学家和道德学家发现，普遍的反应是要扳这个扳手，因为这样能够救多数人，为了多数人的利益，牺牲少数人是合适的；或者说，你以最少的牺牲，为多数人争取了最大的回报。因此看来，大家在对这一问题的判断，使用的道德标准是尽量拯救多的人。

但是如果把这一道德两难困境的故事稍微改一下，人们的反应就会有很大不同，这就是另外一个有名的道德两难困境，即“**天桥难题**”(footbridge dilemma)。这个问题是这样的：

一辆缆车失去了控制，朝着五个人撞过来。你站在天桥上，正好可以看见这个缆车和轨道，而在你旁边有一个身材魁梧的人。如果你把这个人推下天桥，这个人的身体正好落在轨道上，可以挡住缆车。而这样做你就杀了这个人，但却拯救了另外五个人，你推吗？

研究者发现，在这种情况下，大多数的人都不会选择去推这个陌生人。虽然前一类的道德分析在这一故事中还适用，也即是牺牲一个人拯救五个人。但是，大部分人都不会使用前一类的道德原则来合法化推人的行为，为什么会是这样？这个问题，困扰了哲学家很多年。他们不明白，在前一种情况下，人们可以接受杀一救五的道德分析，而在后一种

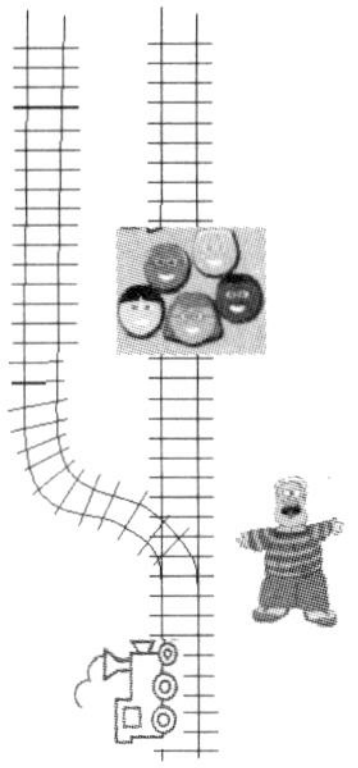
天桥难题。

情况下，人们不能够接受杀一救五的道德分析。有一种解释说在某一种情况下，我们不愿意把人作为工具来对待；还有一种分析，就是后一种情况下的个人距离近，而前一种情况下的距离比较遥远。也就是说在缆车问题中，被杀的人和我们的距离比较远，有空间上的差距，这会导致我们行为的容易程度不一样。就像亲手杀人和间接杀人，在杀人者的心理感受上会有差别，这种心理感受上的差别来自什么地方呢？心理学家发现，其实就来自于人的情感反应。在缆车问题中，是一种不动感情的理性分析，而在天桥问题上，就是一种涉及个人感情的道德难题，情绪奠定了人的道德判断的基础，什么样的情绪反应决定了什么样的道德判断。这也说明，在跨文化沟通中，相信自己的内心直觉，也许能帮助我们超越道德文化观念的差异。这种直觉虽然不能以法律、理性的原则表述出来，但是它可以让我们意识到自己与对方的行为是否有不合适的地方。“为人不做亏心事，半夜敲门心不慌”，在某种意义上，心慌的情绪反应，可以作为我们审视自己行为和道德的标准。

第四部分　行动篇

第十三章　对话的艺术

中国传统的价值观念提倡行胜于言。孔子在《论语·里仁》里说道："君子欲讷于言而敏于行。"因此，我们的教育更偏好于强调行动，而不是言论。传统文化和教育方式使得我们对演讲和对话艺术的重视与培养都不够，甚至带有某种程度的轻视。日常生活中，我们经常把那些会讲话的人说成"耍嘴皮子"或者是"口头革命家"，这些生活中培养的习惯都使得我们不太善于滔滔不绝的演讲式说话。其实，早至荀子就已经提出过"言行并重"的观点，他将"口能言之，身能行之"的人才称为"国宝"；"拙于言而长于行"的人才称之为"国器"；"长于言而拙于行"的人才称之为"国用"；"口言善身行恶"的人称之为"国妖"，而国家的兴盛必须是"敬其宝，爱其器，任其用，除其妖"。

在跨文化沟通中，语言的交流是不可替代的，同时它也是最有效的方式。

跨文化沟通的最根本的途径实际上就是对话，虽然很多的意思可以用非言语的方式来表达，但是言语沟通往往是最直接和最有效的。对话的艺术其实就是心灵沟通的艺术。

"万事开头难"，跨文化沟通最难的也许就是第一句话。

如何开头、如何延续、如何完成，这些都是每一个从事跨文化沟通的人必须思考的问题。从某种意义上来讲，跨文化沟通的最初几秒钟，就已经决定了跨文化沟通的过程和结果。

第一节　如何开始对话

实际上跨文化沟通的第一步在你说第一句话之前就已经开始了，这一阶段我们称之为跨文化沟通的准备阶段。开始一段跨文化沟通的对话，包括以下三个阶段：

1. 心理准备

在跨文化沟通开始前，必须做好足够的准备工作，要对对方的文化背景、文化特性和文化差异有充分的认知，对沟通的目的、方式、意义有足够的了解，即要对本书前三篇所涉及的问题有足够的掌握和领会。

了解对方的文化背景、特性和差异，明确沟通的目的、方式和意义，是我们在进行跨文化沟通前必须要做的准备工作。

此外，我们还要熟悉将要讨论的问题，最好列出一个问题清单，划定好提问的先后顺序和问题的难易程度。

在行动上，有两件事情要做。

第一，注视对方的眼睛。西方人常讲，眼睛是心灵的窗户。从后面所涉及的接触文化和非接触文化的差异上，我们可以知道大部分西方文化鼓励、提倡和欣赏眼神的接触。而东方文化，则不鼓励目不转睛地盯着对方。因此，对于我们来说，第一个要克服的心理障碍，就是目不转睛地看着对方。眼神的接触代表了心灵的沟通，与对方说话时，一定要看着对方的眼睛，特别是在最初的自我介绍阶段。当然，我们也不应该过长时间地看着对方，因为长时间的凝视，可能会被误解成为一种敌意行为。当对方是异性时，过长时间的凝视甚至容易被误解为有性企图。所以，在注视对方时，把握好时间长短是一个很重要的技巧。

第二，向对方微笑。在跨文化沟通的时候，要尽量微笑。当你是发自内心地愿意与对方进行沟通或对话，你就应该尽可能的释放自己的微笑。如果你觉得实在很难控制自己的面部肌肉，那么不妨在与对方进行沟通前，回想一些令人高兴的事情。微笑来源于快乐的体会，所以让内心先快乐起来，微笑就会自然而然地显露在你的脸上，而对方也会自然

在与人的交往过程中，你习惯用眼神交流吗?

地对它做出积极的回应，这标志着一个积极沟通的开始。

2. 问候

在与一个来自不同文化的人进行沟通的时候，不知道说什么是很多人都会遇到的问题。初次见面时，人们通常会互致问候来促进人际关系。英语中的常用问候语是"Hi/Hello" "How are you" "Good morning/Good evening"等。这样的问候语在中国人之间很少使用，我们打招呼时常用的是："你吃过饭了吗"。但是在英语中这句话所表示的就不是打招呼了，而是在邀请对方共同进餐。中国人在见面时还有一些常用语如"你去哪里?"或者"你是上班还是下班?"说这些话时，我们并非真的想去了解人家到底要去做什么事，只是一种问候的方式，对方也只需随便给个回答就行。但在西方，若这样去问对方，往往会让对方不高兴，因为他们会认为这样的问题干涉了个人隐私。再如，中国人见面询问对方的年龄是件很正常的事情，但是在西方，这却会被认为是件很没有礼貌的事情。在西方文化中，人们很注意隐私，注重个人空

每个国家地区文化的不同造成了打招呼的问候语也不同。在国外，埃及人见面就说：你是怎么出汗的? 海地人却在问：你是怎么站的? 对于这些问候我们中国人可能会感到十分奇怪。同样在中国，我们见面问："你吃饭了吗?""你到哪儿去?"等等，都是再平常不过的话。而对于西方人来说就会觉得很奇怪，甚至产生不满，因为在西方国家连孩子都会认为这样的问题是在干涉个人隐私："我吃不吃饭，我来干什么，有必要告诉你吗?"

间，他们有“Good fences make good neighbors”（好篱笆也创造好邻居）的说法。所以，在跨文化沟通中，中国人应该回避婚恋、年龄、宗教信仰、经济状况等方面的话题，这样才能使谈话顺利进行，达到成功沟通的目的。

其实帮助我们恰当地说好双方见面的第一句话有很多种方法。第一种最关键的是要知道对方的名字，最好直接称呼对方。这样做在对方看来，表明你对他很感兴趣、很重视。很多人在回忆周恩来总理时，都提到最让他们感动的一件事：周总理能够叫出他们的名字来。我们无从知晓周总理是真的记住了他们的名字，还是工作人员告诉了周总理这些被接见人的名字，但这一行为产生的效果却是让对方感到被重视。这一技巧在跨文化沟通中同样适用。第二种是介绍自己，告诉对方你的名字、工作单位及相关背景。但是千万不要用一个要准备解决的问题来开始一场跨文化的对话，如果这样做的话，你只会得到对方的反感和敌意。第三种是做出一种有意义的提示。比如，当别人问候你的时候，除了简单的回答说“很好”“谢谢你”，还可以加上你想让对方关注的要点，比如说“我很好，希望今天能够很好地合作”，或者“我很好，我有一个想法想跟你交流”。常用第一句话作为提示的表达，是对自己身份的阐述。如在介绍自己姓名时，马上点出自己在这次对话中的身份和角色，简要阐述对话的目的，告知对方自己就是其对话的伙伴。

直接称呼名字可以使对方感觉到自己是被重视的，在跨文化沟通中你不妨这样做。

当第一句话出口时，也应该伴随着第一个动作。最常见的第一个动作是握手。一般来说，握手应该是有力的，最好是与对方的力度相一致，对方用力大，你也要用力大，对方用力小，你也要用力小。握手的质量往往传递了你对别人的态度，一个有力度的、积极的、正确的握手方式，表达了你的可信度及对别人的尊重和重视；一个无力的、漫不经心的、错误的握手方式，所表达的就是不利于你的信息及非常糟糕的印象，同时这种不利是无法用语言来弥补的。因为，这种不礼貌、“死鱼”式的握手方式会让对方觉得你是傲慢、冷淡的人，你是在拒绝、排斥对方，这在跨文化沟通伊始便严重地破坏了自己的形象。需要做出提醒的是，异性之间握手的时候，一定不能过于用力。

在有些文化中，初次见面时的问候动作可能不是握手，而是亲吻、鞠躬、作揖、拥抱等。在东方文化里，鞠躬是很正式的一种问候动作，而且有很多讲究。而西方文化拥抱和亲吻则是比较常见的问候动作。如果你不知道如何行动的话，最好先观察别人的行为。

了解沟通者的文化习俗，选择恰当的问候动作，这在跨文化沟通中至关重要。

与此同时，你必须了解对方的社会关系及地位，因为不同的社会关系及地位决定了问候行为该由谁启动，以什么样的方式进行。

3. 开场白

心理学家认为，无论采用什么样的方式来开始一段对话，都要使之以正面的方式出现。最好以一些容易回答的问题来开始一场跨文化的沟通。这里有一个比较好的策略，先问两三个有明确答案的问题，然后问一些比较简单的问题，之后问一个比较开放的问题，这样能让对话的气氛更为轻松。需要注意的是，即使是开放性的问题，也应该是相对比较容易的问题。对方回答问题的时候，一定要表现出对这些问题和对方的回答感兴趣。不要太在意对方回答问题的质量，因为这只是启动沟通的一个开端。

作为一场跨文化沟通的开场白，我们往往需要选择一些轻松、简单或者开放的问题，而决不能选取那些晦涩、复杂或者涉及隐私的话题。

哪些问题是“容易”的开场问题呢？比如天气，在气候多变的地方，询问对方天气是最保险的开场白；比如最近的新闻，问问对方是否观看过奥运会，观看之后有些什么感受；再如关心一下对方的家庭情况，居住地、子女、学习经历、节日生活等。

另一种沟通技巧，是在对话环境中寻找合适的话题。观察一下周围，看看有什么样的事物、景观能够作为开场白。如果是在户外和他人进行对话，可以谈论天气、建筑、植物、云彩、星空等；如果是在一个社交场所，可以讨论音乐、着装、饮食等；你也可以将对方作为开场白，比如，恭维他们的发型、衣着或是聊聊心理体会。

总之，开场白要注意以下几个问题：首先以容易的问题开头，难的问题留在后面；其次让对方多谈谈自己，使他们感觉在受到关注；最后最好有一系列的问题，而且对这些问题的答案有或多或少的预期。如果用幽默的方式开始对话，效果或许会更好。

当所有这些难关越过以后，你就应该进入到跨文化沟通的实质阶段，把你的所有跨文化沟通知识、技巧全面地展示出来。

第二节　如何倾听对话

跨文化沟通不能只顾着自己说话，还要真诚地倾听对方的表述。倾听有两种方式：一种是被动的倾听，即单纯听对方表述，不表达自己的观点；另一种是积极的倾听，即在倾听过程中，适时表达自己的想法，与对方进行沟通和交流。在跨文化沟通中真正意义上的倾听是积极倾听，听者不但要告诉别人自己理解对方所说的内容，还要表明自己对这些话题很感兴趣，以建立起沟通双方信任与合作的关系。

心理学家早就提出，自我意识是一种镜像的意识，我们是通过别人的反馈来发现自我意识的。对反馈的需求，是人类与生俱来的本能反应。积极倾听，正好满足了人们的这种心理需求。

积极倾听具有以下三种作用。

第一，积极倾听能够反映你的理解程度，透过积极倾听，对方能够知道你对他言论的理解。有一种简单的积极倾听方法就是重复对方的话，以表示你理解了对方。

第二，共建话题，将对方的话用你自己的语言表达出来，这样不仅告诉对方你理解了他们的发言，同时你也很积极地参与到这种跨文化的沟通之中。有的时候，你的表达可能比最初的发言更有创造力，或者说更准确，这样就更能激起双方的沟通兴趣。这种沟通方式能使双方对沟通结果产生共同的成就感，增强双方分享这些成果的积极性，有利于创造出双赢的局面。

积极倾听是一个良性互动的沟通过程，它让双方共同参与到话题中来并各抒己见，这样能更好地激发起双方沟通的兴趣。

第三，建立关系，将对方的发言反馈回去，与对方进行有来有往的对话和沟通，在双方建立一种紧密的联系。只有发言的一方感觉到对方参与了这种沟通的时候，双方才能够建立起真正的关系。没有任何反馈的、单方面的发言，不能称之为有效的沟通。从某种意义上来讲，跨文化沟通只有在积极倾听的条件下才存在。

心理学家卡尔·罗杰斯（Carl Rogers）提出了积极倾听的五个策略：

第一个策略：评价。给对方的发言做出一个判断，并将这个判断告诉对方。值得注意的是，我们要评价的是对方的发言，而不是发言者本身，所以要避免对方将对行为的评价理解成为对个人的评价。对个人的评价，是间接地表明对方有一些不可改变的、天生的个人特性；对行为的评价，则是指向可以改变的、暂时的和具体的特点。例如，“你的这个观点有偏差”，这是一种对他人行为的评价；“你怎么能想到这么差的观点”，这就是消极的个人评价。负面的个人评价，容易引起对方的反感和敌意；对行为的负面评价，对方则相对容易接受一些。所以，可以

我们可以对他人的行动做出负面评价，但是绝不可以对个人做出负面的评价，同时，要适当、适时地说一些恭维别人的话。

说“你刚才说的话不够地道”，而不应该说“你怎么是这样不地道的人”。好的办法是在做积极倾听的反馈时，尽量给对方正面的积极评价，因为人们通常都喜欢听恭维话。

第二个策略：解释。用自己的话来解释对方的发言有一个简单的方法：通过询问对方一个问题，来给对方一个正面的反馈。例如，“看来你很喜欢我们学校，对吗?”这个简单的反馈告诉对方两条信息：第一，你在尽量地理解他们发言的中心意思；第二，表明你对对方的发言非常感兴趣。一般来说，人们都乐于得到这样的反馈。

第三个策略：支持。你不仅要给对方做出评价性的反应，还要做出支持性的反应，即告诉对方在某方面你们具有共同的看法、体会和经历。例如，“你说得太对了，我也这么想。”这种反馈所产生的心理效应，比前面两种反馈策略在关系的建立上更为有效。

第四个策略：探索。通过表达你对更多信息的关注，来给对方积极的反馈。例如，“你能具体告诉我这件事情是怎么发生的吗”“后来怎么样了”等，这些积极的反馈，能让对方更愿意与你进行进一步的沟通和交流。一个很常用的反馈问题是问别人“为什么”，例如“你认为这件事情为什么会发生呢”，这能很容易让对方就刚才讨论的问题，进一步阐述观点和看法。

第五个策略：理解。这是要告诉对方，你不只理解了对方的发言，而且对他的整个经历和为人都有很多的理解。这种反馈策略所产生的作用是其他反馈策略难以比拟的。例如，你可以告诉别人，“看起来你在这个问题上有非常独特的经历和体会，你能不能谈谈为什么会这样认为呢。”还有一种理解的反馈，是对对方的同情和关心，例如，“你所说的很有道理，但可能会有一些麻烦，有什么我能帮你的地方。”这样的理解和支持，往往会给对方强有力的心理支持，更容易达到沟通的目的和效果。

第十四章 非言语沟通

跨文化沟通的手段不仅仅是语言，还有很多非言语的沟通方式。事实上，言语沟通在跨文化沟通中，只占30%的信息交换量，剩下的70%都是通过非言语的沟通方式来完成的。我们的面部表情、手势、身体姿势等，都在向周围的人传递某种信息。微笑和伸出手都表示欢迎，眉头一皱表示不满，点头表示同意，挥手表示再见，听报告时打哈欠表示厌烦和不感兴趣。这些动作都是沟通的方式，它同语言一样，是跨文化沟通重要的部分。

非言语的沟通传递了沟通过程中的大部分信息，我们都知道微笑表示欢迎，皱眉表示不满，挥手表示再见，而听报告时打哈欠则表示厌烦。

在跨文化沟通中，同样的非言语动作在不同的文化里表示不同的意义。盯着对方的眼睛看，在有些文化里，代表的是积极意义，而在另外一些文化里，可能是消极意义。两个同性青年勾肩搭背或者手牵手地一起走，在中国文化中代表友谊，而在欧美文化中，则代表具有同性恋倾向。

不同的非言语动作在不同文化中代表的意义可能也不尽相同。比如同性青年勾肩搭背，在中国我们认为他们是“哥俩好”，代表友谊；但是同样的行为在欧美国家，则代表同性恋倾向。

因此，在跨文化沟通中，我们一定要了解不同文化条件下，人们的非言语沟通的方式及意义。

第一节 非言语沟通的类别

非言语沟通大致可以分为五类，加州大学心理学家鲍尔·艾克曼(Paul Ekman)通过对多种文化的非言语行为进行了分析归纳后，认为非言语沟通大致可以分为五类。

第一类：演示。这类非言语行为主要是演示说话过程中所要强调的一些词汇、概念和事物。当一个人说，“我钓了一条很大的鱼”，他就有可能用手势来比画鱼的大小，这个比画动作就是典型的演示。美国人经常用演示来表示自己的身体状态，例如，在肚子上画一个圈表示“我很胖”；用手画一个“沙漏”，表示女性身材的苗条。我们中国人也常用一些演示手势来强调词汇的意义，例如，拍拍肚子说“我饱了”；拍脑袋说“我怎么这么笨”；打一个响指来表示灵感的闪光。所有这些非言语动作都是伴随言语的表达而进行的，具有演示和强调的作用。

第二类：适应性行为。它反映的是我们身体的内部需求，是人类身体对内外环境的一种反应，通常受到生理和心理状态的影响。人在疲倦的时候打哈欠，想睡觉的时候揉眼睛，吃饱的时候摸肚子，着急的时候抓耳挠腮，难受的时候皱眉头等，这些都是适应性的非言语动作。中国历史上的“西子捧心”讲的就是适应性非言语动作，这些动作能够告诉别人行为个体当时的生理和心理状态。在这一类的非言语动作中，有一种非言语动作被称为操纵性动作，通常是指两性在交往时所产生的下意识的行为反应，在异性面前的面红耳赤、局促不安、手足无措，或者是男性夸张性的雄赳赳、气昂昂姿态，或者是女性的婀娜多姿、一步三摇等，都有操纵对方反应的成分。

第三类：姿势和手势。一些动作在不同文化中有不同的含义，一般来说，点头表示同意，摇头表示不同意。但对尼泊尔人、斯里兰卡人、印第安人和爱斯基摩人来说，意思却刚好相反，点头表示不同意，摇头表示同意。

比较中国人与美国人的姿势和手势，两者有很多相似的地方，也有很多不同的地方。在这两种文化中，男人在相逢时，都以握手的方式来问候对方。皱眉表示不高兴，撅嘴表示不满意，咬牙表示愤怒，拍肩膀表示赞扬、鼓励等。但有一些动作意义却不尽相同，例如，跺脚，在中国文化中，通常代表气愤、后悔，而在美国文化中，则代表不耐烦；目不转睛地盯着看，在中国文化里意味着好奇或者惊讶，而在美国文化里则会让人发窘、不自在。还有意义相同，但是姿势和手势却不同。例如，告诉别人自己吃饱了，中国人往往是用一只手或两只手轻轻拍拍自己的肚子；而美国人则是将一只手放在自己的喉头，手心向上，同时说“都到这儿了”。美国人招呼别人过来的方式是把手伸向对方，手心向上，用食指前后摆动；而中国人在招呼别人过来时，习惯手心向下，几个手指同时摆动。还有一些手势和姿势的意义只在一种文化中存在，例如，中国人用食指指自己的鼻子，表示“是我”，或者“是我干的”，美国人就会觉得这个手势非常好笑，不明白其意思；握紧拳头拇指向下摆动，在美国表示反对某人或者某种方案，中国人则弄不明白表示什么意思。

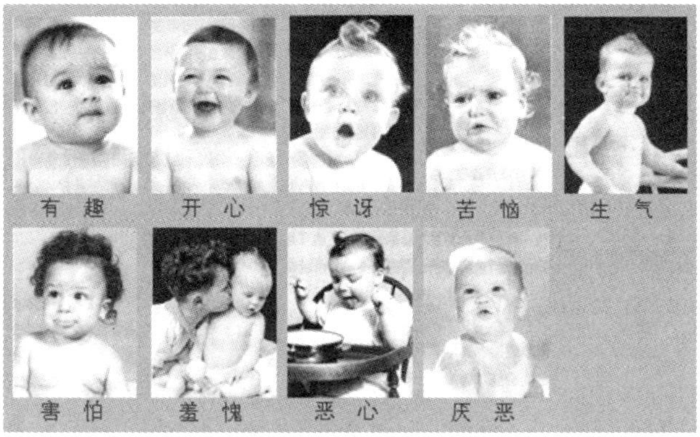

面部表情是最有效的意义交流方式，一些基本的面部表情甚至没有文化的差异。

第四类：面部表情。这是最有效的意义交流方式。达尔文发现，人类的一些基本面部表情，其意义不光在人类中是明确的，甚至在动物中也非常明确。咧开嘴的大笑，表示高兴和欢迎，眉头紧皱表示不满和忧虑。心理学家艾克曼特意对面部表情的意义做了一些跨文化的研究，发现有七种面部表情的意义是不同文化中的人普遍都能意识到的。他把这七种意义的面部表情，定义为基本的情绪，包括愤怒、快乐、恐惧、惊讶、厌恶、悲伤和轻蔑。在一项研究中，艾克曼对二十种不同的西方文化和十一种偏僻的非洲文化进行比较，结果发现对快乐、惊讶、愤怒、悲伤等面部表情的认同，都达到了80%以上。也就是说不同文化中的人，对另外一种文化的面部表情的理解基本一致。

第五类：控制性动作。控制性动作通常指我们在进行对话和演讲时，所使用的调节和控制发言的行为动作。倾听对方发言的时候，我们会用点头来表示对其发言的兴趣，鼓励对方继续讲下去；我们用眼神的接触来表示沟通的进行，当我们离开对方的眼神时，就表示我们在关注其他的事情，从而给对方一个信号，也许是改变话题的时候了；我们以身体姿势的变换来控制沟通的过程，当我们转过身，朝向他人的时候，往往意味着该是对方发言的时候了。

需要指出的是，虽然可以从理论上将跨文化的行为归纳为以上五种，但在实际应用中，我们通常是同时使用各种非言语动作来传递信息和交换意义。例如，我们在欢迎别人的时候，不光是有手势，还有表情，同时也可能使用控制性的非言语动作。

第二节 接触文化和非接触文化

2008 年北京奥林匹克运动会共举行了 302 次的颁奖仪式，在每次颁奖仪式上你可以观察到来自不同文化的人对于肢体接触反应的差异，一些运动员和官员很轻松地握手、拥抱、亲吻，而有些的运动员和官员很显然地对肢体的接触感到不安和犹豫。我们不止一次地注意到中国的运动员对来自异性的亲吻表现出明显的退缩和回避。这些反映了一个很重要的跨文化差异，即对身体接触的态度和行为反应差异。对肢体接触的不同反应不仅反映了人与人之间关系的意义，同时也对跨文化沟通增加了一些复杂的因素。

对身体接触的态度和行为的反应差异，体现了重要的跨文化差异。

著名的跨文化沟通学者爱德华·霍尔（Edward Hall），根据不同文化在是否鼓励身体接触方面的差异，分出**接触文化和非接触文化**两个类别。接触文化通常鼓励身体的接触，允许对话双方之间身体的接近甚至触摸亲吻；而非接触文化，通常不鼓励身体的接触，对话双方之间隔得较远。霍尔发现，接触文化通常是在一些热带区，包括阿拉伯地区的伊拉克、科威特、沙特阿拉伯、叙利亚、阿联酋，南美的玻利维亚、古巴、厄瓜多尔、萨尔瓦多、墨西哥、乌拉圭、秘鲁、波多黎各、委内瑞拉。在欧洲，属于接触文化的国家主要是法国、意大利和土耳其。非接触文化通常是在气候较为寒冷的北半球地区，包括东亚的中国、日本、韩国；东南亚的泰国、菲律宾、印度尼西亚；南亚的印度、巴基斯坦；北美的美国、加拿大；欧洲的奥地利、英格兰、德国、荷兰、挪威。

有这样一项实验，在数个国家随机选取两个人，观察他们单独说话时的情境，记录一小时内两人触摸对方的次数。结果发现，在英国伦敦，两人相互之间没有触摸；在美国佛罗里达州盖恩斯维尔市，双方平均接触两次；在法国巴黎，双方平均接触十次；而在波多黎各首府圣甫安市，双方的平均接触次数多达 180 次。

我们的观察研究表明，在伦敦街头两个英国人单独谈话一小时几乎不会触碰到对方。

同样的研究在法国巴黎，我们随机观察到他们谈话一小时平均身体接触十次。

在英国和美国，一般朋友、熟人之间交谈时，双方都会尽量避免身体的任何部位与对方接触，如果无意中触碰了对方，他们通常会马上说对不起。在中国，父母亲喜欢抚摸自己的孩子或别人的孩子，这表示一种亲近和爱护。但同样的举动对西方人而言，往往被认为是无礼之举，甚至会引起对方的强烈反感。在成年人之间的身体接触方面东方和西方正好相反，西方国家接受和鼓励见面时拥抱。在有些国家，比如说阿拉伯人、俄国人、法国人以及东欧和地中海沿岸的国家里，男性之间是可以互相拥抱、亲吻双颊表示欢迎；而这在东方国家和英美两国中，都是不可想象的事情。

拥抱是欧美国家常见的礼节。

西班牙人的见面礼节一般采取握手、亲吻和拥抱三种方式。正式社交场合与客人相见时，西班牙人一般都是行握手礼。在与熟人相见时，男性之间通常紧紧地拥抱。两人初次相识时，一般都是边握手边问候，如对方无握手之意，可点头说“你好”致意。

俄罗斯人是一个非常注重礼节的民族，在日常生活和接人待物中都保留着他们特有的传统礼节，如见面、告别时的拥抱、亲吻等。

为什么接触文化的人会鼓励和接受肢体的接触呢？从心理学的角度来讲，身体的接触其实是具有进化的意义，也就是说它具有一些象征意义。这些意义主要表现在以下五个方面。

在漫长的进化过程中，人类曾经用身体接触来增进彼此的信任，并以此辨明对方是敌是友。在现代社会里，有人自动组织一种名为“抱抱团”的传递爱心公益活动，目的是让人们感受真情的温暖，接受陌生人的关怀。通过与陌生人的微笑拥抱，“抱抱团”试图以实际的行动来传递着人们彼此心灵的温暖，并拒绝冷漠。

第一，问候和告别。在很多国家都要以身体的接触来问候对方，它的主要意义是在双方之间建立起一种心理的联系。在人类漫长的进化中，辨别敌人和盟友是一种非常重要的生存需要。通过与对方的肢体接触，表明双方是手拉手、心连心的盟友，可以增进彼此之间的信任，以共同对抗敌人。心理学家格尔甘和费希尔曾经用一个有趣的实验验证了互相接触对人的心理影响。他们请心理系的学生与街上随机碰到的陌生人进行一段短暂的对话，有一半的陌生人在对话中与心理系学生有握手等身体接触，另外一半的陌生人与学生没有任何身体接触。他们发现，当这名学生“意外地”将手中的计算机磁盘掉到地上的时候，90%的被握过手的人会弯下腰来，帮助捡回散落在地上的磁盘；而在那些没有被接触过的陌生人中，只有63%的被试弯下腰来帮学生捡磁盘。

第二，地位。在某种意义上，接触也是权力和地位的象征。正如布朗所指出的那样，身体的接触通常是由地位较高、权力较大的一方所引发的。长辈、老板可以拍年轻人、下属的肩膀、头部，但是，如果下属、晚辈反过来去拍长辈、老板的肩膀、头部，同样的行为就会被认为是大逆不道，有反叛和不敬的嫌疑。

第三，同情。触摸、抚摸或者拥抱，通常是同情心的表现，更多地表达的是对对方的同情和支持。

第四，亲密性。肢体接触的多少往往反映了双方之间关系的疏密度，关系越亲密，双方之间的肢体接触越多。这种亲密性也受到文化的影响。在美国，同性之间在公开场合是不应该有手拉手、肩并肩的举动的，因为这些举动意味着同性恋关系；而在中国，同性的好朋友之间，尤其是女性之间，手拉手、肩并肩是双方浓厚友谊的象征。

在跨文化的沟通中，谈话时一定要注视对方，演讲时也要关注听众并多与听众进行目光接触以示尊重。同时表情要自然，语言和气亲切，表达得体。说话时可适当做些手势，但动作不要过大。与人谈话时，不宜与对方离得太远，但也不要离得过近，不要拉拉扯扯，拍拍打打。

第五，目光的接触。在这一方面不同文化之间有很大的差异，看不看对方，什么时候可以看，什么时候不可以看，看多长时间，什么人可以看，什么人不可以看，都受到了文化的制约和影响。在英、美国家，谈话人的习惯是注视对方，如果不注视对方，会被认为是害怕对方、轻视对方、漠不关心或是感到内疚等。在进行演讲的时候，演讲人也要时时关注听众，尽量多地与听众进行目光接触，如果只是埋头看稿、照本宣科，则会被认为是不尊重听众。然而，由于文化的差异，同样的现象出现在中国，则被认为是再正常不过的了。

第三节　个人空间的文化差异

文化在个人空间及其意义的定义上，也有很多具体的差异。个人空间是我们维持与他人之间距离的一种无形的范围和安全区域。情境变化的时候，这种个人的范围和安全区域就会有所变化。当与陌生人相处的时候，我们需要维持比较大的个人空间；当与好朋友相处的时候，我们维持的个人空间就比较小。当然，在这个问题上，个体之间也有较大的差异，有些人喜欢比较大的个人空间，有些人喜欢比较小的个人空间；通常成人的个人空间要大于儿童的；男性之间的个人空间比女性之间的个人空间要大很多；非洲文化的个人空间较小，而英美文化的个人空间较大；法国和阿拉伯文化的个人空间较小，同样的拉美文化中的个人空间也比较小。

爱德华·霍尔对个人空间大小的差异及其意义做了一系列的研究，发现沟通双方距离的大小，是由双方之间的关系决定的。他发现沟通的个人距离有四种，这四种个人空间距离的大小，分别对应的是四种不同的人际关系。

第一种个人空间是亲密的距离，沟通双方以零距离或不超过 45 厘米的距离接触。成年人通常不太愿意以这种距离与别人进行对话和沟通，只有在迫不得已的情况下，比如说拥挤的电梯里或者公交车上，人们才能接受这种近距离的接触。因此，当有人提到“零距离接触”时，我们一定要谨慎其要表达的真实含义。从心理学的角度来讲，零距离的接触代表双方之间的关系已经到了密不可分的程度，这与新闻媒体中经常提到的“零距离接触”是不一样的。

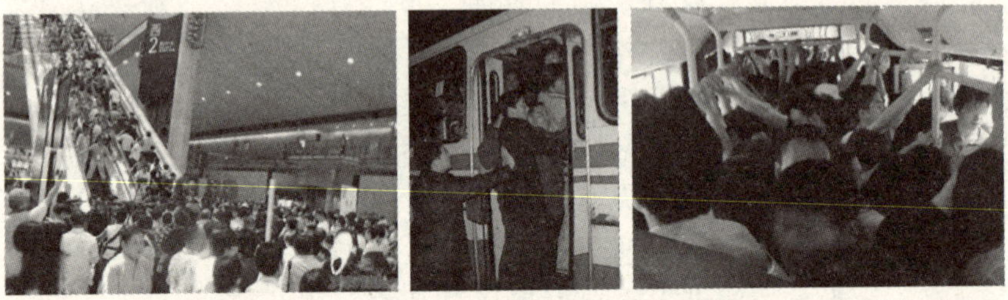

除非是在迫不得已的情况下，比如说拥挤的电梯、公交车或地铁上，否则人们不能接受这种近距离的接触与沟通。

第二种个人空间是朋友的距离，沟通双方相距 45 厘米到 120 厘米之间。以这种距离进行沟通，双方交流的一般是非常个人化的问题。

第三种个人空间是社交的距离，沟通双方相距 1.2 米到 4 米之间。这种距离通常适合公共场合的活动，交流者之间是普通的工作关系。

第四种个人空间是公共的距离，沟通双方相距 4 米以上。这种距离适合律师、教室、政客、牧师等在工作中使用，人际沟通中通常不会保持这么远的距离。在公共场合，沟通双方的距离相对较远，这种距离是人们比较容易接触的公共距离。在沟通过程中，离得太近，会让人觉得很不舒服；离得太远，又会让人觉得非常别扭和沟通困难。

第十五章　跨文化的冲突解决和谈判

人类社会是一个充满了矛盾和冲突的社会，由于不同个人、不同团体、不同社会阶层都有不同的利益，而在各自追求利益的同时，彼此之间就会产生矛盾。这些矛盾在本质上都有相同的心理学要素，而解决这些矛盾需要的就是沟通和合作。我们不止一次看到或听到人们在追求自己利益最大化的同时，损害了他人的利益，间接地损害了彼此的共同利益。大到国家之间的冲突，比如领土争端、军备竞赛、贸易纠纷，小到个人之间的冲突，比如，薪酬高低、升学与否、学校优劣都反映了在人类的现实生活中冲突是不可避免的。

现实生活中，跨文化的沟通往往是被迫进行的，当跨文化冲突出现时，我们才被迫进行跨文化沟通以解决冲突。这种跨文化沟通可以是国家间的领土争端，也可以是跨国企业内部员工与管理层之间的工资纠纷。个人的层面上，可以是旅游者与当地人员的争吵，或是跨国婚姻夫妇间的不和。这些跨文化的冲突，需要借助跨文化沟通的知识和技巧加以解决。

面对各种大大小小的冲突与矛盾，我们需要进行不同层面上的沟通和合作。

第一节　跨文化的冲突解决

为了解决跨文化冲突以及有效进行跨文化沟通，我们首先得了解冲突产生的社会心理因素和原因有哪些。除了文化价值观念、道德标准、团体认同等因素所造成的争议及不和外，还有很多社会心理因素会导致这种冲突的产生。

1. 社会两难困境

跨文化冲突产生的一个主要原因，是在很大的程度上，不同的团体都是在追求自我利益的最大化。但这种追求的结果，经常会造成团体内每个个体利益的损害。这就产生了一个两难的问题，如何使人们在追逐个人利益最大化的同时，形成对双方都有利的结果。

经济学家、哲学家、心理学家和社会学家都对社会两难问题很感兴趣，并进行了大量有意义的工作，这些工作对于我们解决跨文化沟通冲突具有启迪作用。这里，我们主要考虑两个最有名的社会两难博弈问题：囚徒困境和公共地悲剧。

囚徒困境的问题来自于一个有名的案例：两个犯罪人合伙犯罪，但检察官掌握的证据只能判他们很轻的罪。检察官为了使嫌疑犯承认自己的罪行，就设计了一个单独审讯的策略。他分别告诉这两个嫌疑犯，如果一个人认罪，另外一个人不认罪，认罪的嫌疑犯将获得赦免，而他的证词可以用来使另一个嫌疑犯得到最严厉的判决；如果两个嫌疑犯都认罪，他们都会得到中等程度的判决；如果两个人都不认罪，他们都得到较轻的判决。心理学家对类似的问题做了接近2000个实验，实验的情境不仅包括对罪犯的判决，还包括金钱的分布、学习成绩的获得、奖品的分配。实验结果是，很多人都会选择背叛另外一方，以求自己得到较好的结果。而实际上，如果双方相互合作，结果会比相互背叛更好。

在现实生活中，我们会经常遇到这样的囚徒困境，尤其是在企业中，很多情况下都不能实现自身的最佳利益，甚至是损人不利己的。因此，强化企业之间的沟通与合作，将是企业获得双赢局面的一条捷径。

为什么在知道有三种不同结果的情况下，这些被试不去选择合作的方式呢？通常的思路是：如果对方都认罪，那么自己会得到中等惩罚；如果对方不认罪，自己就可以获得彻底的自由；如果自己不认罪，他就有可能得到最严厉的惩罚。因为不知道对方会不会认罪，从每一个嫌疑犯自己的角度看，不管对方如何选择，认罪都是比较有利的策略，这就是社会两难困境的症结所在。于是，在缺乏沟通和信任的情况下，我们只能够采取不合作的态度，以保护自身的利益。

跨文化冲突同样具有囚徒困境的元素。两种文化的团体和个人由于文化的障碍，在缺乏与对方完全沟通的情况下，就会采取对抗和不合作的态度。可见，通过沟通建立信任，是解决任何囚徒困境必不可少的途径。

社会学家哈丁（Hardin）第一个描述了**公共地悲剧现象**的存在。他的灵感来源于旧时新英格兰地区市中心的公共草地。这块草地是大家共有的，如果每个人只是部分地利用草地，对这个公共资源的利用就是最优的分配，但是如果每个人为了自己的利益而过分利用草地的话，所带来的后果就是公共资源的消失。举例来讲，100 个牧民共同享有一块能养 100 头牛的牧场，当每个牧民只养 1 头牛时，这个公共牧场的利用是最优分配。然而，有的牧民会这样想，如果我多养一头牛，我的收入会翻番，而我的成本则只增长 1%，这样他就有去养第二头牛的强烈愿望。如果所有的人都有这种想法，并这样去做，那么就会不可避免地导致公共地的悲剧——一块公共地的消失。

在社会现实中有很多问题都与这个案例相类似。小排量汽车所排放的尾气，摊到每个人的每部车上都是微不足道的。但有的人会为了自己的利益购买大排气量汽车，他们的想法是，多出几辆大排量汽车，对于总的汽车尾气排量来说微不足道。

囚徒困境和公共地悲剧有一个共同的特点：**处在这种情境中的人，都不信任对方。**公共地悲剧中，我们担心别人会利用公共地资源，导致自己的利益在这种竞争中受到伤害。这就要求我们一定要对对方的文化、心理和动机有足够的了解，从而避免社会困境的产生。

当面对面进行沟通和接触的时候，人们更倾向于作出与对方进行合作的承诺。因为倘若不进行沟通，那些不相信别人的人，很容易成为不合作的人，因为谁都不愿意吃亏和被人利用。不合作的态度又强化了对他人的不信任，因为人们很可能找到各种理由去合法化自己的不合作行为，包括认为这个世界就是一个人吃人的社会。心理学实验室里，处在社会两难困境中的人在沟通中会有过激的情绪反应和争吵，但当沟通双方对共同所面临的困境有足够的讨论之后，他们会去关注共同的利益，形成超越团体的更广泛的认同感。有时候，困境中的沟通还会促生一种共同的规范，使得每个人感受到规范的压力，而更倾向于与对方进行合作。

2. 团体之间的竞争

由于人类所拥有的资源是有限的，不同团体在资源的占有和享用上就会有竞争，有竞争就可能产生冲突。社会心理学家谢尔夫（Shefif）通过一系列的心理学研究发现，如果把随机抽选的小孩分成具有资源竞争关系的不同小组，竞争很容易让双方发生冲突，并产生对对方的负面印象和对己方的认同与骄傲。谢尔夫的研究深刻阐释了这样一个道理，即便是那些善良温和的人，在资源缺失的情况下，也会变得对他人充满敌意和仇视。

跨文化冲突很多时候也是由于资源竞争产生的冲突。解决这些冲突，需要双方之间的良性互动，特别是要意识到双方之间的共同利益。在有共同的外来威胁的情况下，这种具有竞争关系的人，可能会暂时放弃双方之间的纠纷，齐心协力面对共同的敌人。另外一种解决竞争双方冲突的方法，是让双方产生一个更加高尚的行为目标。当两个互相敌视的团体可以组合成一个具有更高目标的团队时，原来的竞争关系就可以转化为伙伴关系或朋友关系。谢尔夫的实验中，就成功地让那些原本具有竞争关系的小组，去共同面对一些需要解决的问题，于是在很短的时间内那些先前互相仇视的小孩变成了好朋友。

3. 不公平的意识

冲突产生的第三个心理原因，是我们知觉到的不公平。人际关系中，我们认为回报应该是与贡献相等同的，我的回报与我的贡献比例应该等同于你的回报与你的贡献的比例。一旦人们觉得自己的贡献多而回报少，就会认为自己在这一社会关系中被利用、被剥削，从而感到不愉快。谁能精确测定双方的贡献大小？实际上，这种公平的原则很难确定，尤其贡献大小是一个非常主观和片面的概念。通常，那些具有较大社会权力的团体，会有权决定游戏的规则。跨文化冲突，很多时候是由于不平等的文化地位造成了一方或双方对于自己贡献的评判差异。

心理学家发现，那些越是认为自己能力强、自尊心强的人，越容易强调自己的贡献，越觉得自己受到了不公平的待遇，因此也越想去报复社会关系中的另一方。冲突的发起，往往来自于那些自认为贡献大于回报的人。解决这一不对称认识的唯一方式是通过与对方的比较来认识到对方与自己的相似性。

不公平意味着权益的缺损与丧失，因此知觉到的不公平是跨文化沟通过程中的一大障碍。

4. **知觉错误**

冲突产生的第四个心理学原因，是我们的知觉错误。知觉错误产生的原因有很多种，一种是自我服务的偏差，也就是我们更愿意美化自己和自己团体的行为，我们甚至会对客观的现实信息加以过滤和改造，以满足这种自我服务的需求。另一种错觉产生的原因是团体思维的特性，即总认为自己的团体是讲道德的、强大的，而对方的团体是邪恶的、软弱的。可见，不同的认同感会导致完全不同的知觉倾向性，错误的知觉造成双方冲突的预期，敌意的预期再促生敌意的行为。最终，这种知觉的敌意被对方感知，期望就变成了敌意的现实。例如，你听到一个谣言，说你的一个好朋友讲了你的坏话，你渐渐表现出对他的不满。结果他开始反骂你，这样就确认了你的期望，本来是一个不存在的谣言，反而变成了现实。

我们已经知道冲突是怎样由社会两难困境、激烈竞争、不公平意识以及知觉错误而引起，那么如何解决冲突呢？其途径就在于沟通。

第一步，解决跨文化冲突需要接触。冲突双方近距离的接触，往往能够增加彼此之间的熟悉、喜爱、理解、欣赏和信任。在过去的 40 年中，美国的种族矛盾发生了很大的改变，从一开始的相互敌视直到现在黑人总统入主白宫，一个关键的原因就是在 20 世纪 60 年代美国最高法院强制取消了美国社会的各种歧视黑人的种族隔离政策，促使美国白人与黑人互相接触和共同生活。

接触是建立友谊的关键，与个体建立起友谊，可以改善我们对这一个体所处团队的印象。假如我们认识了一名土耳其人，并和他建立了友谊，我们就容易对土耳其这个国家产生较好的印象。同样，与中国人接触较多的美国人，对中国的印象比那些没有与中国人接触的美国人要好得多。在美国多年的经历告诉我，凡是有中国朋友的美国人，对中国的了解和热情要远远大于那些没有中国朋友的美国人。

从当初的种族冲突、矛盾不断，到今天的黑人总统奥巴马执政，美国消除种族冲突之路走了有多远？

第二步，解决跨文化冲突需要合作。接触有利于改善双方的态度，但有时候，这还是不够的，强烈的敌意不会因为简单的接触而消失。这时，最好的策略就是让双方变得互相依赖，为一个共同的目标一起奋斗，这就是合作。例如，因为彼此相互依赖，有较多商业合作关系的国家之间发生战争的可能性就比较小。

俗话说：“兄弟一心，齐力断金。”合作是通向成功的基石。

第三步，解决跨文化冲突需要建设性的沟通。通常情况下，冲突的双方都会有一种竞争的输赢感，往往将自己的成功定义为对方的失败，或将自己的失败定义为对方的成功。这种非赢即输的倾向性，只会让双方变得更加敌对，甚至为了摧毁对方把自己的利益置于次要的地位。

建设性的沟通，要求冲突双方在对对方立场和利益有更多了解的情况下，讨论和分析冲突产生的原因及其解决方案。冲突双方要把自己的诉求放在一边，去倾听对方的需求、兴趣、目标和要求。心理学研究发现，那些愿意为对方着想的人，往往更容易在解决冲突的过程中实现双赢。

中国历史充满了合作双赢的传奇故事，三国之争的吴蜀联盟就是很好的一个例子。孙权、刘备各踞一方都有称霸天下的雄心壮志，彼此之间也有很多的利益冲突，但在大敌压境之际，吴蜀双方能够割弃争执，互相合作，精诚团结，取得了赤壁之战的胜利，奠定了三国鼎立的历史格局。吴蜀两国以后由于荆州之争，互开战火导致刘备兵败夷陵，托孤白帝，使得两国的合作分崩离析，从而让司马家族的晋朝乘虚而入，最终导致三国归晋的历史格局。因此，三国的历史就是一部合作双赢、敌对双输的战略故事。

成语中也有很多揭示合作则共赢的典故，例如："兄弟阋于墙，外御其侮"表明亲兄弟之间即使有再多的分歧与纠纷，但是在外敌来临之际，则当摒弃前嫌共同抵制外敌。孔子说："君子和而不同"讲的也是这个道理，我们没有必要完全一样，但是这种不一致也可以成为我们合作的基础。春秋时期越人和吴人虽然经常发生冲突，但是在大风大浪面前，尚能"同舟共济"。古人尚且如此，我们今人更应能够从理性的角度追求合作双赢的局面。

为什么建设性沟通能够解决冲突呢？一个关键的因素就是信任。如果你相信对方是好意的，你就更愿意向对方表露自己的需要和兴趣；如果缺乏信任，你就会担心过分的坦诚会暴露给对方太多的信息，而这些信息可能被对方利用甚至是来反对你。

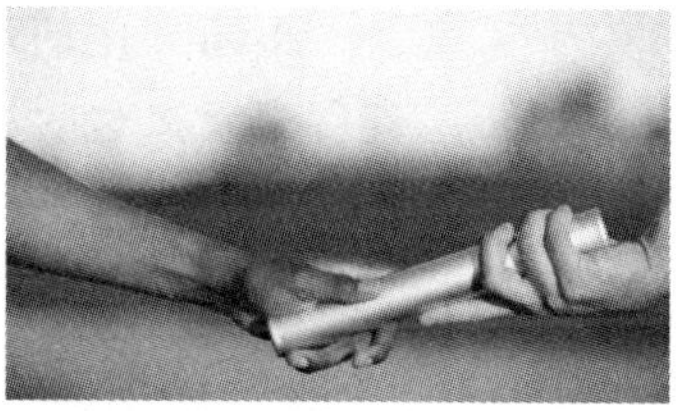

信任是人际关系中的最高水平，彼此信任是最理想、最美好的也是最有效率的关系。

第二节　跨文化的谈判

解决跨文化冲突的一个具体实践就是跨文化的谈判。当两个有利益冲突的不同文化团体在一起寻求解决冲突的方案时，跨文化谈判就产生了。成功的跨文化谈判，要求问题解决后不仅不会对双方的关系产生负面效果，而且双方都得到了部分满足。然而，不同的文化在如何进行谈判方面，有很大的差异，这种差异往往会影响到跨文化谈判的过程和结果。跨文化心理学几十年的研究发现，跨文化谈判的差异主要体现在以下五个方面。

1. 谈判目标的差异

在谈判目标的认识上，不同文化的谈判者倾向于设定不同的谈判目标。强调个人主义文化的谈判者，谈判目标通常非常具体、明确，以解决问题为主；而集体主义文化的谈判者，谈判目标往往更多地考虑关系层面。密歇根大学的心理学家伯克尔（Jeff Burks）曾观察了美国人和墨西哥人对于谈判目标的认识差异，他发现：个人主义强的美国人在谈判的目标上，倾向于局限在对于所要解决问题的关注上，因此，与对方的关系不会影响到他们谈判的目的；集体主义精神强的墨西哥人，他们谈判的目标就或多或少地有维持关系的成分，因此，他们的谈判目标受与对方关系的亲疏程度的影响。墨西哥人在同自己关系较近的人谈判时，目标之一就是避免现有的关系受到伤害，而与自己关系较远的人谈判时，谈判的目的才会放眼于解决问题。

集体主义精神强的中国人讲究“内外有别”，因此谈判目标的设定受双方之间关系亲疏程度的影响，原因是维持关系也很重要。

2. 谈判风格的差异

不同文化的谈判者，在如何与对方进行交流和对话的方式上，存在着明显的差别。研究者发现，在国际事务的谈判上，西方的谈判者通常是以解决问题为导向的，使用冷静的、非个人化的、具体的、直截了当的谈判方式；而东方的谈判者，通常采用的是循序渐进的、广泛的、以关系为基础的谈判方式。

哈佛大学的社会学家格林（Green）特别研究了美国和阿拉伯国家之间的国际谈判，发现美国人的外交谈判，通常都是具体的、实在的，甚至是非常去个人化的风格；而阿拉伯国家的谈判者，更多的是个人化的、感情化的甚至情绪化的谈判风格。从下面的例子中，我们可以看出美国的谈判者和阿拉伯国家的谈判者在谈判表达方式上的差异。

1976年，以色列的轰炸机对驻扎叙利亚境内的巴勒斯坦游击队进行轰炸，由此引发了美国驻联合国和叙利亚驻联合国大使之间的论战。

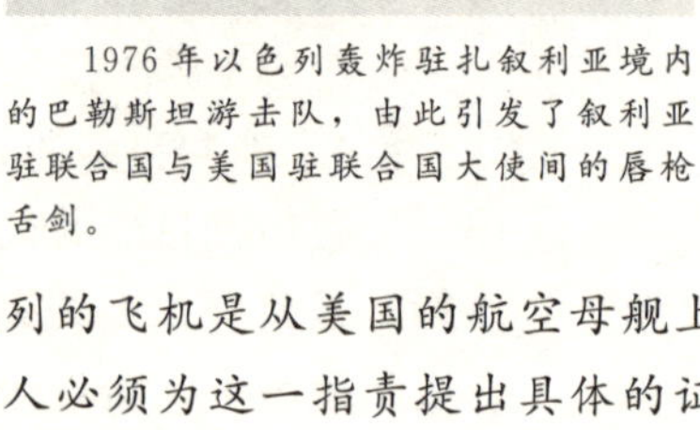

1976年以色列轰炸驻扎叙利亚境内的巴勒斯坦游击队，由此引发了叙利亚驻联合国与美国驻联合国大使间的唇枪舌剑。

美国大使说：“叙利亚大使对我做的发言，提出了一个错误的抗议。我愿意给大家指出这个发言的具体情形，这个发言主要涉及叙利亚大使一个错误的恶毒攻击。他说以色列的飞机是从美国的航空母舰上起飞的，我必须指出，做出这种指责的人必须为这一指责提出具体的证据。到目前为止，我们还没看到任何证据，我们也不会看到这一证据，因为这一指责是毫无道理的，因为这一指责是荒谬的、恶毒的，而且是臭名昭著的。这就是我所做的声明。我为什么要做这个声明，是因为凡是认为美国参与这一行动的指责都是非常危险的，因为在这一具体的行动中，美国没有参与。”

如果仔细地阅读美国大使的这一声明，我们可以看出他反复使用了“这一个”“这一次”“因为”“所以”等词语。反映出他的沟通风格强调具体性、逻辑性和去个人化的思辨特色。

我们再来看看，叙利亚大使是如何反驳的。叙利亚大使说：“我不会对美国大使的发言做出反应，如果他认为我以前的发言是错误的、荒谬的，我可以全面地肯定美国帮助了以色列侵略阿联酋共和国和约旦，因此美国必须对阿联酋共和国和约旦所遭受的任何伤害负责任，美国也应该对他们在我们国家所造成的伤害负责任。如果有任何事情是臭名昭著的话，那就是美国的政策，因为在过去 20 年内，它对阿拉伯世界和阿拉伯国家的政策都是可耻的。”

这段发言中使用了“全面的”“所有的”“整个政策”和“过去 20 年”等广义的、广泛的词语，来表达自己的立场，这与美国大使的谈判风格形成了鲜明的对比。

我们再看看下一段的论战。

美国大使：“叙利亚大使的个人声明显然与国际公认的外交准则大相径庭，我不会对这样的言论做具体回答，我只想声明我所说的关于攻击的飞机是从美国第六舰队的航空母舰起飞的指责是完全错误的、恶毒的，我希望任何人包括叙利亚大使，就这个具体的事件给安理会提供证据。”

叙利亚大使：“我将不理睬美国大使对我所做的恶毒的人身攻击，我只想说这是与美国的大国身份不相配的。美国可以用一颗炸弹去摧毁整个叙利亚，但是一个伟大的文化和文明是更有力量、更为强大的，我为我们的文化和文明骄傲。”

再次比较双方之间的交流，更能进一步地看出美国的谈判风格是去个人化的、不带情绪的，而且在尽量强调具体细节；而叙利亚大使的谈判风格是更为个人化、情绪化和整体化的。

心理学研究发现在商务谈判中，强调个人主义文化的谈判风格更多地关注个人利益（有时这也给谈判者带来最大的利益）；而强调团体主义文化的谈判风格更关注于问题的解决。个人主义往往是以自我为中心的，习惯从自己的角度看待周围的世界和事物，以个人的内心体验来判断事物的结果，因此对利益的追求往往是以自我的价值观念为依据的。团体主义往往是以相互之间的关系为基础，习惯从关系的亲疏程度判断事物的结果，因此，对他人的看法及体会往往有更多的关注，这样的话，对影响双方之间关系的问题，相对而言比较敏感，从而有较强的心理意愿去解决这些问题。不妨自己做一个心理学实验，想一想你所认识的最自私的人，他们制造的问题多？还是解决的问题多？我想答案是非常明显的，过分地追求自我的利益，就必然产生很多与他们的冲突，造成很多人事之间的矛盾，而这些冲突和矛盾对事情的解决无济于事。

3. 沟通风格的差异

是强调高情境的沟通风格，还是强调低情境的沟通风格？哈佛大学的经济学家格利汉（Graham）对美国和日本的商务谈判录像进行了系统的分析，发现日本谈判者的沟通方式是高情境的沟通方式，而美国谈判者的沟通方式是低情境的沟通方式。美国的谈判者直截了当地提出谈判要求，关注谈判目标的达成；日本的谈判者使用了更多的非言语的方式。由于沟通方式的不一样，谈判中就产生了很多的误解和矛盾。日本的谈判者最不满意的是美国的谈判者经常打断他们的发言，经常直截了当地拒绝他们的提议。在推销产品的时候，美国的推销商往往不等日本的买主做出任何的反应，就提出新的方案和想法。美国的谈判者最不满意的是不知道日本人的点头是同意还是不同意，因为他们发现日本人即使在不同意美方的报价的时候，也不断地点头。其实，日本人的点头只是一种礼貌性的反应，不表明他们同意这一报价，他们是用点头来鼓励美国的谈判者报出新的价格来。美国的谈判者也很不满意日本谈判者的沉默，不知道日本谈判者的沉默到底代表什么意思，是不同意呢？还是在思考？又或是希望美国人继续提出新的方案？

研究者发现，在日美的贸易谈判中，由于文化的差异，美国谈判者买日本商品比卖美国商品更容易占到一些便宜。为什么会出现这种情况？除了买主通常比卖主有更多的决定权以外，还有一个不为人知的文化差异在起作用。日本文化强调卖主要为买主服务，因为买卖的成功是由买主来决定的，因此讨得买主的喜欢，是卖主的责任；而在美国文化中这是不存在的，因为美国人认为买卖双方在交换过程中应该平等，这种平等的交换关系来自于产品和服务的质量与价格的匹配，而不应该是由双方的个人关系来决定的。因此，了解谈判双方的文化差异，会对跨文化沟通谈判带来具体的经济效应。

沟通过程中高低情境的文化差异，也反映在中美两国的文化冲突中。2001 年 4 月 1 日，一架美国军用侦察机入侵中国领空，与前来拦截的中国战斗机相撞，导致中国飞行员王伟不幸牺牲，美国战斗机紧急迫降于中国海南岛的军用飞机场。美国人的行为激起了中国人民的愤怒，中国外交部发言人召开了紧急新闻发布会。外交部发言人朱邦造严厉地指出："美国政府应该对事情的发生负完全的责任，必须向中国政府和人民做出道歉，并且给出对这一事件的合理解释。"当时的国家主席江泽民同志和外交部长唐家璇同志表达了同样的要求。

撞机事件发生后，外交部发言人朱邦造严厉地指出："美国政府应该对事情的发生负完全的责任，必须向中国政府和人民做出道歉，并且给出对这一事件的合理解释。"

美国国务卿鲍威尔却认为："我们不知道为什么要道歉。"低情境的美国人强调事情的直接原因和单个原因，激起了中国人民的愤怒。

但是，美国国务卿鲍威尔却认为："我们不知道为什么要道歉。"因为美方认为撞机的起因是中国战斗机过于靠近美军侦察机，所以他们认为对这次事件的起因没有直接的责任。为了处理这起突发事件，双方经过了 11 天的紧张谈判。最后，美国驻中国大使约瑟夫 · W · 普理赫(Joseph Prueher) 致信给外交部长唐家璇，做出道歉。他在信中说："请转达中国人民和飞行员王伟的家属，我们为他们的损失感到非常的抱歉……我们为在没有得到允许的情况下进入中国领空并迫降在中国领土表示歉意。"在得到美国的道歉后，中国方面很快释放了扣押的 24 名美军人员。对美国侦察机的处理的谈判则持续了一年多，最后是将侦察机切割成很多小块，交还给了美国空军。

这里，我们将着重从文化沟通风格的差异上解读中美谈判和沟通的过程。

在对事情的起因分析上，美国人和中国人的分析显然有很大的差异。美国人强调事情的直接原因和单个原因的做法，很自然地激起了中国人民的愤怒。因为，中国人民坚定地认为整个事情的起因是美国军机入侵中国领空，而王伟是在执行保卫领空的任务，追究王伟的飞机是否过于接近美国侦察机，不仅是对死者的不敬，更反映的是美国人的霸道和无礼。

中国人的沟通风格是高情境的，而美国人的沟通风格是低情境的。因此，高情境的中国人民不可能将这一事件看做是一个孤立的空中意外，而很容易看做是美国政府长期以来对中国敌意政策的表现。在此事件前的1999年，美国轰炸机对中国驻南斯拉夫大使馆的轰炸及后来的小布什新政府将中国由克林顿政府时的战略伙伴关系改为战略对手关系，中国人将这些事件和变化看做是美国政府的系列反华举措。因此，中国的态度和谈判关注的是解决双方关系的发展大势问题，而不是飞机相撞的距离、速度等技术问题。而这些文化心理特性，很多美国人并不了解。

1999年，美国轰炸中国驻南斯拉夫大使馆，以及后来小布什政府将与中国的战略伙伴关系改为战略对手关系，这些都反映了美国政府内部新保安主义分子的“冷战”思维习惯。

从中美关系的大形势来考虑，这是一件需要慎重处理的紧急事件。任何一种将对方视为威胁的看法，都很容易陷入一种零和游戏的误区之中，也就是将对方的失看做是自己的得，而将自己的失看做是对方的得。从中美关系的长期走势来讲，双方实际上是需要彼此合作，以维护亚洲和世界的和平、稳定和繁荣。所幸的是，中国的最高领导层在这件事情上采取了非常明智和慎重的态度，既维护了国家尊严，也保证了中美关系的稳定发展。这一事件也给新当选的美国小布什当局一个深刻的教训，用“冷战”的言辞和鹰派思想来处理中美关系，不仅不能够解决双方之间可能存在的问题，反而会伤害广大中国人民的感情，对中美关系的长久稳定带来不利影响。从中美关系的现状再看历史，我们可以说这件事情的最终处理还比较妥善。

4. 冲突解决方式的差异

心理学家发现冲突解决有五种基本的策略。

第一，强制策略。强制策略是当冲突发生的时候，让一方接受另一方的立场、观点。具体表现在强势的一方固执地为自己的观点和立场作辩护，不断地批评和挑战对方的观点，甚至人品，从不承认自己的错误，只想在冲突中战胜对方。这种采用强制手段，迫使对方俯首称臣的策略所造成的结果，就是自己的胜利及对方的失败。这种策略，会带来短期的直接效应，但也会导致关系的彻底破坏。

第二，迎合策略。迎合的策略则是主动地接受对方的立场。具体表现就是优先考虑对方的需要，不想引起任何的纠纷和麻烦，总是无原则地赞同对方的建议，总是维护对方的面子和利益。为了对方的利益自己作出牺牲，这种策略保证了对方的胜利，却容易给自己带来伤害，尤其是那种无原则的迎合方式。

第三，回避策略。回避策略就是双方都不涉及冲突的问题，假装冲突从来没有产生，久而久之导致的就是双输的局面，因为导致冲突产生的问题并没有得到解决。具体表现就是想方设法地逃避面对面的沟通和交流，不愿意对任何有争议的问题进行讨论和分析，不对外表露自己真实的情感，往往寄希望于对方能够体会到自己的牺牲。避免与对方发生直接的沟通和交流，也不去解决冲突的问题，这种策略会使双方都受到伤害。

第四，妥协策略。妥协策略就是保证双方能够以同等的方式来交换各自的利益。具体的就是尽量地找到双方都能接受的方案，愿意使用沟通的方式来使得自己的利益得到部分实现，强调平等交换的原则。双方在某一个中间点达成妥协，双方都有得有失。妥协的冲突解决往往采用的是互让和互敬的策略，也就是双方各自从自己的立场做出退步。妥协的问题在与它很容易让双方将注意点集中在自己的损失上，也就是让了多少步，而不是自己的收益上，及对方让了多少步。即使是冲突双方做出了同等的让步，我们在心理上往往会感受到自己的让步多于人家的让步。得与失的心理价值从来都不对称，丢了 50 块钱对我们心理的影响，要远远大于捡了 50 块钱。

第五，合作策略。合作可以带来共赢。合作的策略就是保证双方能够共同寻找解决问题的途径，保证双方共享信息和资源。具体表现就是比较开放地讨论自己的忧虑和问题，承认自己的看法有片面性，同意对方的合理性。我们前面所谈到的建设性沟通，就是合作的一个很好的冲突解决方法。合作的关键是双方找到共同的目标，是冲突双方将注意力集中于他们的共同点，而不是分歧，尤其是要将人和问题分开。当冲突的双方进行沟通的时候，往往是因为有一些迫切需要解决的问题。在这种时候，一定要将注意力集中在手头真正的事情上，那就是问题的解决。只有当冲突双方抑制住个人的复仇或者是面子等问题时，你才能够将对方看做是利益的攸关者，而不是对手。

另类的“合作双赢”

综上所述，我们可以总结出跨文化的谈判应该坚持的基本原则——坚定、公平和友好。坚定强调坚持自己的立场，抵制各种威胁和诱惑，不能无原则地牺牲自己的利益；公平强调坚守一个人的道德原则，不要因为对方的不道德行为而使自己变得不道德；友好则是指在跨文化谈判中主动地启动和回报对方的善意，以积极的心态赢得对方的信任和合作。

坚定、公平与友好——这就是跨文化谈判应该遵循的基本原则。

第十六章　如何宣传中国文化

西方的普通民众对中国文化的印象到底是什么样的呢？我们为什么总是觉得西方人对中国的历史和现实缺乏足够的了解？为什么妖魔化中国的敌意宣传能够在西方国家占据大的市场呢？我们很容易将这些现象归纳于意识形态的不同，义愤填膺地咒骂人家敌视和妖魔化中国，这样的斗争精神可能让我们觉得很痛快，也许还能赢得国内的网民的欢呼。但是这种斗争的结果，仍然只是国内一片拥护，而在对外宣传上一筹莫展。如何有效地对外宣传中国文化，是每一个负责任的中国人在跨文化沟通时应该考虑的问题。

2008年在中国的对外宣传历史上是很有意义的一年，有三个大的事件在某种程度上改变了世界对中国的印象，同时也改变了中国人对外宣传的方式和影响。

第一个重大事件就是“3·12”西藏骚乱，以及随后的西方媒体和中国民众在网络上的博弈互动，这种文化间的直接冲突深深地触动了中国人的民族情怀，也对西方人的价值观念产生某种程度的冲击，它使得“做人不能太CNN”变成2008年的一个时尚词语。而同时，中国民间宣传的兴起也彻底改变了西方人对中国80后的印象。此中的经验得失，应该是非常值得中国对外宣传工作者总结和反思，也对我们如何宣传中国文化有所启迪。

2008年的第二个重大事件就是四川大地震时中国媒体的透明报道。这也让世界与中国人民在生死存亡、救灾救难的问题上达成人性的共鸣和罕见的态度一致。这说明在对外沟通中，利用心理学中人性、人情、人心的知识，发现不同文化人群的共性，可以有效地进行跨文化的沟通。

西方媒体对西藏骚乱的不实报道，使得“做人不能太CNN”在国内成为流行语。

2008年的第三个重大事件是有关2008北京奥运会的报道。中国成功地利用这次奥运会宣传了中国人的热情好客、宽容无私和积极向上的精神风貌，也是一次成功的中国文化普及宣传。但是，此期间的某些做法也让我们觉得，传统观念和方法仍然禁锢着我们的对外宣传工作。

2008年，在中国的发展历史上是具有特殊意义的一年，这三件大事的产生、发展和后效应可能会让我们的对外宣传工作受益匪浅，温故而知新，我们也许能够探索和发展出一套具有中国特色的、建立在科学基础之上的，同时也能产生积极效果的对外宣传模式。

第一节　误区的超越

在宣传中国文化上，要超越一些心理误区和错误认识。由于各种原因，这些心理误区和错误认识已经成为人们习以为常的、所谓的真理。但是，它们并不一定正确。

误区一，越是民族的就越是世界的。多年来，国内的文化界和思想界一直强调中国文化的特殊性，坚持认为越是强调和宣传中国文化的与众不同，就越能够在世界上取得正面的影响，甚至我们的国家电视台也称中国为“一个神秘的国度”。

这种错误观念形成的原因是我们忽视了人的文化心理反应。从人性的角度来讲，越是陌生的、有差异的东西越容易引起焦虑、反感和厌恶。刚出生的婴儿对于不熟悉的食物，自然地表露出厌恶的神情；两岁大的孩子对于不同肤色的人，会表现出恐惧。人们容易喜欢上熟悉的东西，而对陌生的东西则比较排斥。过分地强调和夸大中国文化的神秘和独特，只会引起他国普通老百姓的焦虑和反感。少数的西方艺术家对独特的中国文化情有独钟，但这不代表普通西方民众的自然心理反应。

我们自己也应该有类似的心理体验，那些与中国文化有很大差异的外来文化，基本不会被我们喜爱和接受；而那些与中国文化有着天然相似性的外来文化，则容易被我们接纳。

举两个例子来进行说明。

在天主教传入中国后，其中的一些思想和理念很快就被中国民众所接受，而另外一些观点，由于与中国传统观念不一致，很难被民众接受。中国的天主教徒在接受天堂和地狱的概念上没有任何困难，这与中国文化中早已存在的天庭和阴曹地府相似。但是，天主教的三位一体的思想观念，却较难被中国的教徒所理解，因为他们不容易找到与之匹配的中国文化概念。

马克思主义的哲学理论被中国人理解最好和最深刻的是矛盾论和实

上海徐家汇天主教堂

辽宁沈阳南关天主教堂

践论，而这两种思想正好与中国传统文化中的阴阳概念和儒教的实践精神相一致。

强调越是民族性就越是世界性的宣传，常常是过分强调了中国文化的独特性。很多中国人认为中国的古代思想是我们独有的，而其他国家的人没有或缺少这方面的文化精神。比如以人为本的思想，我们可能以为这只是中国人所推崇的，不知道这种思想和观念在西方早就存在，且被不断地实践；“己所不欲，勿施于人”的思想也很容易在西方找到类似的说法；和谐、忠诚、平衡、与时俱进甚至孝道，在其他文化中也同样存在。因此我们不是提倡民族虚无主义，只是认为缺乏对其他社会文化的了解，错误地提出中国文化中并不一定具有独特代表性的“民族文化”，只会遭人反感和耻笑。

误区二，适合中国人的就一定适合外国人。认为对外传播和对内宣传在本质上是一样的，可以用同样的方式影响世界。这种观念忽略了文化心理的差异，低估了社会观念、价值观念、团体认同感等心理上的差异。正如前几章所谈到的跨文化沟通障碍就证明了，在跨文化沟通中一些由人正常心理反应所造成的障碍，肯定会对跨文化的宣传产生一定的困难。

中国文化的对外传播中，常错误地假定别人会和我们一样喜欢中国元素中的独特成分，我们爱看京剧，其他人就一定会欣赏京剧，我们喜欢太极拳，那么其他人也一定会喜欢太极拳。

京剧、太极拳都是我们的国粹，但是在对外宣传中，我们不能错误地假定别人也会喜欢这些中国元素。

我们说这种差异的存在，并不是要说别人一定会讨厌和反感我们所喜欢的东西，只是说他们不一定会喜欢我们自己喜欢的，因为这是两个概念。同样地，我们也可以去想想西方文化对我们的影响到底有多大，我们可能会喜欢西方的快餐、好莱坞的电影、迪斯尼的卡通等，但是没有任何证据显示中国人民愿意全盘接受西方文化。因为两种文化之间的心理差异，使得我们对外来文化有天然的警觉感和排斥倾向。因此，简单地使用国内常用的宣传方式和观念进行跨文化的宣传，肯定是得不到应有效果的。

我们可能会喜欢西式快餐、好莱坞大片、迪斯尼卡通等，但是没有任何证据显示中国人愿意全盘接受西方文化。相反，我们抵制西方文化的呼吁从来没有停止过。

误区三，越是传统的就越是美妙的。从个体的心理发展上，人确实是有比较强烈的怀旧意识。我们容易回忆起快乐的童年，而在真正的童年时期，我们却很少意识到那些事情是快乐的。其实，是记忆的改造让我们觉得“过去的时光”是多么美好。同样，我们总认为传统文化是美妙的、博大精深的，而现在的文化是受到了外来文化的侵蚀，根基薄弱、七零八碎。这种误区产生的关键是不知道文化从来就是心理的产物，它是为满足现代人的心理需求而创造出来的。而且，这种作为满足需求的事物，往往比一般的事物显得更加美好一些。

事实上，现代的中国人对自己文化传统的了解是相当有限的，现代社会也不全是在实践传统的思想文化。文化是一个不断适应人们需求的人造环境，它可以用不同的方式来诠释和表达，它的形成是一个不断演化、不断创造和完善的过程。在某种程度上，跨文化沟通就是要创造性地使用现代传播科学的技巧和方法，来表达文化的意义。学习跨文化沟通的心理学就是要学会利用心理学的知识和方法，来理解文化的心理学意义和利用心理学进行沟通的技巧。心理学作为一种科学的方法，能帮助我们建立对人性、人情、人心、人欲的普遍认识，发掘不同文化人群之间的心理和沟通的共同性及差异性。由此而建立在科学基础上、有针对性、创造性的建设、宣传和交流文化，这样的跨文化沟通才是应对不同文化人群心理需求的，因而是更为有效的。

不妨看看最近两个成功的跨文化沟通例子，一个是电影“功夫熊猫”，它的基本内容是美国人所欣赏的通过自我奋斗取得成功的故事，但电影运用了大量的中国文化元素，加上现代动画制作技巧，让我们中国人都觉得它是一个地道的中国故事。可见，跨文化沟通使用的技巧可以超越本文化的价值观念和审美习惯，达到潜移默化的文化沟通效果。第二个例子是北京奥运会开幕式上的中国文化展示，可以说是跨文化的高科技表达方式和超越文化障碍的整体和谐之美，让西方观众在美中受到心灵震撼，从而受到一场中国文化的熏陶。因此，我们特别强调传统文化本身不一定比真实要优美，但是现代的表现手段和诠释，可以使得它魅力无穷。跨文化沟通就是要找到那些使文化增辉的现代表达方式。

第二节　中国文化的宣传之道

要有效地宣传中国文化，就要了解在西方的普通民众心目中，中国文化本身是一个什么样的形象。我在加州大学讲授文化心理学时，曾经在学生中做了一个中国文化的自由联想实验，就是让学生快速地报告在听到“中国文化”这个概念时，出现在他们头脑中的联想是什么。我发现，有四个负面的印象经常与中国文化联系在一起，那就是：“玄而无当”“不科学”“不民主”“不实用”。这就告诉我们，在宣传中国文化的时候，我们必须克服这四种顽固的刻板印象。

如何克服这种刻板印象呢，我觉得最好的方法是反其道而行之。

第一，要以具体、明确的方式来阐述中国文化的精髓，要用西方人所能够理解的白话来表达中国文化。在对内宣传中，大量的使用古诗文、古句、成语等，可能会使文章优美、漂亮，但是在对外宣传中，我们需要用具体的，而不是概括的方式，也就是西方人常用的概念来诠释中国文化的精髓。

第二，要用实证的方法来证明中国文化的科学性。要逻辑地分析和批判中国传统文化的利弊，而不是以抽象的、概括的和笼统的方式来表述传统的中国文化。

第三，要阐明中国文化的民主性，表达中国文化的大众精神和普遍实用性。要说明大部分中国文化的传播和影响是由大多数人的选择所形成和继承的，它不是根据皇帝或者文化精英的喜好来决定的，因此它是一个民主的产物，而不是反民主的产物。

第四，要阐述中国文化的实用性，包括它对现实生活的帮助和指导意义。

孔子(公元前 552—前 479)

释尊(公元前 565—前 486)

老子(公元前 572—?)

我想用多年来自己所宣传的中国人的朴素辩证思想为例，来阐述这四种宣传之道的作用。

十几年来，我一直认为中国人的认知风格受到了中国人的朴素辩证思想的影响，这种朴素认识论反映了中国人的思维特点，也是与佛教、道教、儒教的影响相一致的。很多哲学家和历史学家早就谈到过中国人的朴素辩证思维特性，在古代书籍中，也有类似的概述："祸兮，福之所依；福兮，祸之所伏""塞翁失马，焉知非福"。但是这种思想，是西方文化不知道、不宣传、不提倡的。所以，如何宣传中国人的朴素辩证思想呢？我做了以下的一些工作：

第一，以西方人熟悉的语言来阐述辩证思维的定义。在《美国心理学家》杂志上，我曾经连续发表了两篇文章，特别阐述中国人的朴素辩证思想，它所代表的西方人所能接受的行为原则有三条：第一条是变化原则。也就是说，中国人普遍认为世界上的事物不是一成不变的，而是随时随地在变化之中。这种原则是与西方人所熟悉的本质原则相矛盾的，西方人一直认为世界上的任何事物，都有它内在的本性，这种本性是不变的，尽管其外在表现形态会发生变化，就像水一样，它的分子结构是不变的，但是它的表现形态可以是雾气、水和冰等。中国人朴素认识论的第二条行为原则就是矛盾原则。我们普遍认为世界上的任何事物都是有阴阳两个方面的，这两个方面是互相依赖、共同存在的，没有阴就没有阳。在中国人的心目中，甚至邪与正都是互相依赖的，而不是绝对的，甚至认为没有绝对邪恶和绝对神圣的事物，这是西方的朴素认识论所没有的。第三条行为原则是整体原则，认为世界的万物都是互相关联的，牵一发而动全身，而且对事物的背景和整体的认识，是我们认识事物本身最基本的前提。我发现这样的分析性阐述相对而言就比简单地谈论阴和阳，更加容易被西方的听众所接受。

我们认为世界是矛盾的，任何事物都有正反两个方面，没有阴也就无所谓阳，它们互相依赖，共同存在，而非绝对。

如何证明中国人的朴素辩证思想的科学性呢？其实这种思想也不是没有实证的证据。汉代的时候，中国的科学家就曾经试图发现“天意”是什么，也就是想通过研究天体，包括太阳、月亮、星星的运动来了解上天的旨意，这其实是和西方科学的起源与心理动力是一致的。西方科学家也曾试图通过研究自然现象的规律，来推断上帝的旨意。中国汉代科学家做的研究，就是太阳从夏至到冬至这一年的周转，在地面上形成的阴影，结果他们发现这个阴影就是一个标准的阴阳太极图。有趣的是，阴阳和辩证的科学起源这一证据没有被中国的学者提到过。我可以打赌说，在中国的任何教科书上，都没有提到这一重大的科

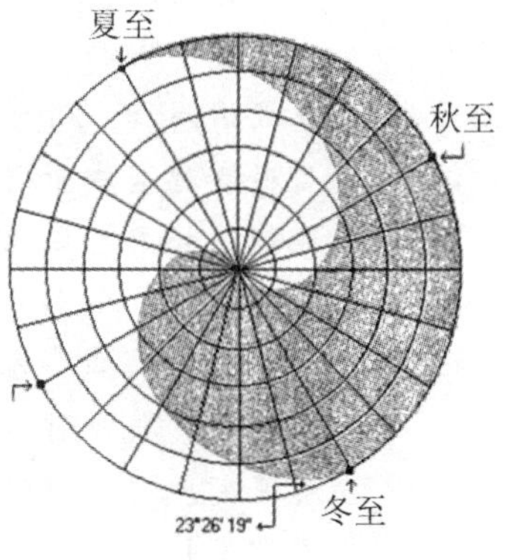

中国汉代的科学家就发现，一年中太阳从夏至到冬至的周转在地球上所形成的阴影，就是一个标准的阴阳太极图。但是这一重大的科学发现，却从来没有主动被中国官方提起过。

学实验发现。直到20世纪60年代，英国的历史学家李约瑟才首次报道了中国汉代科学家的这一研究发现。这一例子说明两个问题：一是中国的学者在分析、学习和宣传中国文化的时候，满足于经文的注释和解读，欣赏思辨式的表达方式，而对实证科学的材料不感兴趣。二是西方的学者更强调实证的证据，更欣赏科学的方法对人类思想发展的贡献。当我给美国的学生演示中国科学家所发现的阴阳太极图之后，我的学生们异口同声地说，再也不能讲中国的阴阳没有科学根据了。

如何证明中国的辩证思想是一个被大众所接受的、由中国人民所传承的思维观念呢？我对中国人普遍使用的谚语和解释问题的习惯做了分析，发现在常用的中国谚语中，具有朴素辩证思想的谚语非常多。比如说，“否极泰来”“塞翁失马，焉知非福”“乐极生悲”“祸福相依”。中国人常用的谚语中，朴素辩证思维的谚语比例大于美国常用谚语中富有辩证思维谚语的比例。我们发现中国的大学生比美国大学生更喜欢蕴涵丰富辩证思维思想的谚语。

另外一种证明的方法，就是调查普通民众对辩证观念的喜爱程度。我们将从英文谚语、中文谚语和希伯来文谚语中挑选出来的辩证谚语和非辩证谚语，同时呈现给中国读者。我们发现，中国人普遍欣赏、熟悉、喜爱那些辩证的谚语，不管是中文的、英文的还是希伯来文的。

如何证明朴素辩证论影响到中国人的思维呢？我们做了一个简单的心理学实验，让被试阅读一对看似矛盾的科学发现，然后观察对这些矛盾信息的判断是否会受到他们的朴素辩证论的影响呢？自然科学其实是充满了很多矛盾的解释和理论。作为科学信息的消费者，我们经常接触一些矛盾信息，需要对其进行判断。我们的研究发现，分别将一些科学上的矛盾研究给中国学生和美国学生进行判断，双方在判断上有很大差异，这些差异反映了两种特殊的判断误差。举例来说，有一种数学模型能够证明，北京的蝴蝶扇一扇翅膀，就能够影响到世界其他地方的气候变化。但是，如果真的认为能够利用北京的蝴蝶去影响世界的气候则是错误的，蝴蝶的翅膀实际上与世界气候变化并没有关系。这是一对矛盾的信息。好比

美国麻省理工学院气象学家洛伦兹（Lorenz）发现了“对初始值的极端不稳定性”，即“混沌”，又称“蝴蝶效应”，北京的蝴蝶拍拍翅膀，就有可能使美洲几个月后出现比狂风还厉害的龙卷风。

爱因斯坦的相对论从理论上讲时光可以倒流，能够回到过去，但实际上认为真的能够回到过去是错误的。我们在进行分析和决策时，经常需要对这类矛盾信息进行判断。

我们的实验是这样进行的，将实验分为两个条件，一种条件下是被试者只接受一方面的信息，即A或B，没有矛盾；另一种条件是同时接受矛盾的信息，A和B同时出现，在有矛盾的情况下分别判断信息的真实性。在没有矛盾的条件下，美国人的判断，有一种自然偏好，比如相信全球气候变暖，抽烟有害健康。但如果把两个矛盾信息同时呈现，美国人的判断呈现出一种极化现象，即看到对立面证据时，更加相信以前相信的东西或者更加不相信以前不相信的东西。

这种现象首先由斯坦福大学教授卢斯（Ross）发现。他给反对死刑的人看支持死刑的证据，发现这些人更加反对死刑，给支持死刑的人看反对死刑的证据，发现这些人更加支持死刑。美国人的矛盾判断呈现一种极化现象。而在对中国人的实验中发现，当只呈现一方面的信息时，中国人与美国人的判断没有什么区别，都有一种自然的偏好。但将两种对立信息同时呈现时，中国人的判断明显受到朴素辩证唯物主义论的影响，即将事物一分为二，觉得一件事物可能不是想象中那么好，也可能不是想象中那么坏，中间可能是最好的判断。

这两种判断倾向谁对谁错？我们发现，美国人的判断实际上也是不理性的。有一个东西可能是真的，仅仅因为发现了一些对立面的证据，就更加相信了这个东西的真实性，这是不理性的。例如，当你谈恋爱时，你觉得对方是优秀的，认识到了对方的真实价值；但当你看见他的室友非常糟糕时，你会觉得你的对象更加优秀，你对他真实价值的判断比他的实际价值还要高。仅仅因为你发现了一个坏榜样的存在，就更加相信已有的信念，这是不理性的，因为你增加了排除真实信息的概率。我们发现这是美国人有判断矛盾信息时常犯的错误。

而我们中国人在判断中也容易犯错误，特别是对不太好的信息的判断。我们本来有一个不太好的信息，恰巧发现一个比这要好的信息后，受到朴素辩证论的影响，变得容易容忍原来不好的信息，因此增加了接受错误信息的概率。例如，当你谈恋爱时，本来认为对象不怎么好，但发现他的兄弟还不错时，你会觉得这个人的兄弟这么好，他可能也不是那么坏。我们的错误就在于把不好的东西人为地变得可以接受，容忍了太多不好的或者不真实的东西。这是中国人常犯的一个错误。

我们最近的研究还发现，朴素辩证认识论的高低，在中国和美国有不同的反应特点。在中国人中，辩证认识高的人和辩证认识低的人，在判断矛盾信息的真实性上，表现出不同的偏差。辩证思维低的中国被试，与美国被试的基本倾向是一样的，都反映出极化的倾向性，也就是说在没有呈现矛盾信息之前，他们对两个信息的真实性的判断差别很小；但当他们发现这两个信息的矛盾之后，他们就会夸大这两个信息之间的差异，转而相信原来比较相信的更为可信，原来不太相信的信息变得更不可信。那些具有朴素辩证认识论的人，他们对矛盾信息的反映正好相反，采用的是一种居中妥协的方式，也就是在矛盾信息出现之前，他们对两个信息的真实性的判断差异不是太大，但是当他们发现矛盾信息之后，他们都会取向中间点，形成一种中庸之道的判断方式。这就说明中国的阴阳道教思想，在实际工作中会影响到中国被试对看似矛盾信息的理解，从而夸大两个信息之间的差别。但是我们很惊奇地发现辩证认识高的美国被试的反应，在矛盾信息判断上，与辩证认识低的美国被试没有表现差别，说明西方人的辩证认识论和东方人的辩证认识论是有根本差别的。

这种信息判断，到底有什么意义呢？最主要是体现在矛盾信息的判断上。对于朴素辩证思维强的人来说，矛盾是必然的而不是偶然的，任何事物都有矛盾的两方面，最终解决矛盾的方法是寻找矛盾两方面的中间点和妥协点。通过对这个实验的分析，我们可以看出美国人的判断方式，也就是对矛盾信息的两极化的判断方式，使得他们更有可能犯 A 型的判断错误，他们的反应人为地增加了排除真实信息的概率；而中国人矛盾、中庸的判断方式，使得他们更有可能犯 B 型的错误，也就是增加了他们接受错误信息的概率。举一个很简单的例子，例如，你坚持认为吸烟对你的身体不会造成伤害，但是在看了吸烟可以导致肺癌的证据之后，你变得反而更相信你原来的立场，也就是说吸烟不会让你得肺癌，这显然是一种非理性的思维方式，这就是美国人的非辩证思维错误，因为它增加了排除真实信息的可能性。而中国人的辩证思维的非理性成分主要体现，是在对错误信息的过分容忍上，例如，你一直就知道吸烟导致肺癌，你也不相信吸烟无害论，但是当别人把这两个矛盾信息放在一起的时候，你采取中庸之

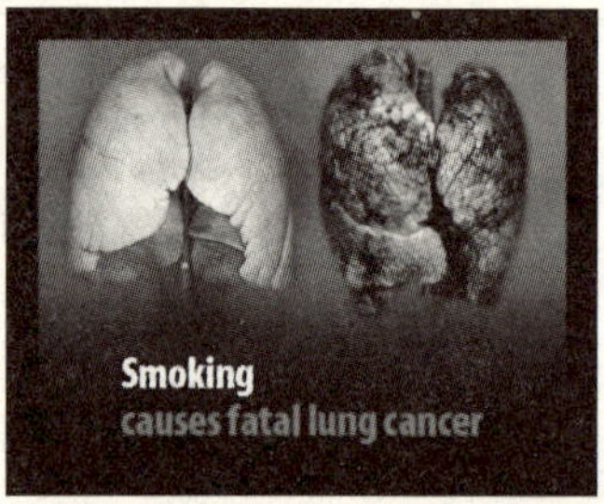

面对同样的吸烟可以导致肺癌的证据，中国人与美国人对各自吸烟患病指数的判断思维方式却不同。

道的妥协方法，你就人为地夸大了你不相信信息的真实性，从而增加了错误信息的概率。

总结起来，对朴素辩证认识论这个概念的分析和宣传，我认为可以用实证和科学的方法，来阐述中国传统文化的普遍性、功用性和理论性。这也就是为什么我的这个研究多年高居被西方心理学家引用之首的原因。

第三节　如何进行敏感问题的跨文化沟通

由于中国和世界上的有些国家在政治体制、意识形态、国家利益和文化传统上有很大的不同，因此不可避免地，中国人和外国人在有些问题上存在着信息、知识、态度、感情和行动的差异。这些差异，造成了中外各方在某些问题上的冲突。

2008年以来，围绕奥运火炬接力、西藏骚乱事件，中国人和国外媒体及其民众在这些问题上发生了直接的冲突。西方媒体的片面报道和歪曲宣传极大地伤害了中国人民的感情，激起了国内一浪高过一浪的抗议活动。而中国国内的抗议活动，特别是一些网民的偏激行为和言论，又加深了西方民众对中国国内民族主义的忧虑与恐惧。随着中国国力的不断增强，中国国家利益的逐渐全球化，很有可能会在西方引起更多的猜疑和敌意，这就需要我们的媒体、官员甚至普通民众都应该具有对外沟通和宣传的责任，都应该知道如何讨论、沟通和宣传符合中国人民利益的立场、观点和信息。

改革开放30年来，随着中国社会的发展，中国的对外宣传工作取得了很大的成就，特别是最近十几年来中国民众参与、讨论并宣传中国文化、中国社会和中国对外关系的立场等方面越来越多，影响越来越大。中国的报纸杂志和网络在对外宣传方面树立了越来越明显的理性、开放、宽容和和谐的形象和声誉，这都为进一步提高我们对外沟通水平和效果提供了现实的条件。

随着中国的崛起，外国民众对中国的好奇和接触会越来越多，这就使得如何让外国民众更好地了解中国，理解中国的立场和观点，成为中国大国崛起过程中一个不容忽视的问题。如何帮助西方民众了解中国在一些敏感问题上的立场呢？我们认为，这是一个复杂的、全面的工作，作为普通的心理学工作者，我们仅仅想从心理学的角度，来提出一些加强我们对外交流方式、方法和内容的意见和建议。在前面的章节中，谈到了沟通的几个基本要素，我们认为这些要素对跨文化沟通中敏感问题也有一定的指导性作用。因此，要取得沟通的成功，我们首先要提高作为沟通者的我们自身的可信度，要注意选择沟通的信息和内容，要设计和完善沟通的方式。

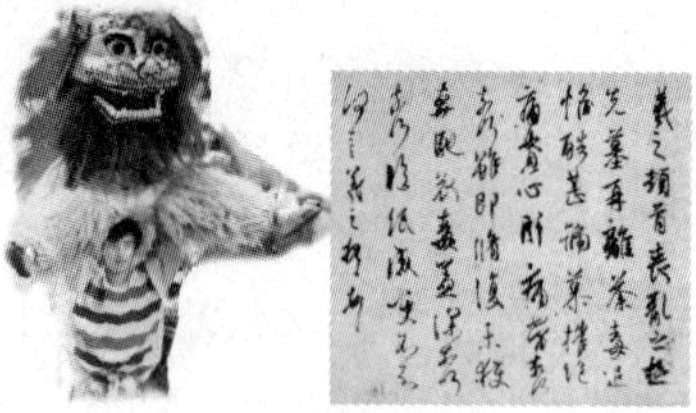

如何更好地宣传中国文化，从政府宣传工作者、各媒体报刊到网络，再到民众，我们任重而道远。

第一，提高我们的信誉。在对外沟通中，我们首先要建立我们自己作为沟通者和信息发布者，所应该具备的可信度，起码我们要能够得到对方的承认、尊重和信任。如果我们不能够让对方倾听我们的看法和意见，那么跨文化沟通就无从谈起。从我们心理学的角度来讲，建立信誉有如下几个方面要加以注意。

首先，尊重对手。这是提高信誉最基本的要求，我们要假定对方是一个理性的、文明的、讲道理的人，由于各种原因，他们在这些敏感问题上的看法不正确，或者是有敌意。这就需要我们对他们进行说服和宣传，一定不要怒气冲冲地谩骂或者恐吓对方。鲁迅先生早就说过，“辱骂和恐吓绝不是战斗。”我们要坚决反对那些盗用爱国主义的旗帜，做出不文明、不理性甚至是犯罪行为的人，他们的行为不仅不能够达到跨文化沟通的目的，反而容易产生负面的效果，造成对国家利益的损害。

对敏感问题的讨论我们尤其需要冷静理性，正如鲁迅先生说：“辱骂和恐吓绝不是战斗。”

其次，讲道理。提倡以逻辑分析的方式来进行跨文化的沟通。前面我们已经谈到过，中国人的思维方式偏重于辩证思维，而西方人的思维方式则偏重逻辑思维。那么在对外宣传时，我们可以使用西方人所熟悉的逻辑推理，来指出他们观点和立场的混乱和错误。比如在西藏问题上，我们完全可以指出达赖集团在这些问题上的逻辑混乱和矛盾。在达赖喇嘛对外的宣传中，经常涉及所谓的“非暴力抗议”，而对真正的暴力行为，又采取包庇的态度。西方人在支持“藏独”的立场上，也有极大的虚伪性，他们一方面支持“藏独”，从事分裂中国的行动；但另一方面他们又不可能真正地做出任何支持“藏独”的行动，很多人根本就不会到西藏来真正地为藏族人民做事情。

再次，个人化。中西文化的一个重大差别，就是对政府的信任程度是很不一样的。东方社会的集团主义，使得我们相信政府作为集体的代表，是超脱了个人和小团体的一己私利，是真正地为人们服务的；但西方社会立国的根本原则，就是怀疑政府，担心政府成为控制人民行为的实体。美国人至今仍然相信普通民众拥有枪支的权利，是防备政府独裁的最好方式之一，这反映了西方普通民众对任何政府都抱有怀疑的倾向，也就是说，西方人的眼中，政府的信息不如个人的信息可靠。

而我们中国人则会认为，个人的意见无论如何是不会比政府的意见更为权威和可靠的。因此，中国人民在对外沟通中，特别是与普通人的直接沟通中，强调身份的个人性，取得的效果应该比政府的宣传更加有效。在奥运火炬接力期间，中国的普通网民个人制作的视频，其产生的影响远远大于外交部新闻发布会的影响。在个人化的方式上，我们也要尽量避免以代表全国人民的口吻来表达自己的意见，动辄以代表全国人民的口吻来发表自己的意见，反而容易让外国人怀疑你说话的可信度。因为，一个普通的民众怎么能代表其他的中国人呢？其实，你一个人的意见，也许更容易让别人相信。

最后，抢占道德的制高点。在跨文化的沟通中，不要简单地与对方进行逐条逐句和每个事实的辩论，而是应该让他们不得不承认自己观点的错误和不足。很多西方的民众对中国的认识带有很强的民族优越感，认为自己是在人权、民主和公平的原则上，批评中国政府和中国人民。但是，他们的实际行动，其实经常违背了他们所欣赏的道德原则。指出他们信仰的道德和具体行为的不一致性，就可以让我们的宣传和沟通有一个较高的道德基准。例如，很多的西方人在西藏问题上的看法，是因为对中国的历史、文化和现实发展缺乏了解，这是他们的道德软肋。在这个问题上的最好挑战，是询问他们到过中国西藏没有，他们又了解了多少中国西藏的历史和现实。

另外一个西方批评者的软肋是缺乏对文化多元性的尊重，很多关心西藏问题或中国事务的西方批评者，通常是那些相信文化多元性的自由派人士，可是他们的所作所为，完全违背了他们自由主义精神和多元文化的原则。中国人民在自己的发展道路上，寻求不同于西方的发展模式，这本身就应该是那些人支持的道路和方式。在抢占道德制高点上，我们还可以做很多其他的工作，比如说指出西藏达赖集团的政教合一的统治体制，反抗现代化和提高人民生活水平的现实措施，以及不容忍其他民族在西藏生活和工作的权利，这种种方面，都是我们可以抢占的道

美国有线电视新闻网（CNN）节目主持人卡弗蒂辱骂华人是50年不变的“呆子”。

在跨文化沟通上，我们抢占道德的制高点，指出他们信仰的道德与具体行为的不一致性，以及对中国历史、文化现状不了解的软肋。

德制高点。

总而言之，提高我们的信誉，就会使我们成为公平、公正、发展和宽容等原则的代言人，而这是达到说服对方和宣传我们价值观念目的的根本所在。

第二，选择合适的信息。跨文化沟通也要注意我们给对方什么样的内容，传递什么样的信息。信息的选择其实也有一些技术上的考量。

一是传递的信息必须是具体的。中国人的思维都是讲究意会，有节有度的，因为我们是高情境的文化，所以习惯于不把话讲透，而希望对方能够理会。但是，欧美文化是低情境的文化，他们不习惯我们这种含蓄、委婉的表达方式。因此，对外宣传时，我们的信息选择就应该比平时更加具体和细致。我不止一次地听到我们的外交部发言人说，“我就讲到这里，其余的你自己去领会”，问题是他们不会去领会，而且也领会不了。

二是尽量地选择中立的第三方信息，特别是在敏感问题上，中立信息更容易起到说服对方的作用。最好不要使用一些过分政治化的语气。即使对方的看法有很大的偏见，我们也最好针对对方的具体观点，做出批驳和辩论，而不要过分地揪住对方的目的、动机和背景。虽然这些方面，可能是他的偏见的根本原因，但是在具体的辩论过程中，纠缠这些不能很明确说清的问题，对双方的沟通不一定有效。

三是信息的选择要强调它的广泛性和民主性。我们不要引用自己国家领导人的言论，或者是国家级报刊和杂志的观点和看法，应多反映普通老百姓的观点和看法，多采用民意调查的结果，这样往往能起到决定性的作用。西方国家的媒体，歪曲我们立场的一个借口，就是中国的老百姓不能自由地表达自己的意见。如果我们能够将普通老百姓的意见直接地交流出来，就会使对方的言论不攻自破、不能自圆。

四是信息的选择要注意实用性。应该多引用一些与他们有利益的分析和信息，从根本利益上来讲，维持与中国的友好关系，不光符合中国和西方国家的利益，也符合世界人民的利益。如果能够适当地体现互惠双赢的精神，就会起到说服别人的效果。比如说一些西方的政客和媒体，将本国的经济衰退和失业，归结于中国作为世界工厂所带来的冲击，夸大了中国的贸易顺差对他们经济的影响。其实，中国经济的发展，提供给了世界经济庞大的市场、资金和福利，中国的产品为世界的繁荣和经济稳定，做出了不可磨灭的贡献。这种互惠双赢的结果，可以是我们对外宣传的重点。

五是信息的选择要有自我攸关性。心理学家早就发现，人类的心理活动有着明显的自我参照效应。自己做过的事情往往记得更深刻，自己拥有的物品往往觉得更有价值，自己的成就往往更有意义，等等。我们可以利用人性的这一特点，阐述中国的发展和进步，对他们的积极意义。

自我攸关性的另外一点就是尽量多地采用西方人所熟悉的概念和关心的问题。中国的少数民族政策与美国的少数民族亲和政策（affirmative action）其实在意图、政策、方式和效果上有很多相似之处，借用他们的概念显然比单说成“我党的民族政策”更容易让西方人理解。

第三，设计合适的沟通方式。沟通方式的设计也要顾及对方的文化心理特点。有三个方面是需要我们注意的。

首先，要避免预警的影响。前面我们提到过，如果提前警告听众他们将听到的信息，会与他们以前持有的信息相冲突和矛盾，那么听众很容易产生一种戒备和防御心理，而这种心理可能会抵消你的任何说服信息的影响。预警会使得他们心理上去准备足够的信息和资料反驳你的看法。因此，最好的沟通方式就是在心平气和的条件下，对他们的态度进行间接的影响，这种影响可以是从一个很小的不同看法开始，逐渐地进入到关键性的问题上。干扰也可以是一种有效地解除预警的方式，电视的广告为什么能够取得影响听众的作用，就是因为视觉形象能干扰人们对具体信息的分析和反驳，在这种情况下，宣传的效果会更好一些。

其次，能够让宣传取得作用的方式，就是让听众有好的心情。不是说我们要特意地取悦外国的听众，而是在宣传的时候，应该选择他们心情愉快的时候。人们在不高兴的情况下，愿意思考很多问题。在困难的时候，人们容易形成对自己观念的顽固坚守。中国古人讲“悲愤出诗人”，或者“伟大的哲学家，都出生在痛苦的环境里”，其实说的就是，人们心情不好的时候，对问题的思考更为深刻一些，更不容易被改变。好的心情，让人家更愿意倾听你的声音，开放他们的思想，最起码可以在你的宣传和好的心情之间建立正面的联系，从而下意识地使得跨文化的沟通变得容易一些。

最后，我们还是得回到影响的中央路径上来，在对外的宣传过程中，理性和理智的分析，是打开对方思维之门的关键。很多的美国人对中国的问题，其实是漠不关心的，而真正关心中国问题的人，往往是受过教育的，那些自诩为“具有独立思想”的美国精英。对于这样的人士，我们一定得让他们自己分析他们观点的错误，去接受我们观点的正确。我们决定要改变这些喜欢证据，爱思考、爱争辩的美国精英阶层的态度和看法，可以逐条地去分析他们所持偏见的原因、理由、证据和后果。我们相信，在分析所有这些要素之后，他们不得不接受这一现实。也就是，他们对中国的一些看法，可能会是错误的和片面的。就像我的研究生的经历一样，自己发现到的错误，是最容易得到改变的，而别人指出来的错误，往往会被他们加以反驳和强化。

法国著名的科学家和哲学家帕斯卡（Blaise Pascal）在其《思想录》中曾经写道：“人们更容易相信他们自己发现的理由，而不是别人告诉他的理由”，这也正好是跨文化沟通心理学的一个基本原则。

布莱士·帕斯卡（Blaise Pascal，1623—1662），是法国著名的数学家、物理学家、哲学家和散文家。他撰写了哲学名著《思想录》，并建立了“直觉主义”原则，这对于后来一些哲学家，如卢梭和伯格森等都有影响。